刺激与反应

通货膨胀下微观经济主体的社会心理与行为研究
（1940—1949）

严跃平 李燕君 —— 著

Stimulus and Response

Research on the Social Psychology and Behavior of Micro-Economic Subjects under Inflation, 1940-1949

上海社会科学院出版社

本书得到教育部人文社会科学研究"刺激与反应：通货膨胀下微观经济主体的社会心理和行为研究(1940—1949)"项目资助（项目批准号：18YJC770038）。

目 录

导论 ··· 1
  一、选题缘由 ··· 1
  二、相关学术研究回顾 ··· 3
  三、研究时期、区域和对象的界定 ······························· 10
  四、研究思路 ·· 15
  五、研究方法 ·· 17
  六、结构安排 ·· 19

第一章 沦陷区的通货膨胀与民众心理 ···························· 22
  第一节 伪币发行与物价上涨 ···································· 23
    一、沦陷区主要伪币 ··· 23
    二、沦陷区通货膨胀 ··· 26
  第二节 民众囤积和投机 ·· 32
    一、囤积与民众心理 ··· 33
    二、民众对货币信用的心理变化 ······························· 49
    三、物价上涨、生活水平低下与民众维权行为 ··················· 58

第二章 沦陷区企业家的选择 ···································· 64
  第一节 行业投机兴盛 ·· 65
    一、物价上涨与金融机构数量的增加 ··························· 65
    二、地产领域的投机 ··· 70

第二节　社会心理和行为选择：银行家视角的分析 …… 76
一、战事前途不明，对法币缺乏信心 …… 78
二、积极寻求资金避险办法 …… 79
第三节　爱恨交加：企业家的多重选择 …… 94
一、融资艰难与自设金融机构 …… 95
二、通货膨胀与企业的投机经营 …… 98
三、通货膨胀与债务稀释 …… 100

第三章　大后方民众的生活困苦与心理变化 …… 104
第一节　大后方物价变化 …… 105
一、大后方城市物价变化 …… 105
二、大后方农村物价增长情况 …… 109
三、大后方公教群体生活费用指数变化 …… 116
第二节　大后方不同群体的心理变化 …… 119
一、农民的不平和愤恨 …… 120
二、农民囤积心理的逆转 …… 124
三、地主和富商阶层囤积土地的心理 …… 127
第三节　公务人员的生活与心理 …… 132
第四节　教师群体的心理变化 …… 144
一、教师群体的生活质量 …… 145
二、教师群体的社会心理及其嬗变过程 …… 148

第四章　战后通货膨胀与银行业行为 …… 166
第一节　抗战胜利之后的物价变化 …… 166
第二节　战前存款偿付问题 …… 169
一、相关研究的简单回顾 …… 170
二、战前存款偿付纠纷问题的由来 …… 172
三、身在其中：银行业的反应与行为 …… 174

四、利益受损：民众据理力争 …………………………… 183
第三节　理性的应对：暗账行为 …………………………… 187
　　一、暗账、史料介绍以及研究现状 ………………………… 187
　　二、通货膨胀下的银行资产缩水 …………………………… 190
　　三、银行暗账情况：基于史料和社会心理的分析 ………… 191

第五章　限价、币制改革与心理博弈 ………………………… 205
第一节　"中储券"兑换比例不合理 ………………………… 206
　　一、"重庆客"现象 …………………………………………… 206
　　二、"中储券"兑换简述 ……………………………………… 208
　　三、"中储券"兑换比例的学界观点与民众心理反应 …… 209
第二节　黄金风潮下的限价与冻结政策 …………………… 213
　　一、1947年金融风潮时期物价 ……………………………… 214
　　二、工人工资冻结政策与民众和企业家的心理变化 …… 217
　　三、劳资双方矛盾的激化 …………………………………… 232
第三节　民众与企业的生存困境 …………………………… 235
　　一、《财政经济紧急处理办法》的颁布与金圆券的发行 … 235
　　二、限价期间的经济影响和经济主体的心理 …………… 238

结语 ……………………………………………………………… 265
　　一、沦陷区物价上涨与民众和企业家的心理变化 ……… 266
　　二、大后方民众心理特征 …………………………………… 267
　　三、暗账行为和战前存款偿付纠纷：银行家的社会心理分析 … 268
　　四、限价与币制改革下的民众和企业家反应 …………… 269

参考文献 ……………………………………………………… 271

导　　论

一、选题缘由

通货膨胀是民国经济史中非常重要的经济现象,无论是史料整理还是专题研究,这都是一个不能绕开的热点问题。据民国学者杨培新的研究,1940年前后中国物价增长速度开始加快(杨培新,1948)。另外,曾任中央银行总裁的张嘉璈在其著作《中国通货膨胀史》中特别提到,1940年是中国物价史一个非常重要的转折点,由之前的缓慢上涨转变成飞速上涨,中国通货膨胀形势日益恶化。1945年抗日战争胜利,国民精神振奋,国内物价曾一度出现大幅下跌的现象。以陪都重庆为例,据《中农经济统计》数据,以1937年为基期,基期值100,则1945年8月重庆零售物价指数为241 638,9月下跌至202 702,到了10月更是急剧下跌到110 667。[①] 但是好景不长,物价在11月又开始快速回升,重庆11月零售物价指数又飙升至243 871。其他重要工商业城市也出现同样的情况。1945年11月之后,一直到1948年"八一九"金圆券改革,物价好似脱缰野马奔腾不止,法币变得一文不值,贬值程度在世界货币史上实属罕见。"八一九"物价改革,国民政府实行废弃法币政策,推行金圆券,但是并没有从根本上遏制通货膨胀的趋势,最终导致国民经济的迅速崩溃。从1940年到1949年,短短十年时间,虽然从总体上来说,由于政府财政短绌、货币增发,通货膨胀一直是国民党统治后期最重要的经济现象,也是导致国民政府倒台的直接原因。

---

① 各重要城市零售物价指数[J].中农经济统计,1946,6(1):99—100.

1976年诺贝尔经济学奖得主弗里德曼（Milton Friedman）说过，"一切通货膨胀归根结底都是货币现象。"国内外很多学者很早之前就对民国通货膨胀进行了大量饶有成效的研究，无论是史学还是经济学领域，一般研究都认可该时期内通货膨胀是法币严重超发所致，基本采用自上而下的视角，从宏观层面分析通货膨胀产生的原因、特点和影响，却往往忽略了"人"的因素，即缺乏微观层面的研究。凯恩斯曾经说过，"社会心理决定了人类永久的经济问题"，可见，社会心理学能够为深入研究经济学问题提供重要视角。同样，在研究民国通货膨胀的问题时，我们也可以借鉴社会心理学的理论和方法。总之，对民国通货膨胀的研究，相对于宏观层面的研究而言，微观视角的研究，无论从深度还是广度来说，都还处于起步阶段，研究也相对薄弱。

适度通货膨胀可以促进经济繁荣，但是恶性通货膨胀却会摧毁国民经济。对于1940年至1949年通货膨胀的研究，除了需要知道货币政策、财政政策以及战争对物价的影响之外，还有很多问题亟待回答和解决。当我们把研究目光聚集于微观层面时，就会思考通货膨胀对普通民众到底带来了什么灾难。通货膨胀具有重新分配财富的功能，民国时期官僚资本家具有得天独厚的优势，自然很容易转嫁通货膨胀成本，而最受影响的无疑是社会最底层的民众。随之就有一个问题，民众对于通货膨胀的社会心理是怎样的？民众对通货膨胀的感知具有一定的时滞，当货币增加和物价逐步上涨的时候，他们很可能在较长时间后才能发觉。但是在恶性通货膨胀发生的时候，他们可以比较容易地观察到身边物价的上涨，因而在心理上会形成一种预期，并且会伴随着恐慌的情绪，最终会采取一些行为选择，包括囤积、投机和抢购等。所谓心理反应，是指社会心理，是个体对外界事物的一种反应，是情绪、情感、感知和精神等方面的反映。从社会心理学视域来分析通货膨胀中民众的反应和行为，可以更深刻地了解通货膨胀对民众的影响，也可以解释疯狂抢购背后的心理因素。在本书的后面章节，将通过详细的数据和案例对此进行论证说明。

除了民众心理，本书另一研究对象是企业家的心理反应。需要作一点特别说明，这里的企业是指民营企业，也就是民族资本企业，以荣家企业、刘鸿生企业、聚兴诚银行、金城银行、上海商业储蓄银行等为代表。在通货膨胀时期,民族资本企业家的心理也会随着物价发生变化,心理表现兼具复杂性和矛盾性。一方面,通胀可以使债务压力缓解;另一方面,企业生产成本骤然上升,而政府强制限价政策导致企业正常利润空间进一步被压缩,因而造成众多企业家的不满与抗议,于是其采取了若干对冲通胀手段,除直接向政府请愿争取利润外,还会设置暗账、实行囤货投机等。对于这些行为的研究和评判,需要在特定历史条件下进行辩证分析,不能简单笼统地作一价值判断。对企业来说,应对物价上涨的手段和行为具有合理性,因为企业经营利润最大化的目标,驱使他们作出行为选择积极应对通胀,部分行为值得我们肯定,正如金融史专家洪葭管所说,在通货膨胀过程中引起的国民收入重新分配,民族资产阶级也可以从中分沾到一部分利益[1]。当然囤积投机造成市场秩序紊乱,成为物价进一步上涨的重要刺激因素。这也是促使从企业家心理层面对物价进行剖析,进而解释这些行为的产生的内在原因。

有鉴于此,本书研究将以民众和企业家为核心,分析他们在通货膨胀压力之下的心理和行为选择,引入社会心理学和行为经济学理论和方法,在史料基础上,融合历史学、经济学、社会心理学、企业管理和金融史等多学科理论,对微观经济主体的心理和行为作跨学科分析,解释他们社会心理的根源和特点以及行为的理性。

二、相关学术研究回顾

关注民众对通货膨胀的心理反应,最早出现在民国时期的媒体报道中,在《大公报》《申报》《字林西报》等报纸以及《东方杂志》和《财政评论》等期刊中,或是刊登市民的物价感言,或是开辟专栏以了解民声,这是最直接的关于社会心理的报道,能基本反映物价上涨背景下民众的情绪和态度,具有很高的史料价值。尤其是《大公报》,笔者收集了1940年至1949年5月的所有关于物价和民众心理的报道,总计约60万字,这些报道具有很强的时效

---

[1] 洪葭管.中国金融通史(第四卷)[M].北京:中国金融出版社,2008.

性,能够及时反映物价波动对民众心理的影响。《大公报》有一个"星期论文"的栏目,每周会刊登一些学者的文章,其中有大量文章都是关于当时物价的讨论。从这些文章中,可以直接地感受到学者对通货膨胀的看法以及对政府实施物价政策的呼吁。

同时,一批学者通过调查,分析社会心理在物价上涨中的表现和影响。最具代表性的包括伍启元等教授编写的小册子《昆明九教授对于物价及经济问题的呼吁》(1945),包含了三篇有关抗战时期物价分析的文章。文章根据全面抗战以来的物价形势,论证了物价上涨的原因,其中包括通货膨胀和投机等因素,并分别论述了不同阶层的福利损失和心理感受。① 其实,这种呼吁也正体现了当时知识分子对通货膨胀的一种社会心理。赵迺抟的《大钞与物价:社会心理的变化》(1947)一文中,用比较通俗的语言说明了民众对法币和物品的不同态度:"今日有钱今日用,莫待明朝不值钱",非常形象地刻画了民众轻视法币的心理;而"今日有钱今日买,莫待明朝更涨钱",则是非常明显的看重物品心理。② 杨培新的《中国通货膨胀论》(1948)比较全面地分析各时段不同阶段通货膨胀的起因和特点,阐述了造成诸如比期③、黑市利息和投机等行为的心理特征。他认为1941年前后,由于物价上涨导致通货膨胀,人们产生一种心理,即"存钱不如存货"④;还特别提到了战后伪币兑换法币的政策以及由此造成的收复区民众的心理失落感。伪币包括东北"流通券"、华北"联银券"以及华中地区的"中储券"。上述三种伪币兑换法币的比率不同,具有明显差异。东北"流通券"是伪满洲国发行的货币,战后仍然可以流通,直到1948年5月31日国民政府才公布其兑换率为1元"流通券"兑换11元5角法币⑤;华北"银联券"兑换率为5元兑换1元法币;

---

① 伍启元等.昆明九教授对于物价及经济问题的呼吁[M].北京:求真出版社,1945.
② 赵凯华,赵匡华编.赵迺抟文集[M].北京:北京大学出版社,2007:238—240.
③ 比期,来自重庆方言的一个术语,最早源于高利贷,是一种放贷借贷结算制度。其存款和收款都是半个月一结,月中结算叫小比期,月末结算则是大比期。借款到期,借方偿本还息,贷方收利收本。
④ 杨培新.中国通货膨胀论[M].太原:山西人民出版社,2015:126.
⑤ 吴冈.旧中国通货膨胀史料[G].上海:上海人民出版社,1958:158.

最低的是"中储券",其流通范围最广,以上海、浙江、江苏、安徽和广东等地为主,其兑换法币的比率仅仅只有200∶1,即200元"中储券"兑换1元法币。这种比率自然引起了民众的愤怒和恐怖。陈岱孙在《心理、涨价与通货膨胀》(1948)一文中,比较深刻地分析了人们的心理因素在通货膨胀中的作用,他认为往常关于通货膨胀和物价因果关系的研究过于机械、缺乏深入。而在内战爆发、交通残破、农村凋敝和工业窒息的情况下,人心不安,商人会积极进行物资投机,恐慌心理会随着物价进一步蔓延,成为恶性循环。[①] 马寅初(1948)还从经济思想史方面论述物价中的心理因素,在《通货新论》中,他认为货币数量论学派过于忽略人的心理作用,因为"实则经济社会为人的集合体,人则为心之工具。人类之一切行为,莫不受心理之支配,经济行为何莫不然"[②]。可见,上述著名经济学家都经历过民国恶性通货膨胀,对于民众心理具有亲身体会,因而其理解也颇为深刻,无论是从经济事实、现象还是从经济思想和理论方面,他们都普遍认为人们的心理因素是物价上涨的重要原因之一。

中华人民共和国成立之后,国内开始整理出版民国物价和通货膨胀相关史料,其中颇具分量的包括《旧中国通货膨胀史料》(吴冈,1958)、《上海解放前后物价资料汇编(1921年—1957年)》(中国科学院上海经济研究所、上海社会科学院经济研究所,1958)、《1913—1952年南开指数资料汇编》(南开经济研究所,1958)。这些物价资料汇编对本书的研究具有重要参考价值。这一时期以物价资料收集和整理为主,政治史和革命史的色彩较为深厚,比如《旧中国通货膨胀史料》中仍然称呼南京国民政府为"伪政府",具有一定的时代性。它们主要是呈现宏观数据,较少涉及微观经济主体的心理和行为。

受到"文革"影响,民国经济史和金融史研究曾经一度中断。在沉寂二十多年之后,由于20世纪80年代中国物价"闯关"失败以及当时通货膨胀

---

① 陈岱孙.心理、涨价与通货膨胀[J].独立时论集,1948,(1):32—34.
② 马寅初.通货新论[M].北京:商务印书馆,2010:215.

的现实情况,众多学者再一次将目光转向民国物价史料的整理,之后也有部分物价史料汇编不断问世。其中影响较大的有《民国价格史》(贾秀岩、陆满平,1992)、《中国抗日战争时期物价史料汇编》(周春,1998)和《民国时期物价生活费工资史料汇编》(全国图书馆文献缩微复制中心,2008)等,这些基本上是对民国物价史料和数据资料的梳理和汇总。此外,还有一部分通史性论著或资料汇编得到出版发行,它们从侧面反映了通货膨胀下的民众抱怨和恐慌以及企业的行为等,主要包括《中华民国史档案资料汇编·第五辑第三编·财政经济》和《中国企业史(近代卷)》(吴承明、江泰兴主编,2004)等。

  随着史料的进一步挖掘以及学科之间的日益融合,相关研究也逐步向纵深方向发展。一批学者开始从历史学、社会学和经济学等学科视角关注通货膨胀对民众生活和企业经营的影响,并从企业的微观运营方面讨论通货膨胀的影响和微观经济主体的心理活动变化特点,具有代表性的包括:洪葭管在《中国金融通史(第四卷)》(2008)中对 1927—1949 年这二十多年中国金融发展史进行了全面勾画,多次提到民众心理作用对物价和通货膨胀的影响,比如在 1947 年 2 月发生黄金风潮之后,国民党军队在国共内战战场上连连失利,民众的恐慌也越来越严重;还从福利经济学方面,分析了通货膨胀对各阶层的不同影响,其中恶性通胀影响最深的是普通民众,民族资本家却能分沾一部分利益,而最大的受益者则是官僚资本家。[①] 杜恂诚(1998)从企业运营方面,分析了从轻微通胀到恶性通胀的情况下,企业会受到不同的冲击和影响。在《近代通货膨胀下的企业运作》一文中,他以刘鸿生企业为例,说明轻度通胀能够刺激企业投资,而在恶性通胀情况下,企业的经营和盈利能力被极大地削弱。也正因为这个原因,很多企业会选择囤货、囤汇和拖债不还。[②] 不仅是生产型企业会如此行动以对冲通胀的影响,连金融行业的银行也会采取特殊的应对措施。贺水金(2017)认为,通货膨

[①] 洪葭管.中国金融通史(第四卷)[M].北京:中国金融出版社,2008.
[②] 杜恂诚.近代通货膨胀下的企业运作[M]//张仲礼.中国近代城市企业·社会·空间.上海:上海社会科学院出版社,1998:116.

胀对经营货币资产的银行同样具有资源再配置的作用。诸多商业银行采用买卖外汇的手段,或投资房地产,或创办附属企业,甚至囤货投机,等等。① 另外笔者通过前期收集的档案史料,发现银行囤货行为在恶性通货膨胀的情形下并不少见,甚至一度成为很多商业银行的主营业务,这种业务转变或扭曲的行为,在后文将通过分析银行家的社会心理逐一进行讨论。

而在近代社会心理变迁研究方面最具影响力的当属《传统与变迁:江浙农民的社会心理及其近代以来的嬗变》(周晓虹,1998),虽然该书的侧重点和研究对象与本书存在差异,但其研究方法对本书具有重要启发意义。该书从社会心理和社会行为的嬗变研究中国转型社会中的农村和农民,认为"现代化"不仅仅是制度变化的过程,同时也是精神现象或心理状态的嬗变。② 本书研究在确立选题时得到该书研究的启发,也认为通货膨胀不仅是一种经济现象,而且是活生生的个体的心理反应。

近年来,一批优秀的硕博论文不断问世,《咸丰朝通货膨胀与社会心理反应》(李冠荣,2012)和《抗战大后方公教人员日常生活及心态嬗变研究》(郭川,2017)颇具代表性。这两篇论文是直接从社会心理角度来分析通胀和物价的影响。虽然前者的研究时代与本书研究相距甚远,但是其论证方法和角度确有可取之处;而后者研究对象仅限于大后方公教人员,其中有关心态细节的史料也为本书研究提供了重要素材。

值得注意的是,民国通货膨胀亲历者的回忆录、书信、日记、账本和口述记录,经过挖掘整理出版,成为非常重要的鲜活史料,可以比较真实地反映"小人物"的心理活动和行为选择,因而极具研究利用价值,比较重要的有《我所亲眼看到的通货膨胀内幕》(朱偰,2015)、《吴虞日记》(1986)、《王子壮日记》(2001)、《陈寅恪集·书信》(2011)、《何廉回忆录》(1988)、《逝年如水:周有光百年口述》(2015)等。这些回忆录具有许多相通之处,虽然只是身边小事或日常生活琐事,却是民众对物价和通货膨胀的真实感受和心理反应,

---

① 贺水金.论1937—1949年通货膨胀对中国商业银行的影响[J].社会科学,2017:146.
② 周晓虹.传统与变迁:江浙农民的社会心理及其近代以来的嬗变[M].北京:三联书店,1998:8.

能够从侧面真实地反映物价对民众生活的影响。曾在国民政府财政部任职的朱偰教授在回忆录中写道:"月来物价一月数涨,实令人寒心。目前[①]已涨至 33 000 倍,逆料当不能过年。俞辈得过且过,尚未认识危机之严重,为之奈何?"[②] 另据周有光回忆,在抗战大后方的四川,由于没有政府统制政策,粮食和棉花等物都在农民和商人手中,通货膨胀导致这些物品涨价,在客观上的确也使部分农民赚到了钱。[③] 对于这一点,我们需要用更多的史料加以佐证,但周老先生的口述确实具有重要的史料价值,为特殊时期通胀对农民影响的研究提供了重要素材。

同时,一批民国社会调查也逐渐出版问世,如《民国时期社会调查丛编》(李文海,2014)等,这类调查从市民生活水平方面反映了通货膨胀压力之下的民众内心变化。

境外学者相关研究,最早也出现于通史性著作中,以费正清(John K. Fairbank)和费维恺(Albert Feuerwerker)合著的《剑桥中华民国史》(1993)为代表,对民国通货膨胀有一个全景式论述;唐·帕尔伯格(Don Paarlberg)的《通货膨胀的历史与分析》(1998)对通货膨胀对各不同部门的影响进行了分析,认为其威力在于财富的重新分配。此外,杨格(A. N. Young)在《中国的战时财政和通货膨胀(1937—1945)》(1965)中认为商人投机可以从通货膨胀中获得收益;周舜莘(Shun-hsin Chou)的 *The Chinese Inflation*, *1937-1949*(1963),以史料说明富人阶层采用黄金和外汇对冲通胀。张嘉璈(Kia-Ngau Chang)的 *The Inflation Spiral*: *The Experience of China*[④](1958)尤具代表性,他以一个银行家身份细致剖析民国通货膨胀的深层原因,其研究对本书具有重要的启发作用。本书研究也以 1940 年为起始点,原因在于在民国经济史中,1940 年是通胀史的一个重要转折点,这一年农业严重歉

---

① 朱偰所讲的"目前",即他日记中所提到的 1947 年 6 月 4 日。
② 朱偰. 我所亲眼看到的通货膨胀内幕[M]//全国政协文史和学习委员会. 回忆法币、金圆券与黄金风潮. 北京:中国文史出版社,2015:117.
③ 周有光. 逝年如水:周有光百年口述[M]. 杭州:浙江大学出版社,2015:142.
④ 张嘉璈(张公权)此书在中国大陆已有中文版《中国通货膨胀史(1937—1949 年)》,杨志信摘译,并于 1986 年由文史资料出版社出版;后又于 2018 年由中信出版社重新翻译出版。

收,粮食价格飙升带动其他物价上涨①。此外,台北"中央研究院"近代史研究所出版发行了口述历史丛书,这些口述记录比较真实地再现了通货膨胀下人们的生活情景。

在研究方法上,最先将历史研究视野从宏观领域扩展到日常生活的是法国年鉴学派,社会心理学成为该学派的重要起源。年鉴学派创始人吕西安·费弗尔(Lucien Paul Victor Febvre)②和马克·布洛赫(Marc Bloch)③都提倡跨学科研究,非常重视群体心理研究,使心态史成为年鉴学派的主流研究之一。20世纪60年代后期开始,心态史研究已经成为重要的研究新领域,并成为年鉴学派第三代学人的重要标记,以勒高夫(Jacques Le Goff)为代表的新一代学人主张恢复年鉴学派注重精神心态分析的传统,认为心态史实质上就是关注民众日常生活的自发行为④。而伏维尔(Michel Vovelle)更提出了"从地窖到顶楼"的目标,即从关注经济基础或人口基础转到关注上层建筑;勒华拉杜里(Emmanuel Bernard Le Roy Ladurie)的著作《蒙塔尤:1294—1324年奥克西坦尼的一个小山村》,则成为心态史诞生的重要标志。⑤

综上所述,目前的有关研究,无论是史料的整理,还是研究方法的运用,都为本书提供了重要参考和借鉴。但是,已有研究也存在一些不足之处。一是统计数据资料的收集和整理,多数局限于陈述历史事实。二是以粗线条的勾勒为主,缺乏深入分析,很多文献都是在论述民国经济史概况时,提及通货膨胀的严重程度。虽然近几年开始引入经济学的研究方法,但大多以宏观叙事为主,缺乏"自下而上"的审视。从社会心理和心态角度分析通

---

① 张公权.中国通货膨胀史(1937—1949年)[M].杨志信译.北京:文史资料出版社,1986.
② 吕西安·费弗尔.历史学与心理学:一个总的看法[M]//田汝康,金重远.现代西方史学流派文选.上海:上海人民出版社,1982.
③ 马克·布洛赫.法国农村史[M].余中先等译.北京:商务印书馆,1991.
④ Jacques Le Goff. Mentalities: A New Field for Historians [J]. Social Science Information. 1974, 13(1): 81-97;雅克·勒戈夫,张雷.心态史和科学史[J].国外社会科学情况,1987,(2):42—45.
⑤ [英]彼得·伯克.法国史学革命:年鉴学派,1929—2014[M].刘永华译.北京:北京大学出版社,2016:108;[法]埃马纽埃尔·勒华拉杜里.蒙塔尤:1294—1324年奥克西坦尼的一个山村[M].许明龙,马胜利译.北京:商务印书馆,1997.

货膨胀的影响,相关研究并不多见。三是口述记录非常零散,再者年代久远,虽是一手史料,但也可能存在失真情况,需要重新系统筛选梳理。近年来的部分研究成果开始关注社会心态或心理的作用,但是仅集中于抗战时期,或者只集中于江浙地区,难以完整再现1940年至1949年间的微观视角的通货膨胀。

本书涵盖民国企业史、行业史、金融史以及心态史等领域,尝试从微观经济主体的社会心理来思考通货膨胀的影响,厘清通货膨胀与社会心理之间的关系,正是本研究的关键所在。

三、研究时期、区域和对象的界定

本书考察的是民国时期物价上涨和通货膨胀情况下民众的心理、理性和选择,是一个横跨多门学科的研究,基于史料,采用经济学、社会心理学、企业管理和金融学等多个领域的相关理论,分析通货膨胀对民众生活和企业运营的影响,并解释这些微观经济主体的心理反应和行为选择。所以,需要界定的范围主要包括研究时期、空间和对象的选择。

首先,本书所研究的时期为1940—1949年。据张嘉璈的研究,自抗战全面爆发之后,国内就已经开始缓慢通货膨胀,战争一直都是通胀产生和加剧的重要因素。但1940年却成了一个非常重要的分水岭,该年农产品产量急剧下降,比战前平均水平要低9%到13%[①],造成物价迅速上涨。以战时重庆为例,据《经济部公报》和《中外经济统计汇报》统计数据,可以比较1939年至1940年前后物价变化幅度的差异。

表1 1939年1—12月重庆趸售物价指数(1937年6月=100)

月份	1	2	3	4	5	6
指数	162	174.8	184	196.9	198.7	237.4
月份	7	8	9	10	11	12
指数	211.5	225	258.3	284.5	303.6	323.9

数据来源:重庆趸售物价指数表[J].经济部公报,1940,3(5/6):72.

---

① 张公权.中国通货膨胀史(1937—1949年)[M].杨志信译.北京:文史资料出版社,1986:17.

从表1可以看到,1939年重庆的物价指数逐月增长比较缓慢,从1月份的162增长到12月份的323.9,每月平均增长率为6.45%。而从1940年开始,上涨速度明显增快,根据《经济部公报》1941年第15期公布的趸售物价指数,整理数据如表2所示:

表2 1940年1—12月重庆趸售物价指数(1937年6月=100)

月份	1	2	3	4	5	6
指数	381.3	400.8	427.2	501.5	556.1	603.8
月份	7	8	9	10	11	12
指数	639.2	726	925.8	1 024.8	1 091.4	1 291.7

数据来源:重庆趸售物价指数表[J].经济部公报,1941,4(15/16):74—75.

表2中的物价指数与1939年数据统计口径一样,即都包括31种食料类、18种衣料类、11种五金电料类、13种建筑材料类、10种燃料类以及12种杂项类,并且都是以1937年6月为统计基期,因而两组数据具有可比性。重庆趸售物价指数从1月份的318.3增加到12月份的1 291.7,平均每月增长23.4%,明显快于1939年的6.45%。为了更清晰地显示1940年前后物价变化情况,根据历年《经济部公报》重庆趸售物价指数,作出图1物价趋势图①。

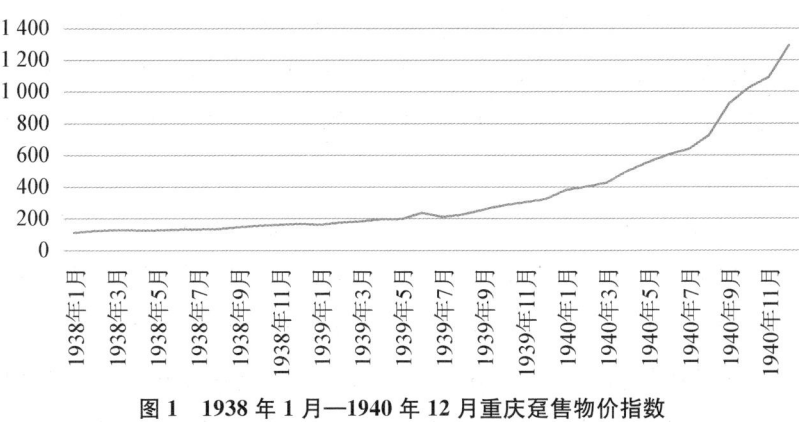

图1 1938年1月—1940年12月重庆趸售物价指数

---

① 1938年各月物价指数来源于《建设周讯:四川物价旬报》1939年第2卷第1期第6页的"重庆物价指数"。

从图 1 可以比较明显地看出，从 1938 年 1 月到 1939 年 11 月，重庆物价总体在上升，但是趋势比较平缓。但到了 1940 年，尤其是该年 3 月之后，物价开始出现快速上升。重庆作为陪都，可以视为抗战时期大后方的中心城市，其趸售物价趋势具有很强的代表性。

此外，还需要考虑沦陷区的情况，即确定沦陷区在 1940 年之后有没有出现物价的大幅度上升，在此以上海为例说明沦陷区的物价上涨。上海趸售物价指数在不同的统计部门，具有完全不同的统计口径，而基期和统计对象的选择更是五花八门，即使是同一刊物，对于上海趸售物价的统计也不完全相同。以基期为例，《经济部公报》以 1937 年 6 月为基期，而《上海物价月报》的基期选择变化频繁，最早以 1926 年为基期，后又以 1936 年和 1937 年为基期。在统计口径方面，趸售物价指数所包含的商品名类更是出现很大的区别。比如《上海物价月报》的统计物品分为原料品和制造品两大类，共 153 种。其中原料品包括 27 种农产品、9 种动物产品、9 种林业产品和 8 种矿产，共 53 种；制造品包括 41 种生产品和 59 种消费品，共 100 种。而《经济部公报》的趸售物价指数，虽然统计的也是 153 种，但分类标准不同，其中包括 22 种粮食类、30 种其他食物类、38 种纺织品及原料类、12 种金属类、13 种燃料类、11 种建筑材料类、9 种化学品类以及 18 种杂项类。正因为统计口径不同，而民国期刊数据经常缺乏连续性，某些期刊经常会缺失部分年月的数据，给研究带来很大困难。为了验证数据的准确性，需要查阅多种期刊进行横向对比，以合适的标准将所有数据的统计转化成同一口径，从而使数据具有可比性。

即使存在上述统计口径差异，但有一点可充分肯定，即自全面抗战以来，上海物价一直处于上涨状态。本书全面考察了多种期刊的数据，最后采用《上海物价月报》(1938 年第 12 期)、《税则委员会季刊》(1939 年第 1 期)以及《中央经济月刊》(1941 年第 3 期)中的"上海趸售物价指数表"中的数据，物价统计时间范围是从 1938 年 1 月到 1940 年 12 月，其趋势见图 2。

从图 2 可见，1938 年至 1940 年间，总体来说，上海的趸售物价一直上涨。虽然在 1939 年 10 月至 12 月间出现过短暂的回落，但 1940 年 1 月之

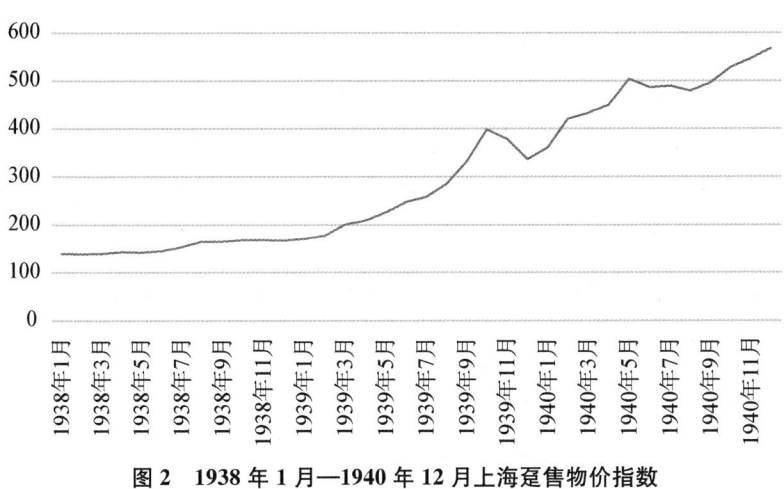

图 2　1938 年 1 月—1940 年 12 月上海趸售物价指数

后,又呈现明显的上升趋势。

根据图 1 和图 2 的描述,无论是以重庆为代表的大后方,还是以上海为中心的沦陷区域,1940 年都是物价史上的一个转折点,因而本书研究的时间起点定为 1940 年,具有充分的合理性。

其次,关于研究区域的界定。本书关于抗战时期的研究包括华北和华东沦陷区以及广大的大后方;关于抗战胜利后的研究则是全国范围。从全面抗战开始到解放战争结束,中国政治经济格局发生了巨大变化,情况非常特殊,不仅表现在沦陷区和大后方之别,还有严重的城乡二元结构差异,所以为研究带来了很多困难。比如对于沦陷区和大后方的货币差异,我们不仅要看到两者的物价差别,更要准确了解物价和实际生活的真实水平。抗战胜利之后,由于货币兑换政策的不合理,收复区民众实际财富锐减,以至于"接收"变成了"劫收"。同时,伪币被人为大幅低估,还造成区域之间物价悬殊,刺激了投机和游资的产生。因此,对于某些投机行为,本书在社会心理学的框架之下,从区域价格差异以及市场分割方面重新进行审视。

再次,心态史研究方法的确定。目前,学界对于社会心理史的研究主要存在两种流派或者进路。一种是流行于美国的心理史,该学派基于弗洛伊德的精神分析方法,基本以历史上具有重要影响的精英人物为主,理论基础是个人心理学,被学界诟病最多的是它割裂个人与社会的联系。另外一种则是法国年鉴学派,他们摒弃了以往的英雄人物史观,而把研究目光放到普罗大众上,非常重视社会主观意识和心理构成的研究,即分析社会群体的集体心理。他们始终坚持在社会心理分析中融入社会学元素,使之带有"社会"性质。该学派聚焦于社会群体的日常经济行为和社会生活,既分析心理对行为的指导作用,也探讨行为对于心理的影响,具有非常明显的跨学科特性,也更受中国学者的推崇。本书的研究也正是借鉴年鉴学派的研究方法,利用社会心理学理论和方法,综合其他学科,探究微观经济主体的心态特点,深化通货膨胀史和物价史的研究。

最后,也是最重要的,即微观经济主体及其行为的界定。微观经济主体,指参与微观经济活动的各组织和个人,可谓国民经济的细胞,也是经济运行的重要力量,无数个微观个体的行为足以影响宏观经济整体功能的发挥和行使。民众和企业构成民国时期重要的微观经济主体。

第一个微观经济主体是民众,包括市民、商人、农民以及农村的地主。无论是生活用品还是生产资料价格的变化,都会直接影响民众生产和消费的水平和能力。民众对物价和通货膨胀的感知、态度、情绪和行为,都有明显时代特点,且与他们生活时期的政治经济运行状态极其相关。通过仔细研读民国心理史料,揣摩他们的心理,笔者在本书中探索了民众心理变化与行为选择之间的内在逻辑关系。

特别要提一下民众中的商人。这里主要指中小商人,不包括民国巨商;为了突出企业家的作用,本书特将巨商归于企业家行列。中小商人也是通货膨胀的直接受害者,他们最大的弱点与民众相似,在与政府博弈过程中,并没有明显的话语权和主动权,其保障正当利益的能力受制于有限的社会资本。所以,当物价快速上涨,他们会抱团取暖,往往都是通过行业力量来减少个体行为的社会成本。相对于中小商人而言,行业同业公会往往会扮演沟通政府与行业的重要桥梁角色,在客观上起到过节约维权成本的作用。同业公会构成了比民众和商人更高一层次的中观主体,是本书研究中不可或缺的一个经济个体,它们中的重要人物其实也来自商人阶层,其心理状态代表行业的心声,可以视为众多商人心理的总和或交集,具有明显代表性。

第二个微观经济主体是企业,尤其是指民国时期的民族资本企业,无论是创造利润,还是实业救国,它们都是近代中国经济发展的重要力量。在民国企业史中,曾经涌现过一批非常优秀的企业家,他们的社会心理直接反映政府政策对实业的影响和作用,其心理嬗变过程其实就是企业适应内外环境变化的一种反映。客观地说,在通货膨胀条件下,企业能够获得一定利益,因为每一次通货膨胀发生,企业的真实债务会相应减少,在某种程度上来说,这是通货膨胀给企业带来的福利。但是,同时也不可否认的是,企业生产成本会因为通货膨胀而迅速飞涨,成为企业运营的巨大负担和压力。正反两方面的作用,往往会造成企业家心理状态的波动以及行为选择的变异。比如银行偏离正常业务进行货物囤积、利用伪币兑换利差投机以及暗息暗账等,不胜枚举。此外,企业家在强势的国民政府面前,也呈现弱势群体的形象。比如在统制经济时期,无论是国民政府还是汪伪政权,都因战时形势发展而实行经济统制政策,该政策一个突出表现就是实行物价管制——以限价为主。政府强制限价,短期看来,的确曾经起到过积极作用,但是这种违反市场运行的行为,必然不会长久存在,从企业家的社会心理变化,可以明显看到企业家虽然表面也会支持限价政策,但内心很矛盾,甚至会出现极大的恐慌。个中原因,颇具研究价值。

四、研究思路

物价上涨、通货膨胀刺激着微观经济主体的社会心理。社会心理是人们内心世界的想法、精神和意识,我们无法直观地通过变量进行限定,更不可能利用调查问卷重新进行田野调查,这是本书研究继续进行的一大难点。面对浩如烟海的心理史料,只能从各个侧面仔细梳理,甚至是从细枝末节发现人们的心理特点。傅斯年所说的"近代历史学只是史料学"[①],虽然常被诟病为极端观点,但是史料是史学研究的基础,经济史研究也不例外。

---

① 傅斯年.历史语言研究所工作之旨趣[J].中央研究院历史语言研究所集刊,1928,1(1):3—10.

在史料收集和整理之后,是对物价和通货膨胀数据的采集和分析,数理分析是实证研究的重要途径和支撑。笔者在近十年的资料准备基础上,将史料和数据分类,形成资料汇编,分类依据主要是微观经济主体的类型、不同的历史时期以及空间地域,在此基础上,对他们的心理和行为展开论述和研究。具体研究思路见图3。

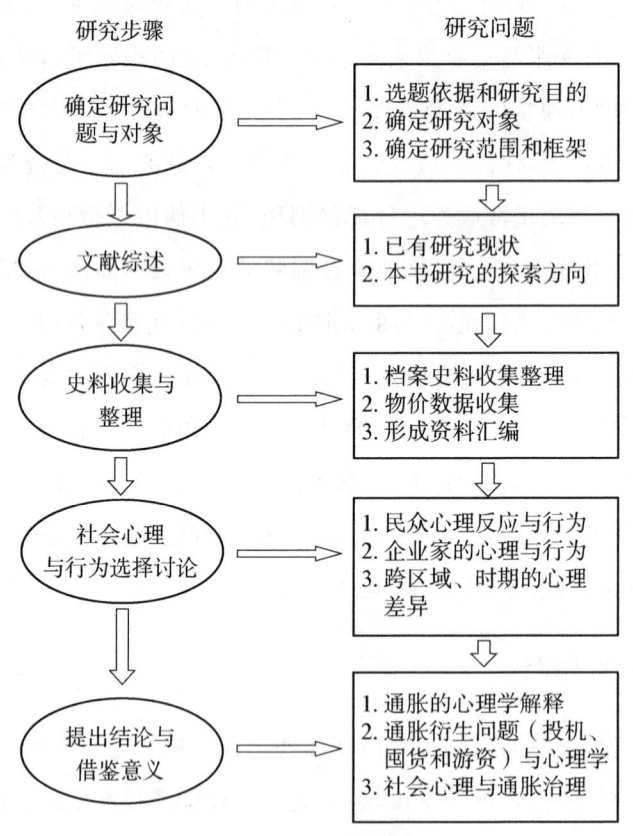

图3 本书研究思路

图3简单明了地展现了本书研究的过程,其中"社会心理与行为选择讨论"部分是本书最核心的内容,将按照不同微观经济主体逐一展开研究。结论就是通货膨胀与社会心理的相互影响机制的合理论证,需要思路清晰和逻辑自洽。经济史的研究不是为了陈述一个故事,也不仅仅是为了对史料的深度挖掘,而是要同时具有历史眼光和现实情怀,"以史为鉴,可知兴替"。

社会心理不只是民国时期特有的现象,在任何时期,它都具有客观性,都是人们对外界冲击的心理回应。因此,即使在今天,我们也不可忽略社会心理在通货膨胀治理中的重要作用。特别是2017年诺贝尔经济学奖颁发给芝加哥大学教授塞勒(Richard Thaler),标志着研究心理的行为经济学的又一次成功,国内外众多学者也将更多的目光投入行为经济学的研究之中。

五、研究方法

已故著名经济史学家吴承明以"史无定法"作为治史原则,即要根据研究对象、内容和目标,灵活选用合适的方法,取长补短,博采众长。对于本书而言,需要若干研究方法综合使用,才能达到合理解释论证的目的。

(一)心理分析法

本书的研究借鉴法国年鉴学派的心态史分析方法,分析民众和企业家群体在经济社会中所共有的情绪、观念和意识,理解他们与社会环境之间的联系。社会心理学是一门边缘性的独立学科,其基础是社会学、心理学和人类文化学等学科。[①] 通货膨胀不仅是经济学的问题,也是社会学和心理学所关注的问题,我们在思考物价上涨机理时,不能忽略经济生活中人们的行为,通货膨胀所产生的社会不安定因素会进一步促进物价上涨,最终形成恶性循环。我们需要理解社会心理与通货膨胀之间的逻辑关系,人们的态度、心理和行为与通货膨胀具有直接关系,是厌恶,还是恐慌?而对企业家来说,是矛盾,还是妥协?抑或还有庆幸或抗争?不同的心理或心态,会导致迥然不同的行为。

(二)跨学科研究法

早期年鉴学派就主张跨学科的研究方法,心态史的研究不仅以社会心理为分析工具,还需吸收其他学科的研究方法,包括经济学、社会学、传媒学

---

① 周晓虹. 现代社会心理学[M]. 上海:上海人民出版社,1997:1.

和文化史等学科,甚至还包括文学。通货膨胀归根结底是货币现象,我们需要利用经济学的理论分析它对物价上涨的刺激作用,剖析货币与物价间的内在机理。同时,1940年至1949年间由于特殊的国内外社会环境,物价上涨并非孤立的经济现象,其影响因素极其复杂,需要从更多层面探讨民众心态特点和变化。而且,史料的来源也更为丰富,既有原始档案材料,也有图书、期刊、报纸、书信和日记,甚至还有部分文学作品。本书总体强调历史学的本位意识,以历史学为核心,其他学科理论和概念皆服务于历史研究。

(三) 案例研究法

经济史研究也不例外,需要合适的案例。在选择案例时,需要考虑它们的典型性和代表性。本书主要基于两个维度:一是选择典型通货膨胀事件为案例,剖析通货膨胀对微观经济主体的影响。在本书所研究的1940年至1949年中,全国政治经济形势云谲波诡,既有战争的影响,也有财政压力;既有被日本侵略的沦陷区,也有坚持抗战的大后方;既有严格执行限价的城市,也有几乎不受限价影响的农村。时局特殊性造成物价在时间和空间上的明显差异。通货膨胀成为这段时期内的常态,每个阶段的通胀既有共性,也有特性,所以需要选择最具代表性的时期,比如"八一九"限价就是一个典型案例。二是以重要的工商企业为中心,从企业家的心理变化视角分析其对冲通胀的原因、方式和作用。重要工商企业,主要分布在上海以及战时内迁之地。通货膨胀形势下,政府限价政策使企业生产和利润空间受到极大冲击,政企之间的较量和博弈不可避免。本书选择代表性企业,从社会心理视域剖析企业家的行为及其合理性。

(四) 比较研究法

本书的比较研究应用于两个方面:一是从空间上,比较全面抗战时期的沦陷区与大后方的物价以及微观经济主体的心理异同。抗战时期国内经济形势具有空前特殊性,上述两个区域物价不尽相同,甚至使用完全不同的货币,华中沦陷区是"中储券",华北主要是"联银券",而大后方则依然是法币。虽然同受战争影响,但是两大区域之间并非完全分割,物价空间差异产生了套利投机的可能。二是从时间上,比较分析微观经济主体心理变化的时代特点。货币和经济政策具有阶段性特点,因而他们对于货币和商品的选择存在明显不同的倾向。"重币轻物"或"重物轻币"都是社会心理的反应,本书通过比较甄别二者的表现和原因,厘清通货膨胀与社会心理的关系。

六、结构安排

本书以时间为经,以微观经济主体的心理史实为纬,力求完整再现1940年至1949年间的通货膨胀与民众和企业家的社会心理和生存状态。同时,因为战事形势变化,本书的研究内容又细分为不同时间阶段。主体结构分为以下几个部分:

首先是导论,是对本书选题、文献综述、研究框架、内容、方法和思路等的概述。不同于以往的研究,本书从微观经济主体的心理和反应,考察1940年至1949年间通货膨胀的影响,其意义在于透过民众、企业家的心理特征及其变化,研究通货膨胀和物价上涨对他们的生活和生产的影响,合理解释他们的应对措施和行为。

第一章是沦陷区民众心理特征和行为。除了应对通货膨胀,沦陷区民众还要面对伪币的剥削,敌伪政权的压力迫使民众接受毫无发行准备的纸币。民众根本不信任伪币的信用,以"中储券"为例,法币兑换"中储券"的比例为2∶1,使民众经受财富缩水,物价上涨又导致走单帮、请愿和罢工等现象频频发生。

第二章是沦陷区行业投机与企业家的行为选择。由于通货膨胀环境下行业投机风气的盛行,战时游资数量激增,大多流向金融业和地产业,导致银行数量空前增加和地产畸形繁荣。企业作为另一重要微观经济主体,同样面临通货膨胀和政府统制的外部环境,但是对冲手段远非民众能比。企业家对于通货膨胀具有非常复杂的心理,可谓爱恨加交,生产成本增加与债务稀释同时存在,因而他们的心理与民众大相径庭。

第三章是抗战大后方民众生活的困苦与心理变化。大后方是抗战时期非常重要和特殊的区域，对这一区域，研究对象以农民和公教群体为中心。物价上涨导致农民农产品购买力指数上升，但这并不意味着农民生活水平因农产品价格上涨而得到改善，相反他们却因为粮食减产生活更加困难，造成心理上由痛恨囤积到倾向力所能及的粮食囤积。另一重要群体是公教人员，他们应对通货膨胀的能力甚至还不如农民阶层，固定有限的薪水造成其生活异常困难，这一部分，以西南联大教师群体为中心进行论述，从他们的日记和传记中找到心理相关记录，论证战时物价高涨下的教师众生相。

第四章是以银行为中心的考察。抗战胜利后，银行面临的一个重要问题是储户战前存款偿付问题，物价已经上涨至少千倍，战前存款以多少倍偿付成为银储矛盾的核心。另一个问题是银行的暗账行为，为了应对通货膨胀，银行通过暗账应对贬值损失，形式主要包括设立暗账户头和开设海外公司。这一章从银行家的社会心理分析上述两种现象，合理解释银行家在通货膨胀中的心理变化所导致的行为选择。

第五章围绕国民政府的限价和金圆券改革政策展开。南京国民政府的最后统治时期，通货膨胀速度和程度实属罕见，民众生活和企业经营无不受到极大冲击。政策朝令夕改，每次所谓的调整和修正都会刺激物价更加上涨。金圆券的发行，让民众社会心理经历了从质疑到抛弃的转变。企业受制于政府的统制和限价政策，损失惨重。不仅国民不再相信金圆券，就连政府自身都对其持有怀疑态度，军饷和征税实行银元政策，更让民众仅有的信心也荡然无存，金圆券的崩溃实属必然。这一章从社会心理视角重新审视这段经济史，空前严重的"重物轻币"心理，加速了国民政府币制改革的失败和政权的落幕。

最后是结语。1940年至1949年间的通货膨胀，一直是中国近代经济史研究的重点。本书从社会心理视角探讨微观经济主体的行为选择，基于大量的文献和史料，发现无论是民众还是企业家，他们应对通货膨胀所采用的方法和手段，根本目的都在于尽力实现货币的保值。但是他们的心理、心态和情绪差异明显，这缘于其社会资源占有情况的天壤之别。在研究民众的社会心理方面,本书以农民、普通市民和公教群体为主,他们构成了民众主体,心理紧随物价而发生变化。研究企业方面,本书则以金融业和棉纺业为主,结合案例分析方法,剖析和评价企业家的复杂心理。通过他们的内心世界,我们看到其所谓的行为选择并不能简单地归结为投机,而是应对极端物价上涨形势下的理性选择,具有一定的合理性。

第一章　沦陷区的通货膨胀与民众心理

　　20世纪30年代，国内政局和社会环境非常特殊，日军入侵造成国土丧失、民众流亡和民生凋敝。在当时的中国，先后出现伪满洲国、伪冀东防共自治政府、伪中华民国临时政府、伪中华民国维新政府和汪伪政权等众多敌伪政府，这些政权发行伪币、掠夺人民财产和实行经济统制，成为日本"以战养战"的重要帮凶。由于部分敌伪政权更迭频繁，货币流通区域和影响都较为有限，而汪伪政权持续时间最久，管辖范围也最广，其发行的"中储券"对民众和沦陷区金融的影响也最为深远。由于伪币发行量激增，物价不断上涨。在广大沦陷区，物价上涨引起伪币购买力下降，从而导致各微观经济主体的心理发生变化，在伪币发行流通过程中，民众从心理上并不接受伪币。在物价上涨阶段，民众社会福利所受影响非常直接，成为直接受害者，他们的心理变化基本反映了物价上涨的程度和影响。在通货膨胀情况下，出于理性考虑，他们会采取诸多行为，其目的在于对冲和减少物价上涨的福利损失。笔者在史料搜集和分析的基础上，利用民国众多期刊报纸新闻、评论、来信和文章，甚至从个人日记和文学作品中挖掘沦陷区民众的社会心理。

　　本章从伪币发行入手，用详实数据描述1940年至1945年以上海为代表的沦陷区的物价变化过程，深度挖掘民众的心理特征，从微观视角分析其行为的表现、特点和原因，纵深剖析通货膨胀的影响和微观经济主体的理性应对。在这一章，尝试回答如下几个问题：沦陷区域的通货膨胀具有什么特点？其主要原因是什么？民众的社会心理嬗变和表现分别是什么？如何评价他们的行为？

第一节 伪币发行与物价上涨

一、沦陷区主要伪币

在描述民众社会心理之前,首先简单介绍一下沦陷区先后经历过的主要伪币。伪币的产生,目的在于破坏法币的信用。全面抗战以来,随着华北、华中和华南地区先后沦陷,曾出现过不同种类的伪币,主要有"蒙疆银行"的"蒙银券"、华北"中华民国临时政府"成立的"中国联合准备银行"发行的"联银券"、华中地区"华兴银行"的"华兴券"以及"中央储备银行"的"中储券",现分别作一简单回顾。

(一)"蒙银券"

1937年8月27日张家口沦陷,之后于9月4日成立"察南自治政府"。同月27日成立了"察南银行",由"察南政府"向"满洲中央银行"借入100万元作为注册资本。① 该行发行的货币也称"法币",与日元以及"满元"挂钩,要求同年10月1日至20日间收回旧法币。随后在11月22日,"察南""晋北"和"蒙古"三个"自治政府"联合设立"蒙疆联合委员会",于是改组"察南银行",成立新的"蒙疆银行"。其注册资本分别由上述三"自治政府"各出400万元,于12月1日开业。据民国《经济研究》的专题研究,截至1938年3月,新设立的"蒙疆银行"共发行纸币换入旧法币数目达到8 194 813元,而在同年9月共发行"蒙疆银行券"约23 036 531元。② 到1939年11月,伪蒙疆钞共发行54 000 000元。③

(二)华北"联银券"

1937年12月14日华北"临时政府"成立之后,日本于次年1月7日发

---

① 法币之回顾与前瞻:第四编、法币之敌对行为[J].经济研究,1939,1(1):114—148.
② 同上.112.
③ 王元照.敌伪在我沦陷区域之货币侵略[J].经济汇报,1940,1(5—6):64.

表成立"中国联合准备银行"的声明,并公布《银行条例》41条,其中主要规定了出资者、股本、性质、组织、业务和各分行地址等。[①] 该行颁布《旧通货整理办法》,但是发现法币流通很广,不得不实行渐次收回的办法,其主要做法是针对不同地区实行不同期限。比如对于中国银行和交通银行在天津、山东等地发行的"北方券"以及河北省银行、"冀东银行"发行的法币,其流通期限仅限于办法颁布之后一年之内;中央银行、中国银行以及交通银行发行的"南方券",流通时限更短,仅为三个月。此外,还有一些地方银行发行的库券,如山东省民生银行发行的库券,以及面额不到一元的纸币和硬币的流通时限却未作具体规定。

"联银券"被规定与日元等值行使,其实一文不值,其发行目的在于兑换中国法币,利用法币购买外汇,主要是英汇和美汇。同时,为了实现其"日元集团"的美梦[②],发行数量增长很快,1938年11月,发行额为160 000 000元,到了1939年12月,增长到367 000 000元,增长了129.38%[③]。至于"联银券"总发行数量,民国期刊中曾有相关的报道,根据1947年的《苏财通讯》[④]中《伪联银券之盛衰》一文的统计,从"中国联合准备银行"成立以来,到其于1946年10月16日被接收为止,总共发行了195 102 897 116.82元[⑤]。

华北"临时政府"肆意压低法币价值,根据1938年3月其公布的《旧通货整理办法》的规定,"联银券"与法币等值流通,同年8月8日其又宣布将在华北流通的"北方券"强制贬值一成,即按照敌伪纸币九折行使。在1939年2月,伪政府又决定再将法币减值三成,加上之前的一成,总共减值四成,相当于法币六折流通。法币价值不断被恶意压低,1941年9月,兑换比率变成1∶2,即1元"联银券"兑2元法币,而到了1942年年底到达新低点1∶10。

---

① 法币之回顾与前瞻:第四编、法币之敌对行为[J].经济研究,1939,1(1):114.
②③ 赵兰坪.我国战时外汇政策之检讨[J].经济汇报,1940,1(5—6):36—39.
④ 苏财通讯,创刊于1946年5月,由江苏省财政厅编辑委员会编辑并在镇江发行。
⑤ 孙殿柏.伪联银券之盛衰[J].苏财通讯,1947,(9):23.

(三) 华中"华兴券"

日本为了加强对华中地区的经济侵略和金融掠夺,于 1939 年 5 月在上海成立"华兴商业银行",这家银行成为日本统制华中金融的重要工具,其资本额为 5 000 万元。① 其出资主体为"维新政府",总裁为"财政部长"陈锦涛,副总裁为"满洲中央银行"理事鹫尾矶。

"华兴商业银行"发行的"华兴券",具有与"蒙疆券"和"联银券"不同的特点,表现在不与日元挂钩、与法币等值以及可以自由买卖外汇等。三菱银行上海分行行长吉田政治在东京经济俱乐部所作的演讲中,说到"同样都为日本所采取的政策,但是'银联券'和'华兴券'却有如此差异,实为外国人所耻笑",并且认为"此种纸币,结构上非常奇突,实不能称之为通货"。② 但是,看似只是两种伪币的差异,其实体现了日本国内对于法币两种截然不同的态度,如果说"银联券"是作为与日元挂钩的货币,那么"华兴券"则是"利用法币论"在沦陷区金融统制中的实施。"华兴券"虽以法币作为准备,但沦陷区人民对伪政权的痛恨,造成该种货币的信用低下。尽管"华兴商业银行"认为"拉拢沦陷区内之民心,使与新政权③合作,为目前最重大的工作中心"④,但最终仍被沦陷区民众抵制。

(四) "中储券"

汪伪政权是本书的重点研究考察对象,其控制区域以上海、南京和江苏等为主,物价资料和史料比较丰富,可以比较全面地反映通货膨胀变化情况。汪伪政权成立以后,在经济和金融制度建设方面,于 1941 年 1 月成立发行货币的"国家银行",这就是所谓的"中央储备银行"。其发行的货币就是"中储券",挤兑法币,企图从金融方面巩固其在沦陷区的统制。"中储券"对法币的竞争和驱逐,与重庆国民政府展开的一场场货币战争,对后者的金

---

① 姚会元.日本对华金融掠夺研究(1931—1945)[M].武汉:武汉出版社,2008:229.
② 法币之回顾与前瞻:第四编、法币之敌对行为[J].经济研究,1939,1(1):137.
③ 此处"新政权"指的是伪维新政府。
④ 法币之回顾与前瞻:第四编、法币之敌对行为[J].经济研究,1939,1(1):139.

融力量产生了巨大的打击影响。①

至于"中储券"的发行数量,不同机构的统计总额存在较大差异。据《银行周报》伪币收兑报告中提到的数据,汪伪"中央储备银行"战时共发行"中储券"41 993亿元②。这个发行额根据伪中储行账册统计得到,1946年4月29日《申报》上《伪币登记截止》一文与《银行周报》上的数据保持一致③。而1945年《金融周报》报道了日本东京方面的"权威"数据,"中储券"发行总额为33 216.92亿元④。这两个数据存在很大误差,笔者比较倾向于伪中储行的账册统计,因为"中储券"发行中曾经出现一大批连编号都没有的纸币,这种纸币发行数额无法统计,而日本所谓的权威机构可能根本就不统计这一部分"中储券"。相对来说,伪中储行账册中统计的纸币数额可能更接近真实发行额。

二、沦陷区通货膨胀

著名经济学诺贝尔奖获得者弗里德曼有一句名言,即"通货膨胀归根结底是一种货币现象"。通货膨胀表现为物价的普遍上涨,物价上涨是近代经济史上尤其是1940年之后的一种常态。1937年七七事变之后,国内物价因为战争而上涨,但其增速并不明显。沦陷区物价也呈现增长趋势,因为涉及伪币兑换的问题,以及不同的政局形势,比如上海"孤岛"、太平洋战争爆发以至全面沦陷等时局变化,此地区通货膨胀具有与抗战后方不同的特点。

至于物价上涨程度,一般都用各期物价指数的变化来衡量。近代物价指数的编制是逐渐走向成熟的,最早的指数为英国人W. C. Wetmore根据海关报告编制的1873—1892年间的中国批发物价指数⑤。随后出现一批通过田野调查而得到的农村物价指数,最有代表性的就是金陵大学农经系卜

---

① 朱佩禧. 寄生与共生:汪伪中央储备银行研究[M]. 上海:同济大学出版社,2012:32.
② 伪币收兑数额[J]. 银行周报,1946,30(17—18):48—49.
③ 伪币登记截止[N]. 申报,1946-04-29(7).
④ 日方所传日人在我国发行之伪币额[J]. 金融周报,1945,13(6):10.
⑤ 王玉茹. 城市批发物价变动与近代中国经济增长[J]. 山西大学学报(哲学社会科学版),2006,(5):29.

凯(Buck)教授带领学生所作的物价调查。另外,还有一些政府机构和组织也成立了物价调查小组,并且出版发行相关的物价统计报告,其中出版于全面抗战时期的、最有代表性的包括《上海物价月报》[1]《中外经济统计汇报》[2]《中农经济统计》[3]《统计月报》[4]。不同的物价指数,比如趸售物价指数、零售物价指数、消费价格指数等,具有不同的统计口径和方法,因而在时空上存在较大差异。因此需要综合考虑上述各种指数,分析指数的差异,选择最合适的指数。于民众而言,日常生活消费品价格上涨,影响最直接而明显,因而有必要对其着重分析。它们的统计口径存在较大差别,表现在物价指数考察对象不一致,即不同机构编制指数时所选择的物品种类和数量都存在较大差异,而且所选择的基期也各有不同。相对来说,基期选择不同,换算成同一基期难度不大,较易处理。而统计口径差异却无法再作修正,所以本书尽量选择同一机构所编指数。囿于有些刊物并不连续,停刊的现象比较普遍,个别年份或者地区的数据缺失,需要参考不同刊物的指数,并进行合理的换算和修正。无论采用何种物价指数,笔者都会对其来源和处理方法进行解释,做到客观准确,提高各项数据的可信度。

既然通货膨胀是一种货币现象,那么除了各种物价指数,还需要引用数据说明货币发行数量的变化。正如前文所述,沦陷区域的货币呈现多样性和复杂性,影响力最大的伪币是"中储券",兑换比例变化造成民众财富的缩

---

[1] 该刊由国定税则委员会编行,1925年10月创刊于上海,在1940年6月停刊过;后来自1941年5月复刊,卷期另计,1945年5月停刊。主要研究进出口税则,比较物价指数,载文以图表资料为主,附有对应的英文译文。是研究近代上海物价变化的重要期刊,具有极高的史料价值和研究价值。

[2] 该刊由伪中国联合准备银行调查室编辑发行,创刊于1940年1月,数据比较详实,包括国内纸币流通、汇兑、利率、票据交换、金价、债券股票、贸易、物价等。乙为国外部分,有国外纸币流通、银行状况、利率、汇率、金银市价、产量、库存与移动、债券股票、贸易、物价等。统计对象主要是华北地区的城市,是研究抗战时期华北城市物价变动的重要刊物。

[3] 该刊由中国农民银行经济研究处编辑发行,创刊于1941年7月,所统计对象以大后方各省城市和农村地区为主,统计非常全面,涵盖了趸售物价指数、零售物价指数、农民所得所付指数、上海外汇指数等,为大后方经济研究提供了非常重要的数据来源。

[4] 该刊由国民政府统计局出版发行,1931年10月创刊于南京,曾在1935年3月改名为《统计季报》,至1936年12月共出版发行8期。于1937年1月重新恢复《统计月报》名称,至1948年12月停刊。包括人口、生产、物价、金融、商业、财政、交通等栏目。

水,对于通货膨胀具有推波助澜的作用。所以,除了说明货币发行数量变化之外,还要加上伪币兑换这一重要的制度因素。

本书研究以华中地区为中心,兼顾华北和华南沦陷区物价情况,原因在于汪伪政权持续时间较长,从1940年3月30日一直到1945年8月16日,也是影响力最大的伪政权。其实际控制范围,包括上海、南京、汉口和厦门等工商业发达的城市,华北沦陷区则以北平和天津为主,选择这些地区作为重要的研究对象,具有代表性和说服力。

沦陷区物价指数的考察,数据比较完整的主要有上海和天津。数据来源除了民国期刊以外,还包括1949年后整理编制的一系列物价指数,比较有代表性的包括中国科学院上海经济研究所、上海社会科学院经济研究所编的《上海解放前后物价资料汇编(1921年—1957年)》(以下简称《上海指数》)和南开大学经济研究所编的《南开经济指数资料汇编》(以下简称《南开指数》)。这两部物价资料汇编,数据完整,涵盖了社会经济的主要方面,比如生活费指数、物价指数、外汇指数等,所统计的时间较长,其中,《南开指数》从1867年一直到1952年,时间跨度将近一个世纪,具有极高的学术价值。现分别从趸售(批发)物价指数和生活费价格指数两个方面展现上海和天津的物价变化。

(一) 天津物价和工人生活费指数的变化

1937年12月,伪中华民国临时政府在北平成立,北平和天津是两大重要的"特别市"[①]。在《南开指数》中,由于战事时局变化,其编制呈现阶段性特点,1937年抗战全面爆发以后,南开大学迁往昆明,经济研究工作曾一度中断,因而1937年7月至1942年的数据主要来源于伪中国联合准备银行部行所编的"天津物价年表",计价依据是伪联银的官定价格[②]。批发物价指数主要是按照用途和加工程度分类,前者包括食品、纺织品、金属品、建筑材

---

① 关于北平物价指数,主要见于伪中国联合准备银行编制的《华北物价年报》,只有1943年的物价指数。
② 孔敏.南开经济指数资料汇编[G].北京:中国社会科学出版社,1988:6.

料、燃料品和杂项等六类;后者包括原料品和制造品。本书中所选取的数据以用途分类为主。工人生活消费指数包括食品、服用品、燃料及水、房租四大类,皆与工人生活直接相关。

由于1937年7月至12月数据缺失,这里改将1938年1月作为考察起点,以简单几何平均数计算得到天津批发物价指数,而工人生活费指数则采用加权综合平均数计算,两者都以1926年为基期,取值为1。为了直观地显示两种物价指数的趋势变化,将之可视化,其结果可见图1-1。

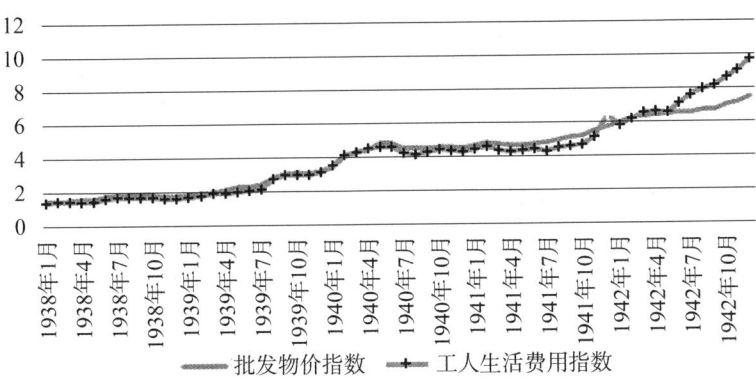

图1-1　1938—1942年天津批发物价指数和工人生活费指数

数据来源:根据孔敏主编《南开经济指数资料汇编》第15—16页的天津批发物价指数以及第245—246页的工人生活费指数编制所得。

从图1-1可以看到1938年至1942年天津沦陷时期物价走向。从1938年初到1942年2月,两种指数差异并不大,相对来说,批发物价指数要略高于工人生活费指数。但从1942年3月至12月,工人生活费指数要高于批发物价指数,而且差距越来越大。1942年3月,批发物价指数和工人生活费指数分别为6.352 5和6.611 1,到了12月,两者分别达到7.524 2和9.697 7。虽然存在一定差距,但两者的趋势非常明显,即都呈现增长趋势,从1938年至1942年,批发物价指数上涨了4.23倍,工人生活费指数上涨了6倍。客观地说,这两个增长率,相对于抗战胜利后的物价增速来说,其实并不算高,这在本书后文中将作进一步论述。但是物价上涨速度要明显快于同时期的其他国家,在此作一横向对比,引用《中外经济统计汇报》中的

"重要各国批发物价指数表"的数据,发现战时日本批发物价指数1938年为127(以1936年为基期,基期值100),到1942年12月增长到181,约增长了0.42倍,可谓比较低速的增长。再看英国和美国,从1939年至1942年年底,其批发物价指数分别增长了0.52倍和0.31倍。关于生活费用指数,由于数据较少,很多国家都没有完整连续的数据,但是可以查询到部分国家较多年份的数据,比如同期日本生活费用指数从110增长到156,增长倍数仅为0.42。可见此时天津两种指数增长速度都要明显快于其他主要国家。

(二) 上海的物价变化

沦陷区第二个重点考察对象是上海,能够反映华中沦陷区通货膨胀发展情况。在指数选择方面,国定税则委员会出版的《上海物价月报》的数据最完整,也最权威,但是与天津物价研究稍具不同之处在于指数类型的差异。上海物价有趸售物价指数、一般物价指数、零售物价指数和工人生活费指数等。其中,1941年之前的数据主要是上海趸售物价指数,最早由北洋政府财政部驻沪货价调查处所编,以1913年为基期;后于1929年改由国定税则委员会编制,基期改为1926年。[①] 还有一般物价指数,主要记录1937年至1945年间的上海物价数据,由中国经济研究会所编,其中1941年年底之前的数据也是来自税则委员会,之后数据是由该研究会直接调查所得,计算基期改为1936年。[②] 可见,各指数在编制时存在明显差异,主要体现在基期选择以及所包含考察的商品服务种类方面,也即统计口径不一致,因而不能简单地纵向对比。中国科学院上海经济研究所、上海社会科学院经济研究所编的《上海解放前后物价资料汇编(1921年—1957年)》综合考虑了统计口径的问题,以1936年为基期重新编制,得到新的批发物价指数和工人生活费用指数,增强了数据的可比性。相对于华北地区来说,上海的物价指数更具连续性,也更完善。1940年至1945年的上海批发物价指数见表1-1。

---

① 中国科学院上海经济研究所,上海社会科学院经济研究所.上海解放前后物价资料汇编(1921年—1957年)[G].上海:上海人民出版社,1958:122.
② 同上.123.

表1-1 1940—1945年上海批发物价指数(1936年=100)

年份	总指数	食物	纺织品	金属	建筑材料	化学品	燃料	杂项
1940	505.7	465	448.7	686.3	573.2	491.8	577.5	498.4
1941	1 099.3	974.3	818.2	2 477	1 172.9	1 170.5	1 241.4	990.2
1942	3 452.6	2 900	2 640.6	9 606.4	3 027.9	3 840.4	4 404.5	3 725.1
1943	14 361.8	10 337.1	11 287.3	57 199.2	18 456.1	15 575.4	15 660.3	15 041.1
1944	100 739.4	59 899.1	70 600.9	353 150.6	121 509.4	151 771.5	168 159	111 933.5
1945	3 973 600	2 591 000	3 106 300	7 225 900	4 524 500	5 283 400	4 430 700	3 987 600
增长倍数	7 856.623	5 571.04	6 921.888	10 527.78	7 892.405	10 741.98	7 671.208	7 999.803

数据来源和说明：中国科学院上海经济研究所，上海社会科学院经济研究所.上海解放前后物价资料汇编(1921年—1957年)[G]. 153.表格内容稍作调整，只选取了1940年至1945年数据，并计算了增长倍数。1945年的数据经过平均值处理，因为1—10月是用"中储券"计算的，而10月之后用法币计算。

从表1-1，我们看到了上海批发物价指数的飙升程度，总批发物价指数由1940年的505.7涨到3 973 600，涨了约7 857倍。在分类指数中，金属和化学品上涨幅度最大，分别达到了约10 528倍和10 742倍；食物上涨幅度是最低的，但也有约5 571倍。

接着再看一下1940年至1945年间的工人生活费指数情况，这项指数与民众生活更直接相关。工人生活费指数内容包括食物、住屋、衣着、杂项等四大类，基期同样也为1936年，表1-2即为上海工人生活费指数表。

表1-2 1940—1945年上海工人生活费指数(1936年=100)

年份	总指数	食物	住屋	衣着	杂项
1940	428.35	460.21	400.14	319.8	272.71
1941	826.84	902.79	706.33	641.78	596.32
1942	1 993.56	2 200.1	1 482.55	1 796.94	1 879.13
1943	7 225.65	8 483.51	3 316.21	9 145.27	7 496.71
1944	47 750.45	51 243.66	38 684.63	61 270.16	40 996.95
1945	6 058 103	6 497 169	3 937 909	13 234 934	5 654 891
增长倍数	14 141.880 82	14 116.84	9 840.328	41 384.03	20 734.91

数据来源和说明：上海市工人生活费指数(1937—1949)[G]//中国科学院上海经济研究所，上海社会科学院经济研究所.上海解放前后物价资料汇编(1921年—1957年).330.另外增加了"增长倍数"。

相对批发物价指数而言,上海工人生活费指数增长速度更快,总指数增长了约14 142倍。其中住屋房租一项,增长相对缓慢,仅为约9 840倍;而衣着一项,增长速度尤为迅猛,达到约41 384倍。在太平洋战争爆发之前,两种指数差距并不大,此后随着战事发展,上海的批发物价指数一直高于工人生活费指数,到1944年,前者是后者的2.1倍,而到了1945年,两者比例关系出现巨大逆转,表现在工人生活费指数突然激增,增速是批发物价指数的1.52倍。

第二节　民众囤积和投机

伪币超发和物价飞速上涨,对民众生活产生直接影响。工薪阶层生活愈加困难,罢工、抢米、饿死、自杀以及各种要求加薪的运动逐渐增多,上海在1940年2月15日至19日间,饿死街头者达500余人[1]。同时,企业减员或停业也逐渐增加,比如永安公司1940年1月就因为物价高涨和生活费用增长而解雇员工31人[2]。

生活成本增加导致了民众心理的变化,使他们产生诸多看似理性其实并非理性的行为。从本质上看,物价迅猛上涨态势,使民众产生恐慌、抱怨甚至绝望心理,无论是公务人员还是普通民众,心理都受到物价高涨的极力刺激。即使是公务人员,他们的生活水平相对较高,但也受到通货膨胀压力的影响,普遍认为物价上涨使生活变得更困难,常在媒体上发表自己的心声与看法,比如以下这段史料:

> 物价高涨,公务员生活愈苦,所以物价高涨的速度与公务员生活的困苦,成了绝对的比例! 物价高涨的方式,仿佛采取累进形式,最先不过涨几成,渐渐涨几倍,再进而十几倍或数十倍以至数百倍。在短短两

---

[1] 黄克善.战时上海物价问题之研讨[J].中国经济评论,1940,1(5):28—44.
[2] 永安职工告社会人士书[J].劳动者,1940,(5):20—21.

> 三年间,物价高涨真是扶摇直上。……凭良心说,其工作地位,原极重要,其生活给养,在此非常时期,固谈不到如何充分满足,但最低限度,亦应使其生活安定。可是他们的生活如何呢?吃的是白汤青菜,有盐无油……他们中间一年不知肉味者,似不乏其人。穿的是旧衣旧裳,多半是战前遗物,但是这几年来抹写字台的时候,发现原来新的早已旧了!旧的早已破了!虽不像百结鹑衣,奈破洞和补丁,至少是成了服装上的点缀。关于行的方面,他们例(历)来是"安步当车"。谈到"住",更不敢有所计较,只要能避风雨,自可随遇而安,尤不需要阵式铺设,起居住卧,能得斗室一间,一切圆满解决。因此不幸事件的到来,只有倾自己的所有,可典则典,可卖则卖,真只有"医得眼前疮,剜却心头肉"的唯一办法。①

这种文章屡见报端,这则材料反映的是职位相对高的中央公务员,普通民众的生活更是困苦。人们对通货膨胀的情绪和心态反映在行为上,投机和囤货等行为成为常态。一方面物价上涨甚至是恶性通货膨胀,民众的投机行为迅速增多,投机对象随着物价上涨出现多样化趋势,投机范围扩大;而另一方面,投机行为造成物价进一步上涨,引起社会不同阶层之间矛盾的激化。此外,除了囤积投机,民众心理还与货币信用有关。沦陷区与大后方在金融方面存在明显差异,表现为前者的货币复杂,各种伪币的发行及其与法币的货币战,也是物价发生剧烈波动的重要原因。

一、囤积与民众心理

物价上涨的形势下,在以上海为代表的沦陷区域,囤积各种物资成为流行趋势。即使有政府的严厉统制,比如颁布限制囤积商品条例,但是民众依然会选择囤积行为。能够囤积到物资者,自然是待价而沽;而没有囤积者,则是哀叹社会的不公,甚至产生对前者的怨恨。无论是否参与囤积,都要面

---

① 陆介然.物价高涨声中之中央公务员生活[J].新动向,1944,(95):6—8.

对物价上涨的客观形势,其心理变化能够反映通货膨胀的程度。

(一) 囤积形势下的民众呼吁

上海作为金融中心,其他沦陷区和香港等地游资都涌向上海,资金逐利性促使其寻找投机出路,自然会增加市面的货币供给,游资泛滥,导致囤积投机现象日益严重。

至于大量游资的形成,主要是因为战争局势的变化。1937年"八一三"事变至国军西撤之后,上海租界成为"孤岛",特殊的政治和地理条件,使得内地大量资金流向上海。而在欧战爆发之后,欧洲局势恶化,使之前在欧洲的资本也流回中国,南洋华侨也产生不安的心理,也多汇款到上海。① "孤岛"时期的上海租界成为一个真正的自由市场,国际资金流动频繁,促进了游资数量的增多。②

据《申报》估计,到1940年3月,上海游资至少在30亿元以上,其中50%为各银行活期存款,10%用于投资沪西的新兴事业,其余40%是过剩资金,大多流向囤积投机领域。③ 而据《国民新闻周刊》报道的游资数据,1941年8月上海游资分布情况为:银行存款约25亿元,外汇及金块约8.7亿元,各种有价证券约8.5亿元,各种商品栈存约10.75亿元。④ 这些游资都需要寻觅出路,必然会对市场投机起到推波助澜的作用。

在市面上,最主要的囤积投机对象和行为包括:(1)日用必需品:如米、面粉、煤、布匹等;(2)买卖外汇和外币;(3)买卖黄金;(4)买卖股票;(5)经营汇划贴水和套利。从分类上看,投机对象涉及范围广泛,包括商品、货币、外汇等。其中,商品市场的囤积投机最为严重,而棉纱更是囤积重点。据1940年《大美周报》的调查,"平时上海存纱约在7万到8万包之间,但据可靠估计,本市现有存纱25万包,大都在投机分子手中。另外,大批棉纱的买

---

① 孙礼榆.处理游资与打击投机[N].申报,1940-09-23(9).
②③ 吴梦蝶.物价高涨的纷扰[J].上海周报(上海1939),1940,1(16):460—461.
④ 平心.杀人的上海物价底实貌,四百万市民浮沉于法币的死亡线上[J].国民新闻周刊,1941,(4):2—5.

卖仅为货单上交易,交易者初无真正出货的决心。"①游资增加了上海通货数量,造成各种投机盛行的现象,产生通货膨胀压力,并不断刺激物价上涨。

这对民众则造成了极大的心理压力,他们普遍认为"今日之日用品,无一不涨,亦无不归咎于奸商囤积"②。以米为例,囤积导致米价上涨,使得民众生活压力陡然倍增,认为"上海民食问题,不患寡而患不均,应该镇压投机家故作的恐慌"③,而"沪地民众莫不叫苦连天"④。由恐慌而产生了愤恨,因为投机囤积导致市场更加畸形,供需矛盾进一步激化。愤怒情绪日益高涨,在当时很多报纸中可以看到读者的心态记录,颇具真实性和生动性。现以《申报》为例说明,上海很多市民非常关心物资供给和价格涨跌,他们或是写信,或是撰稿向报社吐露心声。虽然形式不同,但其内心特点具有共性,即期待囤积者能够考虑其他民众生存,可以说是一种无奈和无声的愤怒。比如1940年9月9日刊发的一篇《"吃大户"》的文章⑤,可谓一次接近绝望的呐喊:

> 现在上海的民食问题,已经达到了非常严重的阶段,一般拥有资金的富翁,仍然在装聋作哑,不肯顾虑数百万同胞的生活,共同想出法子来彻底救济!并且一般丧心病狂的米商,还要囤积居奇,掀风作浪,弄得米价拼命高涨!他们这时岂能料想到:大众得有饭吃,你才得有饭吃,弄到大众没有饭吃的时候,岂肯独让你安稳过去呢?要知道播下罪恶的种子,会造成你们自己的凄惨后果啊!⑥

从上面引用的一段文字,我们似乎可以听到一个愤怒的声音在向囤积

---

① 安翰能.经济评论:上海投机市场之崩溃[J].大美周报,1940,(51):7.
② 上海游资内移实为切要之图[N].申报,1940-05-12(9).
③ 刘锡章.今日上海之民食问题[N].申报,1940-12-30(9).
④ 愚公.生活问题[N].申报,1940-12-23(13).
⑤ 在饥荒年代,人们无法生存下去的时候,见到谁家还有余粮,就会带着一家人去他家吃饭。大家会把所有的粮食吃光,接着去吃下一家。这种方式就俗称为"吃大户"。
⑥ 纪云."吃大户"[N].申报,1940-09-30(12).

者示威,这种发自内心的呐喊,足以表明普通民众内心的极度不满、恐慌以及对囤积行为的深恶痛绝。产生这种心理的原因,简单地看,就是以每月有限的收入无法平衡飞涨的物价,"豆腐高如肉价,布匹贵于绸缎,电费加了又加,房捐增了再增。衣食住行,无一不难,开源无方,节流不能,生活的前途如何,根本失了把握,人心安得不慌?"①这种情绪并非偶然,而是一种共识,是出于对物价上涨的担忧。

民众常常借诸各种形式发泄心中不满,最初是希望囤积商人能够考虑民众苦难,除了上述的直接呼吁之外,还有其他形式。比较有意思的是,笔者在《申报》中发现几首"劝诫"米商的绝句,希望囤积者"有则改之,无则加勉"②。现抄录几首如下:

飞腾米价岂无因,户口骤增百万人,供不应求非昔比,贫民谋食倍艰辛。

到量无多价益昂,富家偏喜蓄余粮,投机取巧从兹起,闭粜居奇积满仓。

巨商囤积善操纵,笑骂由他作哑聋,为富不仁当国难,问心何以对苍穹。

疾驶朱轮辗锦泥,问谁顾恤到灾黎,道旁啼饿如无睹,人世炎凉太不齐。

可谓句句言简意深、凝练有力、深入人心,很显然,投机囤积行为受到当时人们的极度鄙视。更有甚者,民众不仅对囤积者心存厌恶和愤恨,更希望他们会受到相应的报应,这也许是民众最朴素的心愿,因为无力打击囤积投机,只有在心理上求得一丝慰藉,"囤积者不会有好下场"的心态,在民众的日常生活中随处可见。如下的这一首诗,则反映了这种心态:

---

① 陈鑫奎."慌"与"忙"[N].申报,1940-05-22(11).
② 孙筹成.劝米商[N].申报,1940-09-30(11).

衡量斗秤欠公平，夹底厚升暗变更，剥削些微虽细事，儿孙食报最分明。

可见，民众认为投机以及不公平的交易，终究会让子孙后代得到报应。无独有偶，从当时的报纸中，可以看到很多类似诗句或文章。它们的写作都是基于涨价和囤积的背景。有的文章或许更具幽默风格，比如如下这一篇：

今岁元旦，尝为囤户算命……兹将今年十二个月之命运，按次列后。是否应验，过后便知。"一月January，钱拿下来！二月February，翻一倍来！三月March，卖去？四月April，啊，不哩！五月May，霉！六月June，窘呐！七月July，急来！八月August，活个死脱！九月September，杀脱吧！十月October，喔，吐吧！十一月November，闹昏吧？十二月December，跌伤吧？"①

此处引用的史料，将月份用上海洋泾浜英语翻译出来，颇为诙谐，浅显易懂。虽说算命本身不可信，甚至有可能仅仅是作者的玩笑或调侃，但体现了民众希望囤积者从一月的得意囤积，走到十二月的大跌而受到经济损失的惩罚，正如前文所说的一样，囤积商人终究离不开恶报！

笔者在《申报》上看到一篇学生写的文章，非常震撼，从他对投机商人的质问，足以看到下层民众对囤积的愤恨心理：

我所要问的只是这一句："你们可有不忍人之心吗？"请答复我！然今日的中国，尤其是上海实不下于当时；虽战争西移，而在租界上的难民却增加了多少，街道冻毙的乞丐又不知多少？这且不要去说他，但最近的米粮，煤球的陡涨，是怎么一回事？请答复我！穷人们的脂膏被搜刮了，而来充实你们的腰包，这已成了不可磨灭的事实；难道你们的心

---

① 何和一.1942年度囤户流年[N].申报，1942-05-22(7).

竟像煤球般的黑么？多少人因米的飞涨而感到困难,甚至于自杀,跳黄浦,请你们反省一下,假如你们遇到这种情形你将怎样呢？既然孟子说"人皆有不忍人之心",那么请你们把"不忍人之心"拿出来,但不知道你们有"不忍人之心"吗？我的话说到这儿也完了,而是我所急切企求的:敬视诸位放出良心来!①

这篇写给报社的文章,可以看出作者的情绪和心理极其愤慨。以质问的语气,用孟子的名言对囤货者的血泪控诉,这正是民众痛恨囤货的明显心理反应。

民众害怕生活难以维持下去,因而会寻求当局的救济或者是呼吁解决之道。在上海"孤岛"时期,他们经常会在物价尤其是米价飞涨的时候,呼吁两租界当局采取平价政策。

所谓平价政策,就是利用行政力量干涉物价,其实施者主要是政府以及行业组织——同业公会。在平时自由经济时期,同业公会的力量发挥得更充分,其作用也很显著,上海诸多同业公会在行业价格的管理中,曾经发挥过重要的协调作用。而在战时统制经济时期,出于限价政策需要,政府利用同业公会配合行使价格管理的功能,虽然在一定程度上可以起到缓和物价上涨的作用,但长期来看,限价政策功效有限,同业公会的职能实施也远不如自由经济时期。政府和行业组织的平价,就是限价政策的重要组成部分。而在有的时期,平价政策会变成评价政策,虽然只有一字之差,但意思却有较大差异,平价更侧重一种强制力量,评价政策则是更多地体现在行业之间的协商和协调上。实际上,不管是平价还是评价,其目的都是稳定战时物价上涨。统制经济时期,米粮和纺织品是最重要的统制对象,作为重要民生物品,需求旺盛,而价格上涨会非常迅速地引起民众的关注。

在此情形下,民众的呼吁就成为一种极为正常和自然的反应。比如,他们会呼吁租界当局"负荷责任,严厉取缔市场非常交易,惩办不法

---

① 严韶华.你有不忍人之心吗？[N].申报,1940-04-15(12).

市侩"①。而商会和同业公会组织成立上海米粮评价委员会,协商解决米粮价格上涨问题,并提出可行的解决方案,比如实行集团购米,其目的在于增加米粮存量,以实现米价的稳定。②评价委员会也认为市场秩序紊乱,其原因是"米蠹莫不掀风作浪,囤藏大宗食米,乘机抬价出笼,企图不劳而获巨利。……'抢帽子'③之风复炽,……惟此辈投机奸徒,竟将当局训论置若罔闻,横行不法,诚罪大恶极。今全市四百万市民莫不渴盼两租界当局严厉查究,照暨颁规则按章惩处,借以取缔非法交易,稳定整个民食"④。再如1943年,汪伪政府发布《彻查上海大规模投机囤积》法令,当时比较受上海市民欢迎,因为很多民众相信囤积投机造成物价高涨,"现在居然获得政府当局的注意,而下令彻查,焉得不令人兴奋而欣喜呢?",并且"希望政府明定取缔囤积的处罚法令"。⑤这些话语并非口号,而是在物价超越自身承受能力之后的期望心理的自然流露,具有普遍性。

各同业公会辅助配合租界当局实施物价限制政策,但是效果并不明显,甚至起到相反作用。通过同业公会管理价格,有利有弊。其利在于同业公会最了解行业自身的价格特点,其协调管理具有针对性,因而其提出的目标价格比政府"一刀切"的管理更具可行性。但是,弊端也比较明显,原因是行业内部的普遍心理是希望利润最大化,自然是价格越涨越好,而同业公会的调价常常面临行业的集体压力,经常会出现压价徒有其表,并没有真实地行动。这与民众降低价格的心理预期恰好相反,最终影响价格协调的效果。

(二) 民众普遍的投机心理

1. 物价看涨心理与民众的从众行为

虽然说很多民众内心都反对商品囤积,认为囤积投机是物价上涨的罪

---

① 米煤粉蜂拥而来,市价反见增涨,中等家庭亦难维持生活[N].申报,1940-11-26(7).
② 阜丰面粉厂敌伪时间办理平价面粉、平价米粮的往来文件[A].上海档案馆藏档案,卷宗号:Q465-1-89.
③ 抢帽子,是一种投机用语,即快进快出,只要微薄利润,立刻出清。
④ 评价会今日实行,存米充斥囤户拒不出售[N].申报,1940-08-31(10).
⑤ 切不可"纵了大鱼"[J].申报社评选,1943,(2):12—14.

魁祸首,但事实上,他们也在寻求囤积机会。追逐利润最大化,或者避免货币的快速贬值,这种心理实属正常。但是,每一个个体在采取所谓的理性决策时,却经常造成抢购和囤积的发生,只是有大小程度之分而已。

从社会心理学来看,每个个体的社会心理需要维持一定的平衡,不仅包括认知上,还有情感上的平衡。[①] 如果感觉到心理不平衡,作为个体的人就会产生焦虑烦躁情绪,从而促使人采取某种行动获得新的平衡,这是一个不断变化的过程,其目的在于获得平衡感。而支配产生这种行动的动力,就是社会心理学上所说的心理内驱力。在囤积投机过程中,民众看到囤积正发生在身边,从而会产生焦虑,相比于囤积投机者,他们的内心会变得不平衡,只是这种不平衡的程度因个体能力而存在一定差异,囤积能力和数量取决于民众的财力、能力和预期。他们会模仿囤积行为,期望能够通过这种行为重新获得平衡感。其实在内心深处,民众对囤积的态度,也会因为个体之间的模仿和感染而发生变化。[②] 焦虑所产生的危机心理,会从一个地方蔓延到另一个地方。在通货膨胀危机发生的时候,民众心理上有一个极大的弱点,便是担心货币价值跌落,这也是普通民众最关心的问题。不同的微观经济主体,尽管危机心理大同小异,但因为角色差异,每个主体的应对方法会有较大不同。

对于企业来说,它们是生产者,会过于担忧物价继续高涨所带来的成本影响,所以其一方面尽量购买原料,一方面对成品暂时保留不卖以作囤积。而中间商人,将会影响中间物资的供给,其一方面竭力收购,一方面囤积居奇。对消费者或普通民众来说,其担心物资来源被阻断和贬值加剧,会尽力抢购现货,以保障未来的消费。

正是每个个体的投机心理,在客观上促进了整个社会的囤积与投机,每个人都无法清晰地看到自己在囤积发酵中所扮演的角色。

在物价腾贵形势下,囤积和投机已经不再是简单的商人营利行为,而成

[①] 周晓虹.现代社会心理学[M].上海:上海人民出版社,1997:207.
[②] 同上.306.

为上海市民为了生活不得不采取的手段,因而人们对其趋之若鹜。上海租界沦为"孤岛"之后,人们无法判断抗战形势,甚至存在一种悲观心理,认为战争困难还会长期存在,随着人口增加,民众便开始担心日常所需供给困难,尤其是怕米粮供应断绝。① 据战时日本学者吉田东佑研究,当时上海有学者告诉他,"在全上海……还想活着的人,就非跟着囤些货不可。甚至公众福利、道德、国家、社会安全和良心……都可以不管,否则你就休想过活做人。"② 虽然这种言论有点过激,但是体现了民众普遍相信投机是缓解生存压力的重要手段,这种心理一直支配着民众的行为选择,所以即使有各种法令限制和惩罚囤积投机,但都不能从根本上杜绝类似行为的再次发生。以民生商品米粮为例,不仅在上海,就是在全国范围内,米粮囤积也都是普遍存在的现象。由于财力悬殊,市场产生分化,即财力较雄厚者早已囤积大量米粮,资力薄弱或无资力者,"却不得不陆续购买高价米,他们是因米价贵而苦恼的阶层"③。而这些所谓的无资力者,迫于"不囤积不能生活"的困境,也采用自己力所能及的囤积方式,包括竭尽所有资金购买粮食,其中大部分再转卖给其他人,留下一部分自己食用。

民众普遍有种看涨物价的心理,"以为今天比昨天贵,明天一定比今天贵,这种观念就使一般人,你也囤积,我也投机,所有资金完全使用在囤货上面。"④ 其实,上海民众,都有预先抢购囤货的心理,以抵消生活费用的高涨,对他们来说,囤货可以起到对冲物价上涨的作用。有些囤积者,特别是上海中下阶层民众,其实也是市场囤积投机的受害者,受害于上海人所讲的"大囤虎"。所谓"大囤虎",是指大投机商和金融资本家。时人总结,"投机人物,除了一般开设字号专做投机生意的官商老板外,就是和我们一样的穷人"⑤。曾任江苏农民银行上海分行会计主任的吴菊初(吴诚之),曾经在《新

---

① 陈存仁.抗战时代生活史[M].桂林:广西师范大学出版社,2007:60.
② 吉田东佑.论物价问题的严重性[N].申报,1943-04-15(3).
③ 各地米粮问题的检讨[N].申报,1944-07-25(3).
④ 抑平物价的彻底政策[N].申报,1943-03-30(6).
⑤ 广华.投机市场的内幕[J].简报周刊,1941,(8):6.

中国报》上描述一个故事,生动形象地描绘了上海民众囤积的众生相:

> 现在的上海,整个社会已变成一大赌场。在赌场剥光了衣裳的人,上海称为"白宰鸡"。赌场老板以这白宰鸡的身分(份)作担保,再借钱给他,叫他再赌下去。同样,现在上海投机市场上的投机者们,背后有银行钱庄的老板做靠山,用投机囤积的资产援助他们。所不同的是,做大规模投机囤积者,他们自己就是大赌场的股东,他们决不会做"白宰鸡",在投机市场上做"白宰鸡"的只是靠薪水吃饭的小市民而已。①

从"白宰鸡"的比喻中,可以看到大囤积商与小囤积市民的区别,也可以看出两者间的地位层次差异。大囤积者投机获得暴利,而一般民众囤积却只是为了防止物价过快上涨,但最终结果都是有货皆囤,造成物价上涨。也正是"上层囤积量大,水涨船高,暴利累累;一般人民囤积量小,防荒防涨之目的终不能坚持,反而饱受高价之苦果。而囤积之风气,却已普遍养成"②。

至于囤积程度方面,大囤积商依然是投机主力,无论在数量还是品种上都占据优势。以存款为例,民众在对比存款利息与投机收益之后,都很清楚存款利率所得颇低,"不过七厘到一分的利息。而囤货,只要在一年内物价高涨二成,就等于有二分钱。而事实上告诉我们,一年内物价高涨的程度,远远不止几倍于二分。"③著名美商罗斯福出版公司发行的《中美周刊》曾于1941年组织了一次"上海物价专家座谈会",会上很多专家发表了对物价上涨以及囤积的看法。民众判断物价的走势,已从短期变为长期,对物价的判断也与"八一三"事变之前存在较大不同,比如从前只会看到三个月内的物价变化,现在对物价的预判会延长到第二年。当然,这种预判不一定正确,但是看涨心理一直存在。他们认为长期来看,囤货有利可图。因而在物价

---

① 吉田东佑. 论物价问题的严重性[N]. 申报,1943-04-15(3).
② 社评. 论通货与囤积的关系[N]. 申报,1943-08-30(1).
③ 韦宛. 上海物价问题特辑:参加"上海物价问题座谈会"各专家之意见——囤户与物价之影响[J]. 中美周刊,1941,3(10):12.

下跌时,囤户加紧囤货,在物价上涨的时候,也是加多筹码囤货,而囤货越多,物价也越上涨。有些专家谈道:"有人估计上海的存纸足够两三年之用,这决不是虚话,不过这两三年的存纸大家不肯卖出来,等于脱离市场。而这种心理恰好因为战时的特殊环境,要是在平时可能会失败。目前上海物价通常高涨数十倍以上,而汇价不过是减低十分之九,这种差额完全是囤户心理所造成的。"①有的学者用讽刺口吻分析投机心理,他们认为在物价上涨情形下,虽然投机"令人不耻",但是民众却从来不会把利益置之度外,比如在《之大商学刊》上曾有文章认为,"家家户户,只要有洋钱钞票,都会冒险投机。现在上海这个混乱市场里,正是混水摸鱼的好时机,此时不捞,更待何时?良机坐失,才是个大傻瓜。商人自然是投机的老手,连大学里的教授和大学生也筹划了整批的钞票去'抢帽子'。上海有人说:现在要赌博,不用去好莱坞,目前上海的投机市场根本好莱坞赌钱一样。我以为这句话,一点都不过分。"②

囤积投机品种已经超出了日常生活必需品的范围,甚至连药品也成为重要投机对象。时人也常对此进行讥讽,认为"投机药品,其实就是拿药当饭吃"。因为很多投机者心理上很显然认为药价不断上涨,"米尽贵好了,四百元一石,六百元一石,甚至一千元一石,我也不关心,原来我囤的药能够同白米的涨价赛跑呢的!"③还有一个老太太常指着隔壁的一座新落成的洋房说:"要是我的药丸不卖脱,到今早,这座洋房是我的了,要知道屋价不过十三四万元,十万粒的坤宁丸价格现在不止此数呢。"④可见,连老太太都知道囤积投机药丸的好处!从这种心态,也可以看出囤积已经是全民皆有的行为。

大体来说,囤积投机形式主要有三种:第一种是把法币换了货物存放在家里,采用这种方式的人资产有限,而且多为自有资金,囤积目的在于资产保值;还有的把货物买好存在公司栈房,这些人大多财力比较雄厚,目的

---

① 韦宛.上海物价问题特辑:参加"上海物价问题座谈会"各专家之意见——囤户与物价之影响[J].中美周刊,1941,3(10):12.
② 白水.上海的投机市场[J].之大商学刊,1941,1(3):7—8.
③④ 拿药当饭吃[N].申报,1942-04-19(5).

在于赚钱和保值。第二种是通过信贷，先拿自有或凭信用借来的资金购买货物送进银行仓库或其他指定仓库向银行作押款。最后一种是通过购买栈单，以自有资金或信用借资购买栈单，栈单到期能不能提到货物，不为他们所在意，他们的目的在于所能提取的货物涨价。

2. 区域价格差异与"单帮"行为

上文所述囤积与投机是在某一区域内集中出现的行为，其特征是投机商的经营主要固定在某一范围，借鉴史晋川教授研究中的称法，这种囤货商人属于坐商[①]。相对来说，另一个群体是将货物运输到其他区域，利用地区间价格差异赚取利润，则属于行商。近代中国区域间商品差价现象一直存在[②]，而在抗战时期，由于物资缺乏、交通阻碍和敌伪物资统制政策，商品差价现象更为显著，因而催生了一个被称为"单帮"的群体，他们与坐商不同，不是在固定的区域交易商品，而是将货物运输到其他地区进行交易，属于行商范畴。虽然很多单帮商成交规模较小，难以称为"商"，其方式也与坐商截然不同，但是其发挥过调剂商品流通的作用。从这一点看，将其视为行商，是有一定道理的。

在抗战时期，"跑单帮"现象盛行，时人就对此进行过很多关注，比较一致的观点是认为迫于生活压力，"小民阶级生活费用日益高涨，如全赖正常收入，早晚有成饿殍之虞，彼等受此高物价之压迫，……单帮贩商之往返各地者，自不愿碌碌终日，奔走四方矣。"[③]能够进行大量商品囤积的，基本上财力都比较雄厚。至于生活水平低下的民众，由于连小规模的囤积都无法做到，而又想缓解生活压力，很多人都选择了"跑单帮"，"生活飞涨得太骇人了，穷人不得不改行做单帮跑码头，自己没有本钱，向人借来做，生活亦太痛苦了。"[④]

"跑单帮"群体，生活水平相对低下，对物价波动极为敏感。其他收入较

---

① 史晋川.温州模式的历史制度分析：从人格化交易与非人格化交易视角的观察[J].浙江社会科学,2004,(2)：14—18.
② 王玉茹.近代中国价格结构研究[M].西安：陕西人民出版社,1997：54.
③ 张百禄.论单帮[J].三行经济周报,1943,2(34).
④ 生活飞涨下,逼索两万元借款,单帮客情极跳楼![J].上海社会月报,1944,(创刊号)：15.

高群体的囤积行为,对"单帮客"具有一种示范效应,"物价日涨夜增的现象,今日所购入者,到明日便能得一半或二倍于原价的增利。稍稍囤积,略一居奇,就可获利,则又何乐而不为。职业商人固然大享其福,其他人士,也就为之眼红。"① 他们为了获得更多的利益,往往会选择全家出动,甚至会将五六岁的小孩也带入"跑单帮"的队伍。他们身份复杂,但绝大多数是失业人群。②

此外,还有一个特殊群体,即公教人员群体,他们是公务人员或学校教师,出于清高心态,不屑于从事单帮商的行为,特别是教师群体,甚至会认为"跑单帮"有辱斯文。物价不断上涨,虽然他们都有加薪的机会,但是相对于物价上涨速度,工资上涨幅度就尤显滞后。③ 在沦陷区,无论是上海,还是北平和天津,货币购买力都呈现下降走势。工资与物价增速差异,可以用货币购买力来说明,在论述公教群体"跑单帮"之前,先来看一下表1-3中三个城市的货币购买力变化情况。

表1-3 1938—1944年上海、北平和天津货币购买力变化情况(1937年=100)

	1938年	1939年	1940年	1941年	1942年	1943年	1944年
上海	79.05	60.29	27.8	14.4	5.98	1.64	0.25
北平	76.09	56.12	31.24	26.07	18.76	10.96	6.8
天津	71.94	45.18	26.41	24.56	15.31	5.98	2.33

数据来源和说明:上海的数据来自《社会月刊(上海1946)》1946年创刊号第18页的"工人生活费指数之编制方法之上海市中国人生活费指数",其中1942—1944年的数据按伪币"中储券"计算;天津和北平的数据,分别来自《上海物价月报》第4卷第11期的"天津工人生活费指数"和"北平零售物价指数",其中,1941—1943年的部分数据则分别来自《中外经济统计汇报》1944年第6期的"天津工人生活费指数表"和《经济导报》1942年创刊号中的"北平工人生活费指数表"。本表将指数统一调整为以1937年为基期。

表1-3中可以看到1938年至1944年间,沦陷区三个主要城市的货币购买力是快速下降的,其趋势如图1-2。

从图1-2,可以看到从1938年到1940年三市购买力下降速度最快。

---

① 小衡.谈谈单帮[J].正气,1943,(4—5):19.
② 徐翊,庄静.生财有道的单帮商[J].万象,1944,3(9):115—121.
③ 沪市各学校教职员生活苦况[J].国际劳工通讯,1941,8(1):10—11.

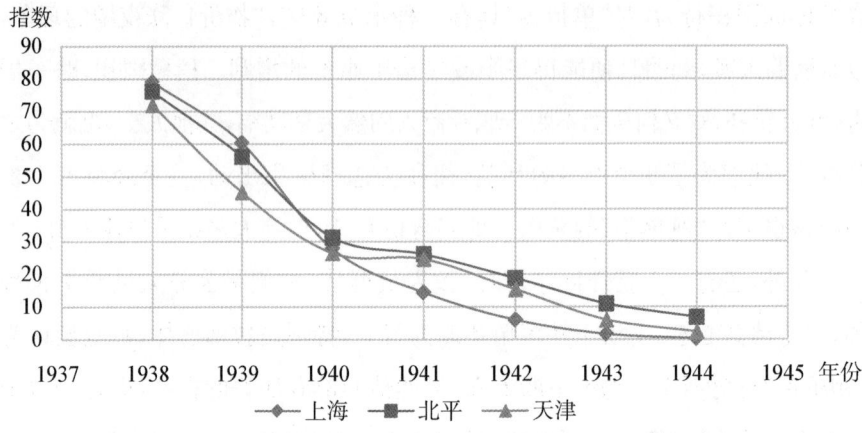

图1-2　1938—1944年上海、北平和天津货币购买力趋势

自1940年以后,三市货币购买力下降程度有所减缓,但是并没有改变下降趋势。横向对比,上海货币购买力的下降程度最为严重,其次是天津,北平情况相对缓慢。

面对货币购买力的快速下降,公教群体体会到生活的异常艰辛。起初是趁着假期做一些"单帮",但后来发现物价涨势过猛,"于是薪水阶层在挑不起一家吃着负担的情况下,就不得不索性辞掉职位而成单帮商。"①在天津,同样也出现"跑单帮"现象,因为"这是米珠薪桂的年头,拿出许多钱也买不到什么。囤积者,他们的钱来的都很容易,例如存一批货,放上几个月,就会赚几十万以至几百万"②。教师改行做"单帮",真的是出于无可奈何。笔者在《天下(上海1943)》刊物上看到一则教师的"内心独白",与其说是设法改行以"生财有道",还不如说是生活的艰辛使得公教人员作出这样的行为选择,现摘录部分如下内容:

> 我们是一群教书匠,曾受本邑师范教育的栽培,六年前都服务于桑梓教育界,忠诚勤奋,有过灿烂光辉的成绩。当时月入三十元,却都安之若素。……奈其时烽火弥漫,我们就挤(跻)身其间,奔波于松(淞)沪

---

① 徐翊,庄静.生财有道的单帮商[J].万象,1944,3(9):115—121.
② 木目.天津消息一束:今日的教学界——教师跑单帮[J].中华周报(北京),1945,2(15):10.

道上,或肩荷步行数十里,或雇舟以代步,餐风饮露,比教书生活艰苦。……虽身负累累,只要皓月当空,云淡风轻,就兴趣百倍,如步诗境,疲劳顿消了。这样奔走了数月,除了生活开支外,倒都有些积蓄,且比以前用心力所换来的代价较丰,而生活自由,甘苦相乘,教书的念头,就烟消云散了。……岂知晴天起了霹雳,政府严峻抑止物价上涨,颁布物资搬运办法,雷厉风行,各地都受了影响。并且苏浙各地,设立封锁线,严格管理物资搬运,以致货物出入,大受限制,商人虽想尽各种方法,偷天换日,可是终究受了限制。①

这一段文字,对比了教师群体在物价上涨前后的生活和工作方式。战争造成物价上涨,人们的生活受到极大威胁,作为知识分子的教师,也放下体面,做起了"单帮商"。但是这个作者还是很乐观的,充满诗人气息,能够将痛苦的单帮生活写得如此富有诗意,也算是苦中作乐。

在此,需要提及沦陷区的统制政策。汪伪政府为了统制物资,曾实施物资禁运政策,于1943年3月11日公布《全国商业统制总会暂行条例》,实行物资统制与收买配给制度,成立了"全国商业统制总会"(简称"商统会")。"商统会"严格控制各地物资供给和交换,要求沦陷区各同业公会分别组织成立同业联合会,比如棉制品同业联合会等,它们都是跨区域的组织。

此外,汪伪政府还制定了各种限制物资搬运的法令,相继出台《战时物资移动取缔暂行条例》《囤积主要商品治罪暂行条例》《华北扰乱经济统制紧急治罪暂行条例》《上海市米粮特殊搬出证办法》等。这些统制法令的明显特点,即对各种统制物资实行严格禁运政策,否则就以"治罪"论处。"商统会"主办的刊物《商业统制会刊》规定了伪实业部的主管商品目录,包括棉花、棉纱、棉制品、化学工业品、毛纤维及毛制品等,还有一部分归其他部门主管,比如伪粮食部主管面粉、鸡蛋和杂粮等。② 3月11日汪伪政府公布

---

① 秋蛩.教书匠改行记:做单帮客[J].天下(上海1943),1944,(6):13,22.
② 实业部主管主要商品品目表[J].商业统制会刊,1943,(创刊号),38—39.

《战时物资移动取缔暂行条例》,规定苏浙皖三省以及上海和南京两特别市的一切物资,除另有规定之外,禁止运往"匪区"。① 在该区域内,只有非统制物品才可以自由移动。棉花、棉纱和棉布三项,属于严格统制物品,不能自由运输到外地。条例第 6 条第 1 项规定的商品②,如果从上海运输到该区域内,需要向"商统会"提出申请,得到许可才能运输。"商统会"规定了物资搬出(入)申请许可证的手续,运输商品者必须要先申请,只有得到"商统会"的批准,才能得到搬运许可证。

"商统会"对于沦陷区内物资搬运实行严格限制,从品目、数量、产地、商标等各个方面都进行限定。汪伪政府于1944年对"商统会"进行改组,统制物资数量由之前的 29 种减少至 11 种,这 11 种统制物资包括米、小米、小麦粉、油、杂粮、棉花、棉纱、棉制品、肥皂、蜡烛和火柴等。③ "商统会"性质也发生了变化,不再是直接管理,而是对重要行业进行指导,分别成立统制委员会,包括米粮、粉麦、油粮、棉业与日用品五个统制委员会。这些组织配合汪伪政府的物资统制,统制力度随着战事发展而愈加强化。

物资统制增加了携带难度,无疑使"单帮商"的生意愈发难做。根据上述的统制政策,"单帮商"能够携带出入上海的物品种类和数量有限,表 1-4 列出了他们能够携带出入市的物品及数量。

表 1-4 每人可带出和带入上海的物品数量

物品 出境携带量	纸烟 100 枝	砂糖 1 斤	蜡烛 6 支	肥皂 6 块	火柴 5 匣	药品 少量
物品 入境携带量	鸡 1 只	蛋类 20 枚	肉 5 斤	白米杂粮 少量	蔬菜 少量	

数据来源和说明:转引自徐翊、庄静.生财有道的单帮商[J].万象,1944,3(9):115—121。根据相关数量整理得到。

---

① 战时物资移动取缔暂行条例[J].中央经济月刊,1943,3(4):90—92。
② 这类物品包括各种汽车及其零件、汽车用汽油及其石油类、各类机械、通信器材料及电池、金属、药品、橡皮及其制品、棉纱布及其制品、蜡烛、火柴、肥皂和糖。
③ 何望贤.五统制委员会的事业[J].申报月刊,1944,复刊2(10):14—20。

根据表1-4中数据,可知民众可携带物品数量极为有限。由此可见,在物资统制期间,"单帮商"的前景越来越黯淡,其贩运量受到极大控制。

生活困苦迫使这些群体从事"跑单帮"的工作,这是走投无路情况下的选择,因为"在目前一失业,要想再找个职业就比登天还难,稍有积蓄者,就大都从事一些小本囤积或是作金子股票之类的投机",而"走单帮就好比过万里长城,一关一关,像永没有走完的一天"。① 虽说"跑单帮"有难处,甚至不少人为之倾家荡产和自杀,但也有一些"单帮商"因此而发财,据《生财有道的单帮商》的作者回忆,"单帮商的收入果然不错,笔者家里的一个女佣,于辞职后的一年中,就很快地由乡下老婆子,而变成了口镶金牙、指戴金戒指的太太。"② 另据上海租界时期名医、《抗战时代生活史》作者陈存仁的回忆,"在八年抗战中,有钱的人皆由囤积发财,没有钱的人凭两条腿跑单帮也赚了不少钱。"③

二、民众对货币信用的心理变化

将货币信用单独作为一个部分论述,原因在于沦陷区内货币发行具有特殊性,民众对货币的态度存在变化过程,需要解释以下几个重点:

首先是认可、接受敌伪货币,民众迫于外在压力,使用敌伪货币,比如"联银券""华兴券"和"中储券"等。其次,敌伪货币形式和与法币的兑换比率多次发生变更,兑换率变化直接影响民众购买力,甚至造成对财富的直接掠夺,民众社会心理因而发生变化。最后,敌伪货币与外币的汇率也不断发生变化,其购买力随着时间变化出现较大差异,而物价起伏是币值波动的直接反映。

此外,还需要了解当时的外汇波动以及外汇管制情况,在沦陷区,除了商品物资之外,外汇也是非常重要的一项投机对象。民众对货币的态度以及对币值的预判,都会影响其未来的经济行为。这一部分论述以汪伪政府的"中储券"为中心,原因在于"中储券"是最重要的敌伪货币,在沦陷区影响

---

① 鲁依.随笔:漫谈跑单帮[J].文友(上海1943),1945,5(5):2—3.
② 徐翊,庄静.生财有道的单帮商[J].万象,1944,3(9):118.
③ 陈存仁.抗战时代生活史[M].桂林:广西师范大学出版社,2007:290.

力很大,其流通区域也是当时中国经济金融实力最强的区域。

(一) 对敌伪货币从不信任、排斥到接受

1940年12月21日,汪伪政府于南京市交通银行旧址成立了伪中央储备银行,其目的在于通过"中储券"实现金融掠夺。按照伪政府的规定,"中储券"就是"中华民国"的所谓"新法币"。伪中央储备银行成立之初,上海民众并不看好这家银行,特别是对其即将发行的"新法币"——"中储券",更是持怀疑态度。

华北和华中地区自沦陷之后,曾通行多种伪币。以上海为中心的华中地区,也曾流通过"华兴券",与华北地区的"联银券"一样都遭到民众抵制,另外还有日军发行的军用票,其作用是供日军发军饷。敌伪政府对于法币的态度存在区域差异,在华北沦陷区,敌伪积极排斥法币,希望将法币全部逐出。而在华中,法币不仅可以自由流通,而且一度与"中储券"等价交换。对法币的不同态度,其实是由于敌伪不同集团的利益博弈。华中地区是英、美两国的重要市场、原料来源地以及投资目的地,法币自然是通用货币,因而对于敌伪具有特殊意义。其次,敌伪出于套取外汇的需要。当时中国政府支持外汇黑市政策,日方通过"联银券"和军用票,已经套取大量法币,因为法币信用越坚,在上海市场上的汇率越高,则日方就能用法币换取越多的外汇,这种局面一直持续到太平洋战争爆发。

在《申报》上曾有一则关于"中储券"座谈会的报道,可以看出民众对伪币的态度是显而易见的。有人将伪币形容为"三种纸",其中"联银券"是"第一种纸","华兴券"是"第二种纸","中储券"即为"第三种纸";众人都嘲笑日伪纸币是"一代不如一代",甚至认为"中储券"的命运也会和"华兴券"一样,因为"幽灵一般的'华兴券',发行之初也是和法币等价联系的,但法币还是法币,'华兴券'终究逃不出'幽灵'的命运而夭折。'第三种纸'的命运,也不外乎此"①。从这些言论可以看到,"中储券"并不被看好,从发行第一天就注

---

① 中日货币战之今后[N]. 申报,1940-12-30(8).

定了失败的结局。

但是需要作出特别说明的是,如果仅仅从国民政府与汪伪政府的相关媒体报道来看,似乎很难区分民众的真实心理。因为这两大阵营都有自己的媒体,对于"中储券"的发行存在完全不同的立场和态度。比如沦陷区重要刊物《中央经济月刊》①极力鼓吹"中储券"发行的"信用基础",并多次重点强调伪政府的相关法令条例。再如《妨害新法币治罪条例》规定,故意妨害"新法币"流通或破坏其信用者处五年以上有期徒刑并科5 000元以下罚金,拒绝使用"新法币"者处三年以上十年以下有期徒刑并科5 000元以下罚金;还要求所有的银行银号钱庄典当及其他公司行号如有违反者,除犯人依各该条治罪外,并吊销其营业执照。② 此外还有《中央月报》③等,这些报刊都属于汪伪阵营,在论及"中储券"时,认为它"对于中国整个的金融,奠定了更大的民生基础柱石……信用更为增强,各方需要极为殷急……以便调整通货,安定民生"④。

同时,国民政府的刊物,却有着极为不同的报道和评论,如著名的《经济汇报》⑤和《财政评论》⑥。这些报刊与汪伪阵营的报道截然相反,它们认为沦陷区民众根本不接受伪币,对伪币信任度极低。⑦ 同样,也主张对使用伪币的行为加以惩治,认为这是汉奸或卖国行为,"现财部特电令各省府,一体知照,如有违者,即将伪钞没收,由各地方政府依照《修正惩治汉奸条例》治罪,其有甘心卖国、代理伪行推行伪钞,查有实据者,并应依法从严惩处。"⑧

---

① 《中央经济月刊》由汪伪"中央储备银行"发行,是汪伪时期出版的经济金融刊物。主要内容为经济、财政和金融原理探索,学术理论批判,制度研究以及有关经济实际问题论述,工商金融调查,国内外经济动态,各种经济法规和有票据交换统计等。
② 妨害新法币治罪条例[J]. 中央经济月刊,1941,1(2):108.
③ 《中央月报》创刊于1941年5月,由汪伪"《中央日报》社"出版发行,主要刊登时言政论、经济研究和相关政策报道等。
④ 新法币信用增强,中储券需要殷繁[J]. 中央月报,1942,2(4):43.
⑤ 《经济汇报》1939年创刊于重庆,由中央银行经济研究处编辑并出版。
⑥ 《财政评论》1939年1月创刊于香港,太平洋战争爆发之后搬迁至重庆,后于抗战胜利后又迁至上海。它是民国时期非常重要的财经期刊之一,对于战时经济的研究具有极为重要的文献史料价值。
⑦ 沪拒用伪钞(中央社香港十八日电)[J]. 经济汇报,1941,4(8):109.
⑧ 收受伪钞依汉奸治罪[J]. 经济汇报,1941,3(5):84.

正因为报道的天壤之别,我们在看待民众心理时,也需要客观和理性,需要全面综合时代背景,深度挖掘民众心理特点。那么,面对这两种截然不同的"事实",如何判定到底哪一方更客观呢?难道只能莫衷一是吗?其实,在思考这个问题的时候,需要抛开意识形态立场,从细微之处和特定历史时空中发现民众的真实情绪、看法和态度。实际上,有关民间心理报道并不少见,而且有些材料非常生动,是不可多得的研究史料素材,其可贵之处是真实,因为从民众生活点滴中所透露出来的情绪,较少受到政治的影响和干预。比如,在沦陷区的《中美周刊》[①]"读者信箱"栏目曾刊登过一篇文章,就非常具有代表性。一名普通市民给编辑写信,认为伪币发行的形势已经很严峻,希望各方想办法阻止伪币的继续发行:

编者先生:

近来僞钞的流通程度似乎是很普遍的样子,这是非常令人痛心的一种现象。我们看到这种现象,更明白防微杜渐的重要。

记得起初时大家对于僞钞总是一致拒用的,后来因为某方设法把法币的角票尽量收买,以致法币角票的数量大为减少,不够市面上流通的需要,于是僞钞便乘机而入,它想利用人为的手段,来劫取法币原有的地位。

大家对于僞钞本有一种非常坏的印象,认(为)它是无准备金的纸币,花纸一张,不值什么钱。不过,后来因为法币的角票既缺乏,零找毫无办法,有些不肖的店家便把僞钞的角票用出来,大家以为角票所值无几,又因如拒绝接受损失太大,所以都勉强接受下来,不料这一接受,却把僞钞的流通范围扩大了。

现在问题越来越严重,以前还亦是僞钞角票的流通,近来却已经渐渐看到一元僞钞了,如果大家也怀着和从前一样的心理,则僞钞一元票

---

① 《中美周刊》于 1939 年 9 月在上海创刊,属于时事刊物,每周发行一次。英文刊名 *Chinese-American Weekly Review*,由美商罗斯福出版公司负责出版工作。

恐又将被达到流通的目的,这是非常可怕的事。先生,你能替大家想一个好办法,来阻止僭钞的流通吗?①

这封写给《中美周刊》编者的信,可谓人们对"中储券"心理的真实写照。僭钞,也就是伪币"中储券"。汪伪发行伪币,不仅颁布法令进行恐吓,动辄就是治罪,而且还利用各种手段将辅币收回,迫使民众接受"中储券"。

所谓的法令方面,主要有以下几条:1942年3月30日伪财政部公布《修正整理货币暂行办法条文》及《新旧法币实施办法》。伪府"修正"1935年11月3日颁布的《整理货币暂行办法》第3、4、6条条例,其中,第6条修改成"凡人民完粮纳税及其他对于政府之支付,一律行使中央储备银行发行之法币"②。而其《实施办法》则特别强调"中央储备银行发行之钞票为唯一法币,所有旧币非经本部长特准不得正式使用"③。加上上文所述的"法令",汪伪政府通过强硬手段迫使民众使用"中储券"。

但事实上,民众拒绝使用"中储券"。据陈存仁回忆,"中储券"发行后,大家推来推去不肯使用,后在周佛海软硬兼施的手段下,"中储券"才在租界推行开来。④ 陈氏提到的"软硬兼施",是指汪伪政权为了让"中储券"尽快排挤法币所用的各种伎俩,正是因为民众的不信任,伪府才会采用各种手段迫使民众使用。

"软"的方面是停收法币,强制流通"中储券",比如在上海租界内华商百货公司、旅馆、电影院、饮食店以及丝业、人造丝和毛织品批发商等,全部改以"中储券"交易。⑤ 但是收效不大,并没有他们在报道中所吹嘘的那样。实际情况是,即使市民不得不使用"中储券",但都很快又购买物品或者换成法币,以致周佛海在日记中也写道:"旧法币头寸日益减少,而来源枯竭,实可

---

① 坚决拒用僭钞[J]. 中美周刊,1941,3(3):24.
② 最近币制之变动[J]. 银行周报,1942,26(19—20):4—10.
③ 同上. 3.
④ 陈存仁. 抗战时代生活史[M]. 桂林:广西师范大学出版社,2007:212.
⑤ 本埠主要各业不收旧币[N]. 申报,1942-06-13(4).

虑也。因嘱同人研究限制兑换旧法币及吸收旧法币之新方法。"① 显然，就连周佛海也承认强制兑换法币并没有达到预期目的，与目标存在巨大差距，民众抵制程度也远超出预想。

伪政府总结兑换失利的原因，意识到民众心理的力量，他们认为人们对"和平运动"不了解②，其实这是自欺欺人的自我安慰而已。在杭州也是如此，人们日常生活中的交易全都被迫改用"中储券"，包括购买车票、支付水电费等，企业工资发放也被要求采用"中储券"。但即使这样，到 1942 年 3 月末，市场货币调查显示"中储券"在杭州市区的流通份额也仅为三分之一③。"中储券"在城市遇到抵制，在乡下也同样遭遇拒收尴尬。比如《苏讯》非常关注江苏沦陷区民众的生活，它在湖南和上海出版发行，主要报道江苏地区的新闻消息，为大后方江苏同乡提供了一个重要的交流平台，在1942年曾报道江苏乡下民众对"中储券"的态度：

> 蒙骗民众使用"中储券"，但是老百姓都是另眼相待，而且在乡下竟拒绝收兑。去年，伪府下令非用伪府钞票不行，于是成千的法币都被老百姓当宝贝地藏起来了。当时暗中掉换的价钱，竟有出伪币二元掉换法币一元的。现在法币突然被禁用，人民虽敢怒而不敢言，但灭除敌伪，光复河山之念，益沸腾于每一个人民之心中，而无时或忘矣。④

人们虽然生活在沦陷区，但是爱国之情依然深厚，对"中储券"的厌恶可见一斑。周佛海多次在公开场合声明以"中储券"代替法币流通的立场，其陈词滥调无非就是鼓动民众兑换"中储券"："本人曾经一再声明，政府刻正草拟关于禁止旧币流通法令，先从南京及上海两特区两地开始实行……自禁止流通旧币后，该区域如仍有以旧币为通货彼此收付者，一经发觉，除将

---

① 蔡德金编注. 周佛海日记（上）[M]. 北京：中国社会科学出版社，1986：477.
② 吴景平等. 抗战时期的上海经济[M]. 上海：上海人民出版社，2001：261.
③ 杭州市金融志编纂委员会. 杭州市金融志（1912—1985）. 内部发行，1990：50.
④ 敌伪排除中央法币：竟规定伪中储券为"新法币"[J]. 苏讯，1942，(37—38)：5.

其所使用之旧币全部没收外,尚须予以相当之处置。至处置至何种程度,正在考虑中。至于此次禁止旧币流通,其目的虽仅在禁止人民使用旧币为通货,但旧币既不能流通使用,人民持有旧币,实无利益可言,不啻自己抛弃其资财。故深盼于收兑期间,迅速兑换新法币。"[1]周氏如此言论,具有很强的欺骗性和煽动性,当然也不乏威吓语气。但相对于枪杀恐怖事件来说,这些言论都只能算是"软"的方面。民众不为所动,依然不愿接受"中储券",伪中央储备银行杭州支行在给南京总行的报告中这样写道:"杭市市民意存观望,交换额极微;市面交易购买货物,商民竟有将新币贬折收受,甚至有拒收新币者。"[2]

起初人们是抵制拒绝"中储券",但是后来由于目睹了伪政府强硬手段所造成的血案,心理上产生了恐惧,而不得不逐渐承认"中储券"存在的事实,这就是"硬"的手段的结果。

至于"硬"的方面,是借助武力和恐怖手段,这就涉及了1941年初的系列银行惨案。围绕"中储券"的发行,重庆国民政府军统局与汪伪政府银行之间展开了一场场血腥的枪杀较量。首先是上海伪中国银行专员季翔卿被暗杀[3];1941年1月至3月,汪伪政府与金融相关的多名人士遭到暗杀或袭击,包括调查处专门委员李明达被军统特务暗杀、伪中储银行上海分行本部被两枚手榴弹袭击、伪中储银行理会事调查处楼侗被刺杀等。暗杀行动也刺激了汪伪政府的神经,双方暗杀报复升级,开始增加上海银行业的恐慌。其中,最为惨烈的是江苏农民银行职员被杀一案,据《苏讯》题为《江苏农民银行惨案纪详》一文中的详细描写,1941年3月21日深夜11点50分许突有暴徒8人,"均身佩手枪,乘坐自备汽车两辆……驶至该行宿舍门前……闯入二楼宿舍……打死六名行员。"[4]此外还有中国银行集体绑架案和定时炸弹案等,这些案件都曾轰动一时,中国银行被"76号"特务报复,被抓走职

---

[1] 周佛海氏谈话:旧币依次禁止流通[N].申报,1942-06-20(2).
[2] 杭州市金融志编纂委员会.杭州市金融志(1912—1985).内部发行,1990:51.
[3] 沪伪中行当局异常恐慌[J].经济汇报,1941,3(3—4):116.
[4] 江苏农民银行惨案纪详[J].苏讯,1941,(24):10—11.

员的人数共有 128 人,其中 3 人被处死。

上述这些血案,着实让民众产生畏惧和恐怖心理,国民政府与汪伪政权之间展开的货币战争,直接引发血雨腥风,不仅对市民心理造成极大压力,而且使银行家也心有余悸,比如聚兴诚银行上海分行在 1941 年 3 月 26 日对总行的函件中提到:"近数日来本市暗杀绑案层见不穷,金融业备受威胁。"① 人们即使有极高的爱国热情,也不得不从人身安全方面考虑,逐渐接受伪币的流通和使用。

(二) 不合理的兑换率与物价快速上涨

"中储券"与法币的兑换率并非一成不变,最早"中储券"与法币等值流通,但汪伪政府与日方合力打压法币,恶意贬低法币价值,到 1942 年 5 月,其值更是进一步走低,走势见表 1-5。

表 1-5 1942 年 3—5 月百元法币兑换"中储券"数

日期	3月23日	5月20日	5月21日	5月22日
兑换数	77	74	71	66
日期	5月23日	5月25日	5月26日	
兑换数	60	53	50	

数据来源:币跌一半,货涨一倍[N].申报,1942-06-01(6).

表 1-5 中的数据展示了法币兑换"中储券"的比例走势,可谓直线下跌,最终跌到每百元法币仅兑换 50 元"中储券"。在上海,人们在日常消费中,发现物价发生变化,按照常理来说,既然已经实施 2∶1 的兑换比例,则以"中储券"衡量的物价应该是原来法币时期的一半,比如原价 100 元法币,现在只要付 50 元"中储券"即可。但是实际物价是在"中储券"基础上增加一倍,这不禁引起民众的埋怨与愤怒,比如这一则发表在《申报》上的文章,即可见一斑:

---

① 聚兴诚银行上海市分行关于本市暗杀、绑架、外汇冻结情况,日军进驻租界后同业动态和措施等事项的通函[A].上海档案馆馆藏档案,卷宗号:Q286-1-73.

生活指数好像飞机,愈飞愈高,薪水阶级者则似乎是一条蜗牛,无论怎么爬,都是爬不到天上的。……自从币制变动后,虽曾严禁物价抬高,并命令一切货品以上月26日至28日的标价打对折以"中储券"计算,但不也原价加一倍后,再付以"中储券"?①

"中储券"与法币兑换比率快速下跌,导致上海和商品金融市场处于疯狂高涨之中,从而影响民众心理,造成人心惶惶的局面。到1942年6月1日,"中储券"成为上海唯一"合法"流通货币。民众对汪伪政权所鼓吹的"中储券"能够平抑物价的说法,普遍持质疑态度,《银行周报》"商情"栏目就经常有对物价走向的评论,比如"今日一般物价的走势,恰与此背道而驰,'中储券'币值虽经提高,而物价涨势比例则尤高。如以最近'中储券'标价之一般商品,折算上月中旬之旧法币价格,莫不涨速数倍,此种逆势之表演,实为从来所未有之现象"②。

在法币被禁止流通之后,上海投机商将目光从商品转移到黄金,"商情"栏目还报道,对于黄金投机,"买户既不惜高价以求,因之涨风之烈,竟亦超越其他货物,在上月终市价,虽已迫近老法币四万元,但求者犹以为未足,六月上半月内,无日不在求过于供之状态。"③除了黄金,在货币换成"中储券"之后,棉纱和纱布再次成为投机对象,1942年6月上旬,上海双马牌厂单涨到6 770元,如果换回法币,则为13 540元。12磅龙头细布涨到244元,合法币488元,时人认为这种涨价"实为开天辟地以来未有之纪录,而反观社会经济渐形薄弱,普通阶级均在生活负担增重中力求节约"④。

"中储券"从诞生那一天开始,就定位于为日军侵略中国提供军费,并且成为支撑汪伪政权政费支出以及日军大肆搜刮华中物资的重要工具。⑤因而,在人为压低与法币的兑换比率之后,再行涨价之事,也就不足为

---

① 涨价及其它[N]. 申报,1942-06-09(7).
②③④ 子明. 两周商情及预测[J]. 银行周报,1942,(23—24):10—11.
⑤ 洪葭管. 中国金融通史(第四卷)[M]. 北京:中国金融出版社,2008:375.

奇了。

三、物价上涨、生活水平低下与民众维权行为

在物价上涨、通货膨胀逐渐加剧的情况下,民众从日常零售物价的上涨,感知到生活的压力。宏观方面,民众也主动呼吁政府修改价格政策,或请求同业公会干预管理行业价格。而在微观层面,他们会要求企业增加工资,提高福利待遇,以应对物价上涨带来的生活压力。接下来,我们从民众视角来分析通货膨胀的影响以及随之产生的维权行为。

(一) 物价上涨与实际工资的跌落

战时经济的显著特点就是物价上涨,普通民众所受影响最大,而工资在剔除物价上涨因素之后,真实购买力快速下降。下面以上海大米和面粉为例,数据来自《上海解放前后物价资料汇编(1921年—1957年)》,考察期间为1940年1月至1945年8月,其中太平洋战争爆发是一个重要时间点。1938年1月,每一石常河机粳米18.25元,到1941年12月,其价格上涨到238元,上涨了约12倍,相对于后期来说,这段时期上涨程度尚属比较温和;从1943年8月开始猛涨,到1945年8月,价格上涨到1 500 000元。[①]同样,面粉价格增长也呈现同样的趋势,1938年1月每袋(45斤)绿兵船或老车牌面粉只需法币4.4元,在1941年12月,也只增长到43元,约增8.8倍;但是自1944年10月开始,增幅发生巨大变化,从2 970元增长到250 000元,增长83倍。如果仅从两种重要民生商品的增幅判断,似乎还不能直接下结论认为民众生活水平急剧下降,因为已知物价上涨的同时,还需要知道另外一个变量即工资增长水平如何,二者对比就是真实工资水平情况。据《国际劳工通讯》中的工资指数数据,我们作表1-6以展现上海工人实际工资指数变动情况。

---

① 中国科学院上海经济研究所,上海社会科学院经济研究所.上海解放前后物价资料汇编(1921年—1957年)[G].上海:上海人民出版社,1958:218—220.

表1-6 1930—1940年上海工人实际收入、生活费及真实工资指数(1936年=100)

年份	实际收入指数	生活费指数	真实工资指数
1930	106.95	111.19	96.19
1931	107.34	108.36	99.06
1932	106.08	102.87	103.12
1933	103.21	92.51	111.57
1934	98.1	92.68	105.85
1935	90.49	93.99	96.28
1936	100	100	100
1937	84.83	118.15	71.8
1938	92.38	152.9	60.42
1939	119.09	203.25	58.59
1940	242.47	438.22	55.33

数据来源：历年上海市实际收入生活费及真实工资指数表[J].国际劳工通讯,1941,8(3):23.

表1-6中,实际收入指数、生活费指数与真实工资收入指数,它们之间的关系比较明确,上海工人的真实工资是前两者的比值,收入固然在涨,但是生活费的增长要明显快于收入,因而真实工资呈现不断下降趋势,1940年的真实工资仅相当于1936年的55%左右。

另据工部局社会工业处编制的工人生活费修正指数,本书对上海工人生活费指数中的分类进行调整,将从1941年1月开始的房租与燃料两类合并到住屋这一大类。以1936年为基期,基期值100,从1941年1月到1942年5月,包括食物、住屋、衣着及杂项在内的生活费指数从576.17上升到2663.21;另一方面则是法币购买力下降,1941年1月法币购买力指数为17.36,到了1942年5月,其值跌到3.75,跌幅为96.25%。修正后生活费指数与法币购买力变化见表1-7。

表1-7 1941—1942年上海工人生活费修正指数和法币购买力指数变化情况
(1936年=100)

年月	总指数	法币购买力	比1936年增减	年月	总指数	法币购买力	比1936年增减
1941年1月	576.17	17.36	−82.64%	1941年3月	660.61	15.14	−84.86%
1941年2月	575.56	17.37	−82.63%	1941年4月	740.38	13.51	−86.49%

续　表

年月	总指数	法币购买力	比1936年增减	年月	总指数	法币购买力	比1936年增减
1941年5月	814.88	12.27	−87.73%	1941年12月	1 108.4	9.02	−90.98%
1941年6月	763.23	13.1	−86.9%	1942年1月	1 208.03	8.28	−91.71%
1941年7月	811.92	12.32	−87.68%	1942年2月	1 363.47	7.33	−92.67%
1941年8月	896.54	11.15	−88.85%	1942年3月	1 781.6	5.61	−94.39%
1941年9月	918.37	10.89	−89.11%	1942年4月	2 211.67	4.52	−95.48%
1941年10月	961.27	10.4	−89.6%	1942年5月	2 663.21	3.75	−96.25%
1941年11月	1 091.59	9.36	−90.84%				

数据来源：上海工人生活费指数表(修正指数)[J].中外经济统计汇报,1942,5(6):92.

表1-7与前文所引用的上海工人生活费指数存在较大区别,表现在统计口径的差异,表中将分类指数进行了修正,而且增加了法币购买力指数的变化趋势。很显然,法币贬值速度简直令人瞠目结舌,在这种情况下,工人生活水平所受影响非常大,即使工资看涨,但在急剧贬值的经济形势下,民众只有承受更大的生活压力。

如果再深度挖掘数据,结合当时民众的访谈及回忆,从更微观角度看工资与生活水平的变化,我们将能够更加直观地比较出物价与工资增长幅度的严重不对称。据荣家企业福新和申新两大系统工厂工人工资水平的调查,由该企业各工厂档案材料整理得到,如果数据存在不实情况,那也只可能是虚报较高工资,而不可能压低工资数目,因而工人实际工资水平就具有较高的参考价值。以申二工人工资为例,从1942年到1945年,其实际工资水平可见表1-8。

表1-8　申二工人实际工资下降情况(1938年=100)

年份	日平均工资	工资指数	生活费指数	实际工资指数
1938	0.504	100	100	100
1942	2.86	567.46	1 323.57	42.87
1943	8.5	1 686.51	4 797.27	35.16
1944	71.32	14 150.79	31 702.53	44.64
1945年1月	359.12	71 253.97	194 840.07	36.57

数据来源：转引自申二实际工资的下降(1942—1945年)[G]//上海社会科学院经济研究所.《荣家企业史料(下)》.上海：上海人民出版社,1980：357.

表1-8中,最具参考意义的是实际工资指数的变化,虽然工资指数增长快速,1938年至1945年的7年间,工资看似增长了711倍,但是相对生活费指数而言,其增长速度远不如后者,后者增长了约1 947倍,因而总体来说,申二工人的实际工资水平逐年下降。到1945年,其实际工资仅相当于1938年36.57%。可见,受制于物价飞涨,工人实际生活水平骤然下降。据当年工人回忆,做工的工资不可能满足最低生活标准,很多工人"只能住难民营,或是睡弄堂。……工友们工钱没有加,他们亲手织的布,价格却涨了一倍,工友们哪里有钱添置新衣服?"① 为了维持生活,不少工人不得不连续做班,生活极其贫苦,"一般工人在买了平价米或面粉后,一个月的工资就花得差不多了。"② 另如上海水泥厂,据工人口述,"工人收入低微,时常失业,生活极端困苦。"③

(二) 工人维权行为

工资增速远低于物价涨速,情况极具普遍性,也正因为如此,工人对增长工资的诉求不断增加,形式也逐渐多样化,既有温和的请愿,也有组织性很强的罢工风潮。无论什么形式,都是民众在高物价之下对提高生活水平的一种正常反应,具有合理性。

物价高涨时期,劳资矛盾也愈加凸显,因物价涨势而逐渐尖锐起来。普通工人首先想到的是与资方进行谈判,争取合理利益,这种和平方式的成本最小,但是获得成功的可能性较小。在福新七厂工人顾象章的访谈记录中,他说到"因为物价上涨,工资不能维持生活,我们便要求增加工资,当时要求增加一成左右"。但由于利益冲突和谈判力量悬殊,最终结果是谈判工人被抓走"关了一天一夜,释放出来,全部被厂方开除"。④

---

① 胡林阁等.上海产业与上海职工[M].香港:远东出版社,1939:76—77.
② 上海社会科学院经济研究所.荣家企业史料(下)[G].上海:上海人民出版社,1980:345.
③ 上海社会科学院经济研究所.刘鸿生企业史料(下)(1937—1949年)[G].上海:上海人民出版社,1981:218.
④ 上海社会科学院经济研究所.荣家企业史料(下)[G].上海:上海人民出版社,1980:349.

罢工风潮逐渐增多,在上海沦陷时期罢工风潮的统计数据较多集中于1941年前,之后的统计不多见。囿于统计资料不足,本书对于工人罢工以及企业停工的分析,主要集中于1941年之前的情况,故在此先作说明。罢工、停工和劳资纠纷的原因很多,包括工资、工作时间、规则制度等,其中工资是最主要原因,工资严重滞后情况下的劳资矛盾成为罢工风潮发生的导火索。根据国际劳工局中国分局的统计,1940年全国有统计资料的城市共发生劳资纠纷案件367起,这些城市包括上海、南京、松江、杭州、昆明、北平和天津。其中,发生在上海的案件数量最多,共有357起,占总数的97.28%。① 而在调查的原因中,排在首位的是迫于生活压力要求资方增加工资。著名学者朱通九对1939年12月上海劳资纠纷案件及其原因、解决办法进行过专门统计,这一个月发生了27起纠纷案件,其中因物价高涨的共有24起,占比为88.89%。② 具体来说,相关纠纷案件及其所涉公司或工厂如表1-9所示。

表1-9 1939年12月上海劳资纠纷

公司或工厂名称	日期	纠纷形式	原因	解决办法
中国织绸厂	2日	罢工		增加工资
大北水电公司	13日	纠纷		酌加薪水、米贴
大东水电公司	13日	纠纷		酌加薪水、米贴
太平水电公司	13日	纠纷		酌加薪水、米贴
怡和蛋厂	12日	罢工		资方接受
中国国货公司	15日	怠工		加薪2元
新闻报	15日	纠纷	物价上涨	馆方接受
申报	15日	纠纷		馆方接受
培林蛋厂	15日	罢工		增加工资
五和织造厂	19日	纠纷		发给津贴
皮件业工人	1日	纠纷		增加工资
先施公司	9日	怠工		加薪、发红利
纶昌染织厂	14日	怠工		补发米贴
永安三厂	15日	怠工		年终红利5元

① 程海峰.1940年之中国劳工界[J].国际劳工通讯,1941,8(9):37.
② 朱通九.战时经济问题[M].上海:世界书局,1940:88—91.

续 表

公司或工厂名称	日期	纠纷形式	原因	解决办法
亚细亚公司	20日	怠工		米贴
英中纺织公司	20日	罢工		加薪
商务印书馆	26日	纠纷		米贴、奖励金
公共租界路工	24日	纠纷		尚未解决
中国内衣公司	26日	罢工		增加工资

数据来源和说明：朱通九.战时经济问题[M].上海：世界书局，1940：88—91.笔者对部分数据进行了筛选，只选择了与物价上涨有关的案例；另外由于年代久远，部分文字显示不够清晰，故舍弃部分罢工案例。

表1-9是1939年年底发生在上海的比较大的罢工运动，其中不乏规模较大的公司，比如先施公司、永安公司、商务印书馆等，其重要原因是物价上涨，可见迫于生活的压力，工人生活处境恶化，采取罢工和怠工行为，其实是在维护自身的合法利益，劳资矛盾的根源在于物价快速上涨。从表中解决方案来看，资方基本都同意了实行加薪或者增加米贴等的要求。但是，即使增加了工资，由于其增幅远小于物价上涨速度，所增工资也是杯水车薪，难以从根本上解决劳资矛盾。

第二章 沦陷区企业家的选择

物价上涨,不仅影响到民众生活质量,也制约着企业发展。对物价和通货膨胀,企业家也不能置身事外,他们是企业的利益代表,其心理反应与民众存在较大差异,因为他们具有比较雄厚的财力,拥有更多社会资源和较高社会地位,这些因素都是民众无法与其相提并论的。但他们同样也受到通货膨胀的冲击,很难独善其身。通货膨胀形势下,企业面临生存压力,比如成本压力以及与政府的博弈等,与民众相比,它们虽然具有巨大优势,但是由于不同企业的企业家的不同性格和心理,其采取的应对措施就存在很大差异,自然成效也会大相径庭。

本章旨在从企业家心理和行为来分析战时通货膨胀对沦陷区企业的影响,以典型企业为例,包括荣家企业、金城银行和刘鸿生企业等,研究方法仍以史料分析为主,既有企业史,也有企业家的日记、传记、回忆录等相关档案材料。企业所面临的问题,远比普通民众复杂得多,因为它们不仅是生产者,同时还是消费者,具有双重属性;它们需要博弈的对象不仅包括普通民众,还有更强大的行业组织和政府,这些不同博弈主体对企业家的社会心理都具有重要影响。

因此,全面合理地分析企业家的社会心理,是本书研究的重点和难点。在通货膨胀形势的前提下,我们不仅要探讨物价对于企业生存的影响,还要考虑其对其他经济、金融和财务变量产生的作用,包括利率、汇率、工资和企业财务状况等,这些因素都会对企业家的心理产生积极或消极的影响。他们的行为涉及民国政治经济的各个方面,所面对的各种问题基本能够反映当时社会经济发展的特点和困境。相对于仅仅依赖数据的陈述性分析,从心理视域深度剖析企业家的行为,将会让经济史的研究更富鲜活性与生动性,因为研究不仅是对事实的描述,更是对活生生人物的活动的分析。

本章在研究思路上,首先结合历史数据,分析物价、汇率和生产成本的变动所引起的企业家心理变化,剖析他们的社会心理特点和原因。其次,以典型行业和企业为例,选择金融业和棉纺业作为案例,理解通货膨胀下企业行为的特点。最后,是对企业家相关心理和行为的客观评价,他们的情感、情绪和心理非常复杂,对于通货膨胀可谓爱恨交加,既有积极规避,也有侥幸利用,当然也更存在痛心的心理。

这些极为特殊的社会心理需要置于当时的经济环境之中;全面考察心理和行为的内在原因及方式,才能客观真实地还原历史的真实面貌,也才能使分析更具合理性。

第一节 行业投机兴盛

一、物价上涨与金融机构数量的增加

沦陷区是近代中国金融业相对繁荣发达的区域,包括上海、南京、天津、青岛、厦门等一批重要城市,尤其是上海,更是中国金融中心。诸多华商银行总部设于上海,很多总部在大后方的银行也在上海设立分、支行,比如著名的聚兴诚银行等。1943年是银行数量快速增长的一年,据《上海商业储蓄银行》资料,1943年初上海华商银行增加至107家,而到了10月,数量达到167家;钱庄数量从94家增加到169家。[1] 而到了该年年底,银行数量达到194家,其中总行设于上海的有93家,上海总行附设本埠分支行处72家,总行在外埠并于上海设立分支行处有24家,外埠分行又附设本埠支行处5家,其中商业储蓄银行为133家。[2] 据洪葭管的统计数据,到1945年抗

---

[1] 何品,宣刚.上海商业储蓄银行[G].上海:上海远东出版社,2015:107.
[2] 基恩.上海华商银行之全貌[J].三行经济周报,1943,2(4):2.

战胜利时,仅上海一地就有 195 家银行,钱庄 226 家,信托公司 20 家。① 这些银行钱庄大多成立于 1940 年之后,成立之时资本金数额都不大,绝大部分都集中在 100 万至 200 万元之间,最低的仅有 50 万元。② 金融机构数量激增,其根本原因值得仔细探索。1941 年 12 月 8 日太平洋战争爆发之后,日军正式入侵租界,从而结束上海租界"孤岛"历史。如果说"孤岛"时期上海银行数量增加,原因可能是租界相对稳定的政治社会环境,而在全面沦陷时期,上海银行突然出现增长,其势头犹如雨后春笋,其中的原因可能与之前存在不同。欲分析钱庄、银行出现井喷式增长原因,自然不能脱离当时的社会背景,而金融家的心理则是非常重要的因素。

新增银行中,有很大一部分是由钱庄或者银号改组而成立。在《三行经济周报》③座谈会的报告中,该刊物重要负责人潘桐云的观点和见解具有代表性,可视为当时金融家们对开设银行的一种普遍心理。潘氏认为上海沦陷时期游资是导致银行数量快速增加的重要原因,战时上海成为游资的重要集中地,虽然政府提倡以及学者鼓吹积极引导游资到后方西南地区,但是成效甚微。现有金融机构,如银行和钱庄利用游资进行大量投机,这种现象具有示范作用,一种心理认为开设银行和钱庄是极为有利可图的行为。

据《经济特讯日译》④上的报道,在 1943 年春,上海新成立 13 家银行和 12 家钱庄银号,正在筹备中的银行和钱庄分别是 10 家和 8 家左右,"已显游资动态之一斑。"⑤《银行周报》1943 年 10 月对上海 162 家汇划钱庄的设立年份进行了调查,表 2-1 即为统计结果。

---

① 洪葭管.中国金融通史(第四卷)[M].北京:中国金融出版社,2008:366.
② 赵晚屏.战时通货数量增加下的银行[J].新经济,1943,8(8):8—14.
③ 《三行经济周报》是 1942 年 9 月至 1943 年 9 月在上海发行的一种银行专业刊物,由上海丝业、大康和上海实业银行三家联合出版,主要发表上海每日金融相关统计数据、银行征信、同业座谈会以及学术评论等,其中每日金融统计对于研究沦陷时期上海金融动态变化具有比较重要的史料和学术价值。
④ 《经济特讯日译》是中国经济研究所根据当时上海各外文报纸上的经济资讯,翻译成中文而形成新闻汇编,具有较高的可信度。
⑤ 银行钱庄仍不断设立[J].经济特讯日译,1943,(125):1.

表 2-1　上海 162 家汇划钱庄创设年份

创设年份	1894	1902	1907	1912	1914	1915	1924	1927
家数	1	1	1	1	1	2	1	1
创设年份	1929	1933	1934	1939	1940	1941	1942	1943
家数	1	1	1	1	4	17	42	86

数据来源和说明：转引自最近上海市钱业调查[J].银行周报,1943,27(43—44)：11—16。原调查报告中的年份都已经转换成公元纪年,特此说明。汇划钱庄为加入钱业公会的钱庄,故又称"入园"钱庄,它们的资本在钱庄中最大,实力雄厚。

表 2-1 中,从清末到民国,汇划钱庄数量在大多数年份增长极其缓慢,诸多年份增量只有 1 家。而到了 1940 年开始出现明显增长的趋势,仅 1943 年就新开了 86 家,4 年间增长了 20 倍。

钱庄数量增长,原因是多方面的,既有准入制度的宽松,也有出于通货膨胀压力的考虑。第一个原因是,钱庄在历史上一直以合伙制形式存在,极少部分钱庄是独资的,一般钱庄股东人数在 2 至 10 人之间,每个股东具有无限连带责任。而 1942 年,汪伪政府不仅对于新设金融机构实行限制,而且还限令各合伙组织性质的汇划钱庄,从 1942 年 8 月至次年 8 月共一年时间内,一律依法改组为有限公司组织。① 有些钱庄改组成为银行,其他钱庄却选择进行改组成为有限公司,原因在于银行设立的门槛与手续远较钱庄复杂,因而有一种心理认为,"钱庄经营相对自由,经理有独立的权力,不像银行那样受到各种牵制,而且,钱庄能够容易逃避政府的限制和检查。"② 此外,汪伪时期钱庄加入钱业同业公会的门槛也降低,在晚清及民国时期,钱业同业公会对于会员的加入,具有严格的审核条件,一般会考察会员股东身份、资质和声望,并且要经过已有会员投黑白子以决定其是否有资格入会。能否加入钱业同业公会,对于钱庄地位具有极为重要的影响,比如会影响到同业汇划等业务的进行。而在汪伪时期,钱庄只要按照所谓的《公司法》向伪财政部申请登记,只要获得批准并领得营业执照,就自然成为钱业同业公

---

① 汇划庄遵令,改组公司组织,依法注册领取执照[N].申报,1943-05-28(4).
② 赵晚屏.战时通货数量增加下的银行[J].新经济,1943,8(8)：8—14.

会成员[①],这在制度上起到刺激钱庄数量增加的作用。

第二个原因则是,由于通货膨胀的压力,"中储券"发行数量急剧增加,导致严重贬值,进一步激励钱庄寻找有利可图的业务以对冲贬值损失。上海钱业同业公会于1944年调查了该年上海同业1月至7月贷款、存款利息,通过翔实数据展示了钱业丰厚利润,其结果见表2-2。

表 2-2 上海1944年上半年钱业存贷利息调查(每千元利息额)

月份	存款利息	上年同期	贷款利息	上年同期
1月	6元	5元	33元	28元
2月	7元	5元	37元	28元
3月	8元	5元	40元	30元
4月	8元	6元	40元	30元
5月	8元	6元	40元	30元
6月	10元	6元	46元	30元
7月	11元	7元	50元	33元

数据来源:上海新设银行之危机[J].建设月报,1944,1(1):149.

表2-2中可见,钱业存贷款利息差距悬殊,比如1944年1月,贷款利息是存款利息的5倍有余,从1月至7月,两者比例一直维持在5∶1左右。钱庄利润主要来自贷存利息差,很显然,贷存利息比是促使钱庄数量增加的重要原因。

再来看一下银行的情况。除了钱庄,银行增速也非常快。据1943年年底的调查统计,上海银行业同业公会有会员银行共达170家,其中商业储蓄银行52家,各行业自设银行34家,收受存款及放款的普通银行84家。自1938年初至1943年年底,5年内新开设银行数量共达118家。[②] 其中,很特别的现象就是出现了诸多行业银行,也就是很多行业自行组织设立银行。依据1943年《银行周报》对上海金融机关的调查,银行名称中冠以行业的并不在少数,比如中国烟业银行、绸业银行、渔业银行、棉业银行、药业银行、瓷

[①] 中国人民银行上海市分行.上海钱庄史料[G].上海:上海人民出版社,1960:296.
[②] 五年来新创银行一百十八家[N].申报,1943-12-24(3).

业银行,等等。① 另据《上海金融志》的统计,上海沦陷期间小银行、钱庄大量出现,几乎各个行业都有银行②,这实质上是产业和工商资本都在向金融市场转移③。

由于监管缺失和投机兴盛,大量行业自设银行造成金融市场秩序的混乱。投机性银行数量增多,实质上反映了上海工商业的衰落以及人们心理的变化。1938年至1943年间,工商界可投资事业较少,资金出路较窄,原来用于投资实体事业的资金被吸收去开设银行,出现各业都有自设银行的现象。这其实是工商衰落的征象,也是金融业病态的表现。《经济周报》对此进行了专门研究,结果显示,经济和金融界众多人士其实都对银行快速增长的势态持保留态度,认为新设银行资本金和规模都很小,它们的出现是在通货膨胀情形下,由于物价不断上涨,许多暴发户的新兴财团逐渐形成,从而设立新银行以应自身的需要和方便。④《申报》记者通过实地调查,认为银行井喷式增长反映了当时业界一种普遍心理,即开设银行不仅是一种所谓的时髦现象,更是投机应对通胀的有效手段,比如在1944年3月16日的一篇报道《上海金融现状里面观》中,即比较形象地反映了通货膨胀下金融投机者的心理:

> 上海整个经济市场中,以金融界的畸形发展,最为热闹;近一二年来,新开办的银行,有如雨后春笋,环顾南京路、江西路、九江路、宁波路、北京路等,一家一家新设的银行,个个都是庄严的门面,好像只有办银行才是最时髦的事业,只有办银行才有生路似的;一时的风气所播,银行就成为上海金融界的骄子。
>
> 假使稍加研究,便知他们开办银行的理由,无非是吸收存款,再利用存款购买物资股票地产,以待物价地产股票上涨,而获厚利。这可说是一

---

① 上海市金融机关及各业公会调查[J].银行周报,1943,27(11—12):34—49.
② 洪葭管.中国金融通史(第四卷)[M].北京:中国金融出版社,2008:366.
③ 洪葭管.上海金融志[M].上海:上海社会科学院出版社,2003:138—142.
④ 王慕圣.各业动态:上海银行界当前的几个问题[J].经济周报,1945,1(7):7—8.

般所开银行的主要目的,也就是从事新开银行业的心理。众多机构或者企业利用游资增加的机会,纷纷开设金融机构,"不仅可以吸收社会游资,以增强企业的营运资金,而且可以分散工业企业集中经营的风险"。①

在其他沦陷区域,也出现增设银行、钱庄的现象。比如苏州在1941年之前,银行数量并不多,七七事变前苏州只有银行17家,主要包括中国银行、交通银行和金城银行等。② 大量小银行出现始于1941年,这些银行资本比较薄弱,其资本金一般在20万至30万元,主要业务是高利放贷,银行总数达到31家。钱庄方面,全面抗战前苏州有12家,资本金数额最大者,如晋生、保大等也仅有4万元,并出现钱庄倒闭的现象。而到了1944年,钱庄也出现快速增长趋势,先后设立钱庄82家。③ 银行、钱庄数量的增加,虽然说是一种畸形繁荣,但有其合理之处。首先从社会心理来看,民间普遍存在一种心理,即认为开设银行意味着荣耀,因而在苏州周围乡村的殷实富户就会携带资金前来开设银行,当然也有出于资金安全考虑的因素,苏州的社会稳定程度要好于周边乡村地区,诸多因素都为苏州游资集中创造了可能。其次则是利益驱使,民众心理认知中,银钱业利润即使微薄,但是成本也较其他行业要轻,因而苏州一地银行钱庄数量也随之快速增加。

以上部分,用数据说明了产业资本向金融资本的集中,解释了通货膨胀压力之下,以银行、钱庄为代表的金融机构数量增长的原因。从社会心理方面看,则是趋利避害以及开设银行为荣的心理,导致拥有资本群体选择从事金融投机事业。沦陷区金融事业出现战时繁荣,具有非理性的特点,原因在于其繁荣的代价是产业的萧条与衰落,涌入游资无法找到投资去路,因而多集中于投机事业,造成金融业的畸形繁荣。

二、地产领域的投机

不仅金融业出现过度膨胀的事实,在其他领域,比如地产行业也出现严

---

① 苦口.上海金融现状里面观[N].申报,1944-03-16(1).
②③ 逸飞.苏垣之金融界[N].申报,1945-12-24(1).

重投机的现象。以1943年的上海为例,该年4月份地产成交额在4 000万至4 500万元之间,而到了5月份急剧增加。公共租界及法租界住宅区每亩价格约为25万至30万元,租界以外每亩约4万至5万元,均比3月份增加20%以上。①

全面抗战之前,上海地产最繁荣的时期是1931年。随着抗战形势发展以及上海全面沦陷,游资以及人口的增多,地产市场畸形繁荣。而物价上涨和币值跌落,市民对于法币信心的动摇,实为地产繁荣的主要原因。1932年因为"一·二八"事变,地产交易骤然下降,随之而来的就是萎靡不振时期。1938年地产市场交易逐渐开始升温,地产成交额平均每月约为110万元。1939年最初8个月平均每月也只有300万元,但是该年9月之后成交额突然增加,平均每月交易经常达到1 000万元左右。②

从社会心理来看,一般有产阶级对地产都有深厚兴趣,都把地产当作重要的投机或者投资对象,因为在抗战期间,地产成为民众或者机构财富的重要保障手段。虽然民间有"乱世存黄金"的说法,但是在战时上海,租界安危和法币前途成为一般人所焦虑的核心问题,比如"物价会统制吗?""物品会被没收吗?""金子固然很好,但会不会被强制收买呢?""法币会再跌价吗?""法币会被其他的劣币驱逐出流通领域吗?"以及"外汇会被冻结吗?",这些问题频繁出现在报纸和新闻当中,可见有产阶级对于抗战期间极不明朗的未来,心存忧虑、情绪紧张以及内心无比焦虑,在这种心理的支配下,面对未来的不确定性,没有人能够准确回答上述问题。因而,稳当理性的做法便是把外汇黄金卖掉,把所囤积的货物卖出,而以货币去购置地产。

另外,还有一种心理,认为发财购置不动产是中国人的一种传统,甚至认为在上海购买地产是身份的象征。在通货膨胀时期,暴发户频频出现,导致地产需求迅速增加。根据《申报》《银行周报》《房地产季刊》等报刊,本书整理了一份上海地产交易额变动表,由于资料的限制,只统计了1930年到

---

① 经济日志[J].三行经济周报,1943,2(20).
② 吴承禧.上海的地产业[J].金融知识,1942,1(2):177—183.

1943年14年间的地产交易额。考虑到汪伪"中央储备银行"发行的"中储券",特意将所有的成交数据全部转换成"中储券"衡量,以使单位统一而做到具有可比性。其交易额变动如表2-3所示。

表2-3　1930—1943年上海地产交易额

单位:"中储券"百万元

年份	数额	年份	数额
1930	84	1937	6.27
1931	183	1938	14
1932	25.175	1939	55.65
1933	43.13	1940	101.2
1934	12.99	1941	83.996
1935	14.46	1942	100
1936	14.2	1943	500

数据来源和说明:去年本市地产交易额达一亿元[N].经济特讯日译,1943,(106):1.数据经过整理。

1930年到1943年间,上海地产成交额出现较大幅度的变化,其趋势见图2-1。

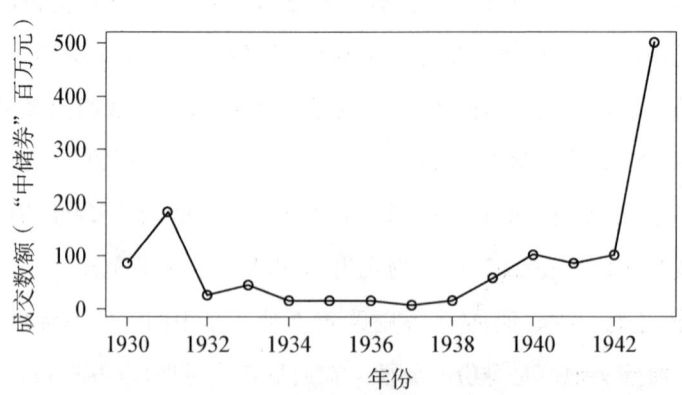

图2-1　1930—1942年上海地产成交额

很显然,1931年是上海地产交易的第一个高峰年份,之后直到1938年都在低位徘徊,尤其是1937年由于战事破坏,地产成交处于考察期间的最低水平。1938年开始出现回暖,到1943年突破5亿元。由于之后年份统计资料不详，只能看到1943年之前的地产交易数据。除了地产成交额这个重要指标之外，我们还可以参考地价上涨幅度以及地产公司增加数量这两个重要变量，它们也有助于解释上海地产交易的繁荣程度。

表2-4是根据上海《房地产季刊》相关统计数据整理得到的上海各不同地段地产价格的变化，从中可以对比显示地价的增长幅度。

表2-4　1938—1945年上海地价变化

单位：千元/亩

区别	主要路名	1938年3月	1944年12月	1945年4月	倍数
旧公共租界中区	南京路	300	40 000	150 000	500
旧公共租界中区	河南路	200	28 000	110 000	550
旧公共租界中区	北京路、福州路	140	21 000	90 000	643
旧公共租界中区	大上海路	150	22 000	95 000	633
旧公共租界西区	静安寺路	60	20 000	90 000	1 500
旧公共租界西区	大同路	40	12 000	50 000	1 250
旧公共租界西区	江宁路	19	5 500	20 000	1 053
旧公共租界西区	康定路	18	5 000	20 000	1 111
旧法租界	金陵路	65	18 000	75 000	1 154
旧法租界	泰山路	34	14 000	55 000	1 618
旧法租界	灵宝路	27	12 000	40 000	1 481
旧法租界	衡山路	20	10 000	45 000	2 250
旧法租界	华山路	18	7 500	25 000	1 389
旧法租界	洛阳路	33	12 000	50 000	1 515
旧越界	愚园路	20	4 500	20 000	1 000
旧越界	长安路	15	3 500	15 000	1 000
旧越界	番禺路	13	3 200	15 000	1 154
旧越界	虹桥路	6	2 000	9 000	1 500
旧公共租界北区	北四川路	50	7 500	30 000	600
旧公共租界北区	海宁路	25	5 000	20 000	800
旧公共租界北区	北浙江路	30	5 000	20 000	667
旧公共租界北区	大名路	25	4 500	20 000	800
旧公共租界东区	杨树浦路	18	3 000	15 000	833
旧公共租界东区	长阳路	12	2 200	10 000	833

续　表

区别	主要路名	1938年3月	1944年12月	1945年4月	倍数
旧公共租界东区	大连路	10	2 000	9 000	900
闸北	宝山路	6	2 000	10 000	1 667
闸北	清河路	4	1 400	7 000	1 750
闸北	中兴路	3	800	4 000	1 333
闸北	体育会路	2	800	4 000	2 000
闸北	溧阳路	3	1 500	9 000	3 000
闸北	其美路	2	800	3 000	1 500
闸北	军工路	1.2	400	1 500	1 250
闸北	黄兴路	1.5	600	2 500	1 667
市中心	格子地	2.5	1 100	5 500	2 200
沪南	民国路	25	8 000	30 000	1 200
沪南	中华路	15	4 500	16 000	1 067
沪南	肇嘉路	15	4 000	14 000	933

数据来源和说明：朱晓方.上海市地价比较表(民国廿七年及卅四年)[J].房地产季刊,1945,2(2).部分数据对照不同史料作了相应调整,倍数是1945年与1938年数据的比值。

　　表2-4是一份很详细的统计表,《房地产季刊》是上海房地产同业公会发行的重要刊物,能够及时全面地反映上海地产交易的详细情况。从表中,可以看到旧公共租界和法租界的地价处于最高位置,尤其是以南京路为代表的高地价区域。最后一列的倍数是指1945年该地段地产价格与1938年数值的比值,显然,最高为闸北区的溧阳路,比值为3 000,最低的是南京路,也有500。地产相对价格出现差异,原因在于基数不同,闸北地价一直远低于租界,所以出现异常高的倍数也实属正常。

　　此外,上海地产公司数量急剧增加,这是物价上涨情况下游资寻找出路的结果。各地产公司资金差异悬殊,资力雄厚者几乎可以与上海洋商地产公司相比肩。而一般投机的目的仅在于赚钱利润,方式主要是购买全部里弄,然后分宅出租收取顶费;或者是在获取暴利之后,再以该项资金从事其他活动;还有就是购进甲地段房地产,向银行钱庄抵押借款,再以借款购进乙段房地产,作多次买卖。第一章中所述的民众投机行为,相对于大型投机机构而言,以时人比喻,即为"十足是跳梁之类"①。

地产业巨头与上海金融和工商业间的联系,可谓关系紧密,脉脉相通。从银行和企业公司的资产负债表中就可以看到,房地产成为它们自身资产或投资的重要组成部分,而钱庄和信托公司也把地产当成投资的主要对象之一。②《新闻月报》曾经转载过当局对上海全市146家企业公司的调查,其中经营房地产者达78家。③其时众多所谓的暴发资本家普遍感觉到工商业危机加深,迫切感觉到以房地产方式保持资金不失为安全上策。正是基于此种心理,众多实业界的企业家同时也是地产公司的高管。比如新亚制药集团创始人许冠群,他同时还是新亚、新中、新益、天丰、西湖等五大地产公司的董事长,总资本达"中储券"5.6亿元。另外金融家朱博泉,除身为建隆地产公司董事长外,还兼新亚、永兴、新益、天丰、兴仁和通惠等公司的董事。叶扶霄和郭顺也分别担任1家和2家地产公司的董事长。可见,正是因为这些资金实力雄厚的企业家渗透到地产行业,地产的异常繁荣也就不难理解了。表2-5显示了1930年至1944年2月上海新设地产公司数量的变化情况。

表2-5　1930—1944年上海地产公司设立统计

设立年月	地产公司家数	设立年月	地产公司家数
1930	1	1941	3
1932	1	1942	16
1933	1	1943	24
1934	1	1944年1月	11
1939	1	1944年2月	5
1940	1	合计	65

数据来源:毛旬生.上海之地产业[J].新闻月报,1945,1(2):52—59.

表2-5中,在1942年以前,上海每年新设地产公司数量较少,从1930年至1941年总共只有9家。1942年是一个重要分水岭,至1944年2月,共新设立地产公司56家,数量增速可谓惊人,上海地产繁荣程度可见一斑。

①③ 毛旬生.上海之地产业[J].新闻月报,1945,1(2):52—59.
② 关于银行的具体案例分析,将在下一节中详细展开。

第二节　社会心理和行为选择：银行家视角的分析

对冲通货膨胀——复杂的社会经济环境形成了特殊的社会心理，而情绪和心态刺激了企业家的应对行为。其诸多行为存在一定理性，除了前文所述产业资本向金融和地产转移外，还存在从虚拟经济领域向实体经济的资本转移，以及实体经济合理利用通货膨胀并实现多样化经营的趋势。本节在银行家社会心理分析的基础上，集中论述金融领域对抗通货膨胀的方式。在金融领域存在着更为复杂的对冲通货膨胀的行为，银行家是金融行业决策实施者，对他们的心理进行分析，不仅可以清晰地看到行业生存的生态和困境，而且还可以剖析民国时期银行家与政府的博弈，从而合理解释银行应对措施的深层原因。

本节采用案例分析法，以金城银行为中心，通过史料分析该行总裁周作民在物价上涨和法币贬值环境下的社会心理。之所以选择金城银行，是因为该行一直是金融史研究的重点案例之一，它作为"北四行"的重要银行，从1917年成立直到20世纪50年代的公私合营，几乎贯穿国民党统治的整个时段，经历了民国时期每个重要时刻的社会经济变革和波动。史料来源主要有上海档案馆馆藏"金城银行档案史料""上海商业储蓄银行档案史料""浙江兴业银行档案史料"等；还有部分史料来自民国时期的期刊和报纸数据库，其中报纸来源有《申报》《新闻报》《大公报》、英文版的《大美晚报》和《字林西报》等，期刊则主要是《经济研究》《银行周报》《经济汇报》《三行经济周报》等。另外还参考了上海人民出版社出版的《金城银行史料》[①]，蒙秀芳、黑广菊的《金城银行档案史料选编》[②]，许家骏的《周作民与金城银行》[③]，彭晓亮编注的《周作民日记书信集》[④]，刘永祥的《金城银行：中国近代民营银

[①] 中国人民银行上海市分行金融研究室.金城银行史料[G].上海：上海人民出版社，1983.
[②] 蒙秀芳，黑广菊.金城银行档案史料选编[G].天津：天津人民出版社，2010.
[③] 许家骏.周作民与金城银行[M].北京：中国文史出版社，1993.
[④] 彭晓亮编注.周作民日记书信集[M].上海：上海远东出版社，2014.

行的个案研究》①等。这些文献大多都是档案史料资料汇编,对于全面了解金城银行的运作具有很高利用价值。此外,还有一些专门针对金城银行附属公司的研究;金城公司的附属企业较多,在国内投资的公司包括:通成公司,诚孚公信托,中华机器造船公司,南洋企业公司,太平、丰盛和安平三大保险公司,还有久大精盐公司以及永利公司等②。其中,目前学界对其的关注重点集中于通成公司,通成公司主要业务是囤积粮食、棉花和桐油,在金城银行附属机构中具有最重要的地位;比较有代表性的相关论著包括别曼的《金城银行资产业务与经营管理研究》③和陈妍的《金城银行对其附属企业——通成公司的经营》④。

  在民国通胀史上,金城银行实行多样化经营投机策略,其业务已经超越金融行业的界限,在实体经济领域,该行也是多点开花,综合业务有声有色。通货膨胀无论是在金融还是实体经济领域,都会导致真实资产价值缩水,造成企业财富减值损失。而且,不仅是直接冲击物价,还有通货膨胀情况下引致的外汇问题,诸多因素迫使银行家必须采取积极应对措施。那么,以周作民为代表的金城银行高管,他们对战时通货膨胀的心理如何呢?虽然他们是财力雄厚的银行家,但是他们也曾经惶恐过,也有不安和焦虑,在与政府博弈过程中,甚至有不甘、妥协和落寞,这些心理是如何产生和嬗变的?而同时,银行家的心理又是如何影响他们的决策和行为的?这些都是值得去研究的问题。

  在社会心理学这门学科中,人格和社会化是非常重要的两个概念。在心理学上,人格通常是指一个自然人个体从整体上表现出来的心理面貌⑤。人在社会生活中不可避免地受到社会的影响和塑造,从而不断地适应社会,同时也在影响和改变社会。很显然,社会化过程也就是人作为个体与社会

---

① 刘永祥.金城银行:中国近代民营银行的个案研究[M].北京:中国社会科学出版社,2006.
② 征信:金城银行[J].三行经济周报,1942,1(5):7—8.
③ 别曼.金城银行资产业务与经营管理研究[D].天津:南开大学,2012.
④ 陈妍.金城银行对其附属企业——通成公司的经营[D].北京:首都师范大学,2009.
⑤ 周晓虹.现代社会心理学[M].上海:上海人民出版社,1997:140.

不断互动的过程。银行家的心理与反应也是如此,他们既有个性,也有共性特点,不同银行家在面对同样的经济形势时,他们的社会心理呈现出具有共性的一面。而由于银行规模、资本实力,甚至银行家个人经历诸多因素都存在较大差异,他们的社会心理个性区别也非常明显。因此在本书的分析中,既要考虑他们的心理和行为共性,更要探讨其个性差异及其产生原因。另外,需要特别作出说明,正因为金城银行具有典型性和代表性,所以相关论述基本围绕该行展开,但并非局限于金城银行,也将其他重要金融家们的心理变化纳入研究范围。

一、战事前途不明,对法币缺乏信心

民国众多银行家都具有海外留学的背景,周作民早年留学日本京都第三高等学校,精湛的专业知识以及丰富的从业经验,使得他能够比较准确地判断法币价值趋势,从而也促使他积极扩展银行业务。其中,基于对法币和通货膨胀的预判,他在全面抗战初期就确定了金城银行业务重心在于掌握外汇和物资。①

以周作民为代表的银行家,对于战事能够持续多久,存在较多疑虑和担忧,心理上处于一种彷徨和抑郁状态。曾任金城银行总经理的徐国懋于1960年6月在回忆中说到,周作民对于抗战能否胜利,一直持有比较悲观的看法;在周看来,日本力量强大,中国要战胜日本具有很大难度。但即使是在如此艰难的处境下,金城银行的业务发展依然是他最为挂念之事。他曾对徐国懋说:"政治局面能否挽回,我们无法过问,但金城的生命必须维持下去。"②可见,在国难危急关头,即使环境有很大不确定性,其也有一种要将事业持续下去的信念。另外,在金城银行成立25周年纪念日演讲中,他说道:"吾人今后之业务对象,自仍本初衷,以经济社会为主,惟是环境多变,艰难日亟,业务受军事影响而呈呆滞状态,将来纵可活动,然欲一如以往十数

---

① 中国人民银行上海市分行金融研究室.金城银行史料[G].上海:上海人民出版社,1983:572.
② 同上.568.

年来情形,良非易易。且事实上最近期间,谋求现况之进步,殆为不可能之事。矧迩年物价突飞猛涨,胥由货币贬值、外汇腾昂与投机囤积所造成。在座诸君,当亦能臆测正当营业之进益,势难与支出数目相衡,或谓以往数年中,并非无良好现象。然则此良好现象,果属于银行业之正常赢益耶?"①从这一段发言中,能很清晰地看到周作民对货币价值变化原因的判断,而且其特别明确地指出所谓正当营业很难与支出均衡,这也显示了他对行业生存的担忧心理。

在抗战时期物价飞速上涨年代,连周作民这样的金融家也感慨物价上涨的压力,甚至为家庭生计开支而喟然长叹。他在日记中写道:"日来经济极感困难,不得已又售黄货一条。"②黄货也就是黄金,可见通货膨胀情况下,就连财力颇为雄厚的大银行家都心有所忌,更别提民众生活的艰辛了。从这一处细微心理描述,可以看出以周作民为代表的银行家已经对币值失去信心,在通货膨胀压力下,没有人和机构能够幸免!

二、积极寻求资金避险办法

战事影响币值,战争期间通货膨胀也在所难免。各种因素叠加,币值急剧下降与通货膨胀相生相伴,但是人们对于实物资产的信仰从来没有改变。出于资产保护的需要,众多银行都开始采取措施规避战事与法币贬值可能带来的损失。金城银行面对通货膨胀,提出了"维护股东权益,保全资产价值"③。对于银行来说,保全资产就是采取措施防止金融资产的严重缩水。实际上,这就是"重物轻币"的心理,法币流通速度迅速加快,因为人们对手中法币缺乏信心,在一定程度上,手中所持法币越多,未来损失就会更加增大。当然,汪伪政府发行的"中储券"也面临同样问题,发行速度激增导致货币贬值。上海商业储蓄银行总经理陈光甫也认为抗战时期通货膨胀导致畸

---

① 周作民. 回顾与前瞻:本行廿五周年纪念日演讲辞[J]. 金声(上海),1942,3(6):1—3.
② 彭晓亮编注. 周作民日记书信集[M]. 上海:上海远东出版社,2014(3).
③ 刘永祥. 金城银行:中国近代民营银行的个案研究[M]. 北京:中国社会科学出版社,2006:58.

形经济,"养成商业界一般巧利投机浮夸恶习,影响所及,侵蚀我行风气"①。

与民众恐慌不同之处,在于他们的"重物"行为选择途径要远多于民众,因而即使有焦虑和担忧,也远不如民众的恐慌。他们的实际行为与普通民众也有相同之处,表现为对实物的大量囤积,尤其是棉纱和棉布等重要民生物资。"八一三"事变后,周作民说:"现在战争打起来了,我们要想尽各种办法充实我行力量,法币维持不了多久,物价必定上涨,我们的出路要多拉存款,少做放款,以吸收进来的存款多囤物资,多购外汇。物资方面可由通成公司进行囤积。"②同样,陈光甫更是一直坚持"物的信用",所谓"物的信用",即银行抵押标的为实物。自 1915 年上海商业储蓄银行成立之后,他就认为金融业应该多与工商业联系,并与中国银行、交通银行、浙江兴业银行、盐业银行等一起组织成立"银行公栈",实行贷款押款。③ 虽然说陈光甫的"坚持物的信用"并非就是投机囤积,但这反映了抵押物资作为硬通货的思想。

本质上来看,这与其说是寻求资产保值的过程,倒不如说是金融资本寻找最高收益率的出处。由于战事影响,金融业正常放款业务难度越来越大,特别在是通货膨胀形势下。银行主营业务是进行贷款发放,以赚取丰厚利润,一旦这一通道被人为截断,自然会促使银行家思考资本的时间价值,从而在心理上就会认可存款必然贬值。与其资金被困,倒不如投机或者囤积,或者是自己创办企业以打开资金的出路,为资产保值增加寻找机会。

为了论证这个问题,我们先来看一下 1939 年至 1941 年间上海主要银行放款与存款的对比数据,即银行的存贷比数据。选择表 2-6 中的 12 家银行,理由是所选银行数据比较充分,在《银行周报》以及《中外经济汇报》上能够完整地找到资产负债表数据,这 12 家银行总部在上海或是在上海设有分支机构。主要考察三个数据,即银行资产负债表中的贷款和存款总额,再

---

① 何品,宣刚.上海商业储蓄银行[G].上海:上海远东出版社,2015:124.
② 中国人民银行上海市分行金融研究室.金城银行史料[G].上海:上海人民出版社,1983:572.
③ 复旦大学中国金融史研究中心.银行家与上海金融变迁和转型[M].上海:复旦大学出版社,2015:49.

通过两者的比值计算得到存贷比。该指标反映银行的盈利能力，对于银行来说，存贷比越高越好，也就是贷款数量越多，可以收取更多的放贷利息，从而增加银行利润；反之，则盈利能力相对较低。其实，存贷比并非随意增减，而是受到宏观经济状况和资金需求条件的约束。一般来说，存贷比都会小于100%，如2015年中国取消商业银行存贷比硬性要求之前，我国银行存贷比上限是75%，即贷款余额占存款余额的比例不得超过75%。近代中国关于银行的立法相对较晚，自1904年开始由清廷颁布《试办银行章程》，一直到1931年才由国民政府颁布完整的《银行法》，该法总计51条，规定了普通银行的主要和附属业务。[①] 其中，对于存款总额有确切的规定，银行对任何个人和团体的放款总额，都不能超过银行实收资本和公积金的10%。同时又规定，如果贷款总额超过上述比例，但是有易于自理的担保品或者有稳当票据作为担保，可以不受10%的限制。虽然《银行法》历经修订，但都没有存贷比上限的相关规定，因而民国银行在追求利益最大化的过程中，通常会选择大量放款，从而造成较高存贷比，存贷比超过1的情况并不少见。如中国银行1940年资产负债表显示，当年12月31日该行活期存款数额达到1 226 690 901.41元，定期存款数额为1 871 159 738.36元，而总放款数额为2 606 022 219.23元，存贷比达到104.71%。[②] 更有甚者，1939年上海统原商业储蓄银行存贷比高达205.18%。[③] 表2-6显示了1939年至1941年上海12家银行的存贷比情况。

从表2-6的存贷比数据可以看到银行之间差异显著。以著名的"南三行"为例，浙江兴业银行、浙江实业银行以及上海商业储蓄银行这三家银行的存贷比都偏低，明显低于上海其他银行。在1939年至1941年间，浙江实业银行存贷比明显高于其他两者，但最高也仅为64%，浙江兴业银行存贷比最高仅有44.56%。从《银行周报》统计数据来看，在这段时期，上海大部

---

① 钱济民.中国银行法之研究[J].实业季报,1940,6(2)：17—38.
② 上海市银行业同业公会会员银行中国银行民国二十九年度营业报告[J].银行周报,1942,26(7—8)：28—29.
③ 统原商业储蓄银行民国二十八年度营业报告[J].银行周报,1940,24(19)：30—31.

表 2-6 1939—1940 年上海 12 家银行存贷比

单位：法币元

银行	年份	贷款额	存款额	存贷比	银行	年份	贷款额	存款额	存贷比
中南银行	1939	68 693 513.10	106 458 882.7	64.53%	至中银行	1939	3 003 627.35	5 702 643.86	52.67%
	1940	64 318 901.06	129 599 379.5	49.63%		1940	2 859 343.48	7 079 306.45	40.39%
国华银行	1939	34 057 035.95	66 342 645.96	51.34%	上海煤业银行	1939	261 136.40	311 009.19	83.96%
	1940	39 584 858.31	98 544 550.71	40.17%		1940	160 558.55	343 939.16	46.68%
中国企业银行	1939	1 735 271.34	4 007 564.66	43.30%	中国垦业银行	1939	12 704 503.5	15 867 741	80.06%
	1940	2 997 483.25	6 641 763.37	45.13%		1940	17 451 775.3	24 996 873.3	69.82%
浙江实业银行	1939	29 746 057.43	46 459 574.77	64.03%	正明商业储蓄银行	1939	2 402 387.08	3 348 229.16	71.75%
	1940	40 742 505.18	63 991 529.79	63.67%		1940	4 309 130.68	5 693 381.58	75.69%
	1941	45 293 809.11	75 663 866.43	59.86%		1941	4 134 564.23	8 409 116.42	49.17%
民孚商业储蓄银行	1939	874 194.94	545 096.25	160.37%	上海商业储蓄银行	1939	85 699 302.8	178 203 701	48.09%
	1940	1 079 316.04	1 000 713.69	107.85%		1940	100 511 702.2	248 609 619	40.43%
	1941	2 266 692.39	1 910 236.01	118.66%		1941	141 604 284.07	288 322 319	49.11%
浙江兴业银行	1939	37 237 069.34	83 566 171.6	44.56%	金城银行	1939	105 257 774	178 257 661	59.05%
	1940	42 413 258.44	113 557 503.6	37.35%		1940	139 551 983	215 654 447	64.71%
	1941	82 394 873.56	194 602 742.6	42.34%		1941	175 441 021	304 882 089	57.54%

数据来源和说明：《银行周报》和《中外经济统计汇报》1940 年至 1942 年各期有关银行营业报告统计数据，金城银行有关数据来自《金城银行史料》第 664 页"历年存放款总额及黄金比较增减情况"。由于不同银行会计科目存在一些区别，本表借鉴顾准的《中华银行会计制度》（商务印书馆 1940 年版）中的分类标准，对各银行相关会计分录进行统计。表中贷款和存款数据全部来自上述两种期刊，存贷比数据由笔者计算得到。

分银行存贷比都在60%左右,平均存贷比约为64%。存贷比数据高于100%的只有民孚商业储蓄银行,其最高值为160.37%,即该行贷款数量远高于存款数量。

而金城银行存贷比约为60%,总体放贷比例较低。存贷比之所以较低,原因是物价飞速上涨,放款风险增大,银行家存在一种心理,也就是放款之后能够收回的钱数虽然增长,但是购买力却极不一样,"其购买力,较前为减,利息之收益尚不足弥补其所失。"① 在这种形势下,周作民曾在抗战期间对徐国懋说过,"金城的生命线在外汇"②,也就是从全面抗战早期开始,由于根本不看好货币的心理,金城银行就开始大量收购外汇和黄金。据当事人徐国懋回忆,周作民多次要求他装运现钞到香港套购外汇,其方法也比较简单,并没有复杂的程序,就是带着几大皮箱的现钞奔赴香港换回美汇。③ 杨培新在他的《中国通货膨胀论》中也提到,抗战期间由于中国政府统制外汇,所谓的大豪门和资本家都希望能够维持外汇自由,因为他们对抗战形势同样抱悲观态度、缺乏信心,害怕法币或"中储券"贬值,从全面抗战一开始就大量购买外汇。④ 金城银行在抗战刚全面爆发就开始大量购买外汇,当时的外汇管理政策比较宽松,国民政府没有管制外汇,客观上为银行购买外汇提供了便利。

同时,与其放款,倒不如利用已有资金拓展自身业务。在这种心理的驱使下,诸多金融机构开设其他事业机构,比如附属公司,金城银行的附属公司为通成公司,上海商业储蓄银行开设成立了大华保险公司和中国第一信用保险公司,等等,这些新设机构本质上来说都是银行资本的衍生发展,特别是通成公司实现了金融资本与产业资本的融合。通成公司是金城银行最重要的附属机构,也可以视为其实行非金融投资或投机的关键组织。金城银行于1920年成立通成公司,最早叫通成货栈公司,主营业务为储运和代

---

① 吴景平.政商博弈视野下的近代中国金融[M].上海:上海远东出版社,2016:436.
② 中国人民银行上海市分行金融研究室.金城银行史料[G].上海:上海人民出版社,1983:575.
③ 同上.576.
④ 杨培新.中国通货膨胀论[M].太原:山西人民出版社,2015:109.

办押款业务。周作民认为战时金城银行工作重心是尽量多拉存款,少做放款。从表2-6中可见,金城银行1939年至1941年间的存贷比率大幅低于同业水平,这也正好体现了周作民的心理。对于更多的存款,金城银行将之用作实物投机,类似于陈光甫的"物的信仰",其主要投机对象是棉纺业相关物资和产品。

  金城银行选择成立通成公司,主要有两个原因。其一,就是国民政府的战时物资管制政策。战时物资紧缺属于常态,诸多物资和商品投机行为日益盛行,经济部于1939年12月25日颁布《取缔囤积日用必需品办法》,要求合省政府及各地商会遵照办理。其中,该办法中所指的日用必需品,主要以人民衣服、食用必需品为限。[①] 毫无疑问,与民生紧密相关的必需品成为政府取缔囤积的重要对象。而周作民认为最重要的物资就是棉纺织品,恰好属于此法令明文禁止的对象。

  另一方面,在银行界也同样存在一部法令。财政部颁布了《非常时期管理银行暂行办法》,该法令对于上海租界内的银行经营具有较强约束力,其中对金融机构进行了界定,只要经营存放款业务、票据汇兑、押款各业业务之一者,不管其名称中有没有"银行",都一律视为银行。[②] 同时,要求钱庄、信托公司、银号和钱兑庄等都均须照章办理。上海银钱业在政府和同业公会的双重监督下,所有金融机构都必须禁止囤积投机和自办商业行为。相关法令的出台,对于金融机构的投机行为起到一定程度的限制作用。然而,虽然有法令的限制作用,很多金融机构却有着自己独特的投机方式,可以"巧妙"地规避法令约束,例如金城银行便是选择成立通成公司。

  第二个原因在于业务操作便利,可将投机行为内部化,即利用子公司从事多元业务,从而大大减少交易成本,使得投机变得更加容易。周作民认为"物资方面可由通成公司进行囤积",他的理由比较充分,因为通成公司作为金城银行附属公司,其实也就相当于一家子公司,可通过垂直管理实现通成

---

① 经济部通令取缔囤积日用必需品[J]. 银行周报,1940,24(1):24—25.
② 银钱业实行管理银行暂行办法[J]. 商业月报,1940,20(9):5—6.

公司的投机经营。金城银行资金可以很容易地流向通成公司,从而解决后者投机囤积所面临的资金问题,这也就是周作民所构想的愿景,即"公司所得利润怎么分配,随后再谈。好在是一家,内部的事好商量"①。

这两个原因,为通成公司成为专门投机机构提供了可能。通成公司成为金城银行实现金融资本向产业资本传递和渗透的重要环节,它的资金全部来自金城银行,总公司可以随时得到各地金城银行的贷款,而且在发货到外地时还可以向金城银行办理押汇业务。不仅如此,通成公司甚至还可以在货物出手之后交由金城银行代为套汇,以尽早获得放款,实现资金快速周转。② 可见,通成公司可谓受金城银行"万千宠爱于一身"。

金城银行与通成公司的内部交易,可以利用通成公司所获放款占金城银行总放款的比重来说明,放款比重见表2-7。

表2-7 1939—1945年通成公司所获放款占金城银行总放款比重

单位:元

年份	1939	1940	1941	1942	1943	1944	1945
通成公司获放款	8 274 960	16 552 903	16 449 772	10 923 462	29 328 457	41 406 126	122 983 179
金城银行总放款	105 257 774	139 551 983	175 441 021	99 696 321	227 761 489	608 917 332	955 229 377
通成所占比重	7.86%	11.86%	9.38%	10.96%	12.88%	6.80%	12.87%

数据来源和说明:金城银行战时对通成公司各项放款总额表[G]//金城银行史料.610—611.根据篇幅和研究需要,对部分内容已作调整。

表2-7中,1939年至1945年间,仅通成公司获得的放款就占据了金城银行总放款的10%左右,就1944年稍低,但也占到了6.8%。值得一提的是,从1939年到1945年间上海各民营商业银行放款结构来看,金城银行对

---

① 中国人民银行上海市分行金融研究室.金城银行史料[G].上海:上海人民出版社,1983:572.
② 同上.609.

通成公司的放款比例可谓不低。其对通成公司的放款属于母子公司之间的资金往来，具有信用放款的性质，与银行对外抵押放款性质完全不同。因而，只要对比一下当时其他银行信用放款占总放款的比重，就可以近似地看出通成公司所获放款比重程度。这里以浙江地方银行为例，这家银行在1939年至1940年间放款结构如表2-8所示。

表2-8　1939—1940年浙江地方银行各项放款结构

单位：元

期末	1939年6月	1939年12月	1940年6月	1940年12月
抵押放款	13 967 875.77	19 441 756.19	29 502 069.34	39 852 212.3
信用放款	2 275 636.42	3 263 647.09	6 182 264.5	6 549 754.14
信用放款比重	16.29%	16.79%	20.96%	16.44%

数据来源和说明：浙江地方银行近四年来各项放款余额比较[J].浙江经济统计,1941,(12):161.本表对原表格进行了相应的调整，并且删除了与本书无关的统计数据。

浙江地方银行的放款结构具有一定参考对比意义，因为两家银行成立时间相差不远，浙江地方银行成立于1909年，稍早于金城银行。[①] 两家银行成立时都具有官督商办性质，其业务发展也具有一定共性，所以选择浙江地方银行作为对比对象。可见，在浙江地方银行1939年至1940年的四期放款统计数据中，绝大部分都是抵押放款，信用放款比重仅占16%—20%；而金城银行仅对通成公司的放款就占到了6.8%—12.87%。显然，对通成公司的放款确实占据了金城银行总放款的大部分，从另一个侧面也可反映金城银行对通成公司业务的重视程度，其中原因也不难理解，还是根源于周作民对通货膨胀的判断。在他看来，货币贬值是必然趋势，"法币迟早不值钱"[②]。用他的话说，金城银行在战时的主要生命线在于外汇，因而主要业务之一就是大量购买外汇。而通成公司则主要是收购囤积物资，以棉纱、布匹为主。正是出于这种心理和理念，通成公司被赋予极为重要的投资或投机责任。随之而来的自然就是通成公司购买物资的资金来源，据徐

---

① 浙江地方银行简史[J].浙光,1940,7(7)：2—3.
② 中国人民银行上海市分行金融研究室.金城银行史料[G].上海：上海人民出版社,1983：732.

国懋回忆,资金"当然是金城银行自己尽量供应……其他银行酌量做一些押款,不过数量较小"①。

1941年是金城银行投机的转折年份,该年7月26日罗斯福总统宣布冻结日本在美资金,英国和荷兰等国及其海外殖民地也采取相同制裁措施。而国民政府考虑到只冻结日本资金,沦陷区外汇还有被日方套取的威胁,因而主动请求英美同时冻结中国在美资金。因此1941年中日资金被冻结之后,凡是要提取外汇的银行必须按照两项暂时办法进行,一是中日银行及商人需要提取外汇者,美商银行只付以纽约的汇票,能否兑现取决于美国财政当局的决定;二是中日银行及商人有提取美金存款的,不再提供美元而是以法币结算,英商汇丰、麦加利以及有利银行也采取同样行动。②时人都认为冻结制裁手段对于防止外汇套取是有利的③④,因为资金冻结有利于保护有限的外汇,外汇资金不能顺利应用,外汇投机也相应减少。正是在这种背景下,金城银行寻找到新的投机出路,即以房地产和证券为主。

前文已对上海房地产投机作过论述,由于外汇政策转变,金城银行对房地产投机逐渐增多,早在1938年,周作民就认为购买房地产是"适应时势之需要"⑤。其时上海颇多银行都从事房地产投机,"各银行主营业务大半趋向于地产事业,现沪上各大银行莫不拥有巨数不动产,而正在兴筑中之行址或市屋,便正方兴未艾。"⑥金城银行资产负债表中有一个"房地产器具"科目,在1937—1945年中一直维持在4%左右,相对于其他资产来说,房地产所占比重变化最具稳定性。

金城银行经营地产主要有两种形式,一是直接购置,在设立分支机构的主要城市都有房产布局。1938年,金城银行香港分行致总行函中提到:"拟在港购置房屋一、二所,当经择妥本港干德道房屋一幢。"⑦在上海,金城银

---

① 中国人民银行上海市分行金融研究室.金城银行史料[G].上海:上海人民出版社,1983:733.
② 一周金融:英美冻结中日资金[J].银行周报,1941,25(29):18—19.
③ 社评:美宣布冻结中日资金[N].大公报(香港版),1941-07-27(2).
④ 财政评论社资料室.英美冻结中日资金纪述[J].财政评论,1941,6(3):105—119.
⑤⑦ 中国人民银行上海市分行金融研究室.金城银行史料[G].上海:上海人民出版社,1983:594.
⑥ 沪各银行多改营地产事业[N].中国商报,1940-05-19(3).

行拥有较多房产,如购买爱多亚路[①]与福建路转角的金玉里,连同房屋以及一切装修共计国币2 675 000元。金城银行购买房产,很多时候具有短线投机性质,比如1941年购买的永亨银行董事长施肇曾的洋房,占地面积约为17亩,包括3套洋房和单栋西式房屋共计20多套,其总价为260万元,但是在房屋还没有正式交割时,这一房产就已经被金城银行转卖给第三方。[②] 另外,金城银行还与其他银行实行联合经营。1923年1月,金城银行与盐业银行、大陆银行和中南银行组织成立四行储蓄会,实现"北四行"之间业务的紧密联系,成为一个联合营业的机构。[③] 该会也购置多处房产,在天津、上海和汉口等地都置办及抵押大量房产,在抗战期间为金城等银行带来丰厚的房租收益。

除了直接购置,第二种方式为投资房地产公司。根据金城银行1945年6月公布的决算表,它投资于房地产领域的资金数量见表2-9。

表 2-9 金城银行投资房地产情况

单位:"中储券"元

房地产公司	联华地产公司	新益地产公司	业安地产公司	永兴地产公司	大祐公司等
票面金额	688 300	62 000	3 000 000	50 000	43 000
账面金额	627 525	3 720 000	3 000 000	3 000 000	19 874
占总投资比			6.97%		

数据来源:中国人民银行上海市分行金融研究室.金城银行史料[G].上海:上海人民出版社,1983:620.

表2-9的数据显示,在1945年6月,金城银行通过投资房地产公司实现投资多元化。表现形式与之前存在一定差异,不是直接购置地产,而是通过投资房地产公司实现间接投资或投机,既可以实现资本增值,避免通货膨胀造成损失,又可以在一定程度上减少经营风险。

---

① 今延安东路。
② 中国人民银行上海市分行金融研究室.金城银行史料[G].上海:上海人民出版社,1983:595.
③ 银行介绍:四行储蓄会[J].金融导报,1940,2(4):39.

除了房地产,另一投机项目则是证券。自从全面抗战开始,金城银行管理层就意识到通货膨胀的威胁,一直就有心理准备,"将来通货价值未可知,已蒙之损失如何抵补?……经与同人迭次会商彻研办法,其结果惟有厚集资力,购存外币或国外证券。"①在外汇统制之前,金城银行特别设立了一个账户,号称"第一特户",这个账户专门用来购买外汇和国外证券,使用币种包括美元、英镑和比利时法郎,资金存放国外同业或者直接购买有价证券。其中,国外证券投资账面金额于 1945 年 6 月达到 9 362 137 元,主要包括外币债券、铁路债券和美国股票,三者占该行国外证券投资的比重分别为 19.9%、23.84% 和 56.26%。② 其中美国股票投资占比最高,股票投资的具体情况见表 2-10。

表 2-10 金城银行外币股票情况

单位:元

美国股票名称	股数	账面金额	占总投资比重
Chesapeake Ohio Railroad	2 400	601 171	
Brooklyn Manhattan	2 000	415 284	
Chrysler 汽车	700	386 889	
商业信用	1 600	363 165	56.26%
兴来 5.5% 优先股	1 050	322 373	
GE 汽车	800	128 346	
Republic Steel(共和钢铁)	900	173 125	
美国钢公司等其他共 64 户	23 674	2 876 952	

数据来源:金城银行外币债券及外国股票明细表[G]//中国人民银行上海市分行金融研究室.金城银行史料.580.

此外,金城银行还投资国内证券。外汇冻结政策实施之后,金城银行考虑到各分行于香港的存款均被冻结,出于谨慎心理,担心所付款项都会被港府查封。同时,他们也审时度势,考虑到战事与损失的关系,认为"对于业务愈益审慎,应付而谋收支之平衡已属匪易"③,由于外汇冻结造成"第一特户"

---

① 中国人民银行上海市分行金融研究室.金城银行史料[G].上海:上海人民出版社,1983:573.
② 同上.580.
③ 同上.587.

外币资产不能正常调用,因而"不得不就国内方面设法开源……由各行经营货物、房地产及证券"①;甚至认为之前仅靠通成公司经营货物,在当下显得不合时宜。早在1939年4月,周作民就提议建立信托部,因为他认为随着银行业务扩展,对于四行储蓄会中已经发生的单独或共同信托事项,"现须设一专部,以便集中处理。"②于是特别成立信托部,于1939年9月正式营业,设置了一个特殊账户,称为"第二特户"。根据金城银行1942年12月27日公布的《董事会议事录》,截至1942年11月,"第二特户"资产负债表上有价证券投资占该行资产比重为31.18%,占比仅次于同业放款。信托部与金城银行上海总行共同经营丰大号,丰大号是金城银行在1921年于北京成立的一家专营证券买卖的机构,并于1923年在上海设立分支机构。从周作民的心理来看,"以丰大号名义对外经营各项公债证券,较本行直接买卖,略为便利。"③利用丰大号从事证券业务,总行要求分行所有的有价证券业务都要通过丰大号办理,从而确立了丰大号在金城银行证券事业中的核心地位。丰大号为金城银行带来不菲收益,比如1943年11月信托部致金城总行的函中提到"每日客户交易约三十万元",11月19日至24日,丰大号佣金数约为一万元,除去手续费以及佣金回扣等费用,"尚余四千余元,至于该号资金,除付现金保证外,计余七十五万元。"④

从金城银行的案例,可以看到金融业面对通货膨胀和物价上涨时的应对措施。以周作民为代表的银行家,对于物价、汇率和经济形势,具有比较全面正确的判断;从心理上来看,他们也同样具有恐慌情绪,对于货币的信心也是逐渐走弱的。也正是避险情绪的增长,刺激他们必须要找到合适的投资甚至是投机出路。所以,金融业也出现了比较奇特的现象,表现为银行通过专业机构囤积货物,这是由银行家的"重货轻物"心理所致。对货币不

---

① 中国人民银行上海市分行金融研究室.金城银行史料[G].上海:上海人民出版社,1983:587.
② 同上.589.
③ 尹振涛.历史演进、制度变迁与效率考量:中国证券市场的近代化之路[M].北京:商务印书馆,2011:246.
④ 中国人民银行上海市分行金融研究室.金城银行史料[G].上海:上海人民出版社,1983:592.

信任的心理，一直贯穿始终，因而在不同阶段，即使外部社会经济环境发生了重大变化，银行家们对"物的信仰"一直不变。这种信仰是基于不再相信货币的社会心理，看似多元化经营，其实经过细致分析不难发现，对于他们而言投资固然重要，但其中也兼有许多迫不得已的无奈选择。

在抗战期间，政府实行过三次外汇管制，第一次是1938年3月间实施的外汇管理，将汇率从之前的每100元法币可兑换30元美汇调成可兑换18元。第二次是1939年6月间政府停止供给上海黑市外汇，外汇缩水，每100元法币只能兑换美元5元半。第三次是1940年5月2日，由于市面谣风突起，每100元法币只能兑换美元4元多一点，法币对外价值逐渐趋低。其中，有一个非常重要的组织就是外汇平准基金。外汇平准基金成立于1939年3月，其目的在于维持法币对外币值和购买力，通过平准基金外汇买卖使市场上的外汇不至于暴涨暴跌，从而平衡汇价，起到稳定汇市的作用。早期的外汇平准基金，是国民政府与英国政府签订的外汇平准协定，即所谓"君子协定"，该基金总共1 000万英镑，分别由汇丰银行出资300万英镑，麦加利银行出资200万英镑，再由中国银行和交通银行合出500万英镑。此项基金由中英双方组织设立的外汇平准基金委员会管理，由上述四个银行依照当时外汇价格8又1/4便士的汇率供给外汇，借此稳定汇市。而在1941年4月25日，中、英、美三国在美国华盛顿特区签订新的中英、中美平准基金协定，其中各包括5 000万美元和500万英镑。

需要说明的是，虽然银行家的货币信心严重不足，但也有部分银行家对于外汇波动有不同的心理和看法。他们对于外汇剧烈波动也心存恐慌，但是仍寄希望于政府能够实行统制，典型的如聚兴诚银行，其上海分行在与总行的通函中特别提到自己的看法，从这封信函可以看到一些银行家对于外汇变动的心理：

> 查战后政府对于外汇之统制，因上海情形特殊，取渐进缓和政策，中央银行挂牌英金一先令二便士半，美汇三十元维持战前原价不变，采取请核办法，而黑市之行市则大相径庭，变动极钜（巨）！本年三月一千

万镑外汇平准基金委员会成立以后,汇丰银行出面维持黑市场行市挂牌,英金八便士,美金十五元六二五,暗盘市价站在八便士二五和十六元六二五关口,由动荡之局面转入稳定状态。

本周三(六月七日)上午十时汇丰和麦加利等银行接香港平准会来电停止供给外汇,一时人心浮动,谣言四起,有谓平准基金一千万镑已用去大半,所言新贷款未获成功,甚至疑及法币基础动摇,而谓英法以停止经济协助为调停战事之先声,有此各种恶意谣言,散播人心莫知所言。有资者纷纷争购外汇赤金及各种货物,于是外汇行市暴缩,赤金货物价格飞涨,一切均创空前之纪录。

本行认为战时金融外汇波动实为不可避免之事实,而上海环境特殊政府权力不及,统制外汇难有收效,加之奸人暗中破坏,投机者肆意播弄。

不能因外汇波动而动摇自堕信心,只要政府政策之施行对大局有利,大体有益,不能尽顾一隅之利害。①

上面的史料是聚兴诚银行上海分行于 1939 年 6 月 10 发往总行的函件,当时其对于政府统制外汇尚存信心,提出不能"自堕信心"。而在第二年,即 1940 年,外汇暴缩导致物价普遍上涨,该分行将上海物价行情如实转告总行时,则心理完全不同,从中可以读出其对上海金融形势的恐慌。以下是该行上海分行 1940 年 5 月 4 日致总行的通函②:

近月来之投机狂潮日甚一日,物价高涨,人心不安,最易受各方刺激而震动,大金融方面四底帐(账)期前后市面银根告紧,拆息高昂,钞

---

① 聚兴诚商业银行上海分行关于沪市外汇剧变及其影响的通函[A].上海档案馆馆藏档案,卷宗号:Q286-1-71-6,1939.
② 原档案史料没有阿拉伯数字,其数值采用民国传统记账数字表示,在保证档案史料真实的前提下,本书对原数据采用谨慎处理,全部转换成同值阿拉伯数字。而原档案中使用中文数字者,保持原样不变。

水日升,外汇扒吸者众多,已显剧变之征兆。五月一日英金尚稳定,美金已入六元关口,五月二日市场即大起变动,传欧战形势严峻,地中海交通阻塞,汇丰对于外汇有放弃维持之说,并传平准基金告尽,宋氏出长(掌)财政不再维持上海外汇或对于上海金融又有新令须颁布等,传说纷纭,人心恐慌,市况混乱不堪,投机家及银行界争先扒进外汇,售者绝迹。一度停市及至九时半,汇丰挂出行市英金三便士二五,美金四元六八七五,各方始做出交易,而行市则较前大缩。

钞水①:由15元逐步升腾至25元。

赤金:上涨剧烈,由5 728元冲近7 000元大关,中间起伏达六七百元之巨。

纱布:本已飞黄腾达,受外汇剧变影响,更见狂涨。廿支双马由1 425元升至1 675元,其他各纱一同激涨。

布匹:各种白胚涨超五六元,龙头细布55元各牌,阴丹蓝布闭不开价,加上染水看开80元。

米煤:洋米上涨二三元,西贡一号48元,二号47元5角,四米不随之跟涨,白煤涨四五十元。

百货:各商店一律提高三成。②

上面这则史料,有很多心理描绘的词汇,包括"人心不安""传说纷纭""人心恐慌"等,也提到银行界争相购买外汇作为风险对冲等。综合上述引用的两则史料,可以看到金城银行对于外汇波动形势的心理变化,其在1939年还存在较高信心,相信政府只要统制到位,似乎一切都在掌握之中。但是到了1940年,由于战事变化,人心恐慌,外汇震荡以及物价飞涨,"市况混乱不堪",包括银行金融在内的诸多行业都普遍存在恐慌。比如聚兴诚银行考虑到法币贬值过快,为了避税而确保收益,于1938年起将所做黄金外

---

① 钞水,即银行汇水。
② 聚兴诚银行上海分行关于外汇暴缩,物价腾涨的通函[A].上海档案馆馆藏档案,卷宗号:Q286-1-72-1,1940.

汇收益存于暗账中,该款项除1939年拨永聚公司股款50万元外,又于1940年初拨款至总行增资股款24万元。①

第三节　爱恨交加:企业家的多重选择

与金融行业不同,抗战时期沦陷区从事实体经济的企业家,面对通货膨胀具有更为复杂的情绪、心态和心理。一方面是生产成本增加的压力。由于对货币贬值预期逐渐强烈,类似于荣家、永安和刘鸿生企业这样的大公司,也积极采取措施应对通货膨胀和物价上涨,其行为包括囤积、多元经营、开设银行等,特别是自行开设储蓄部和银行,这与金城银行等金融机构的做法完全相反。即银行从事实业投机,而实体企业却又从事金融行业,这两种行为其实反映了沦陷时期产业资本与金融资本转化的矛盾,不管是实体还是虚拟领域,自有资本数量有限,急需从其他领域和途径获得融资,供需矛盾造成了企业家寻找投融资渠道的社会心理。同时,实业家还有另外一种矛盾心理。物价上涨造成成本增加,在资产负债表上,反映出资产不同程度的缩水,同时负债也因物价快速上涨而被稀释。众多企业家通过各种方式比如囤积避免资产过分缩水,同时又因为通货膨胀而减少债务,因而可视为通货膨胀带来的双重效应。从心理上来看,甚至很多企业家如荣德生者对于通货膨胀都情绪复杂,可谓爱恨加交。

本节通过描述著名企业家代表的心理变化,分析他们对冲资产缩水的行为,并且解释他们的社会心理与行为间的内在关系;以荣家和刘鸿生企业为例,分析两家企业在上海沦陷时期通货膨胀下的理性选择。在物价上涨的情况下,两家企业代表人物荣德生和刘鸿生,他们的情绪和心理直接影响了企业经营决策的方向,企业发展轨迹随通货膨胀及其对策而发生重大改变。从微观角度来看,他们的心理起伏变化主导着他们的行为选择,不管是未雨绸缪还是亡羊补牢,似乎都可以看到他们内心的焦虑与谨慎,当然也有

---

① 暗账业务活动及其组织[A].重庆档案馆馆藏档案,卷宗号:02950010193700000009001,1952.

还清债务的喜悦和轻松,因而他们对于通货膨胀具有极为复杂的心理。

一、融资艰难与自设金融机构

融资困难,是近代中国企业生存环境恶劣的重要表现。银行虽然对工商业有大量放款,比如据上海商业储蓄银行每6个月一期(共五期)的资产负债表显示,从1941年6月至1943年6月,该行的押放款占总资产的比重依次是26.09%、28.39%、32.62%、35.71%和38.79%[①],放款比重逐年增加,但是由于金融市场机制不完善和资本市场的落后,银行放贷存在很大风险,惜贷现象严重。虽然在民国时期就有企业征信调查机构,比如中国征信调查所,它们调查企业的规模、经营和征信情况,但银行"惜贷"心理却因社会政治经济环境恶化而加强,很多银行宁可将资金存入同业赚取同业拆借利息收入,也不愿承担贷款给企业带来的更高风险。我们可以考察同业存款数占银行总资产的比例,上海商业储蓄银行同业存款占总资产的比重分别为40.51%、40.88%、40.02%、30.80%和28.97%[②]。虽然出现下降,但是对比贷款比重,同业存款比重显然居于更高水平,说明银行在权衡贷款与同业存款的时候,在一定时期内优先考虑存于同业,这是出于降低风险水平的考虑。

因而对于很多急需资金的企业来说,它们的贷款难度无疑增大,各业如何筹集资金自然成为一个具有共性和普遍性的难题。正如刘鸿生对于贷款困难的埋怨,能够代表大多数企业家对于银行贷款的普遍心理:"吃银行饭的人最势利,当你需要款子的时候,总是推说银根紧,不大愿意借给你,即使借给你了,因为利息高,自己所得的利润,大部分变为银行的利息。"[③]也正因为筹集资金的条件苛刻和难度太大,自筹资金或内部融资成为诸多企业的首选决策。

[①②] 何品,宣刚.上海商业储蓄银行[G].上海:上海远东出版社,2015:339—340.
[③] 上海社会科学院经济研究所.刘鸿生企业史料(上)(1911—1931年)[G].上海:上海人民出版社,1981:294.

因此,恶劣的金融环境以及认为贷款太难的社会心理,使得诸多企业开始开设储蓄部,大公司如荣家企业、永安公司、刘鸿生企业等,小至普通商号、工商店铺,企业创办金融机构成为一种风气。对于刘鸿生企业来说,其已经深刻意识到融资难度,于是产生一种心理,就是为了避免仰人鼻息,一定要有自己的金融机构。刘鸿生与张公权(张嘉璈)、徐新六、胡孟嘉等提出发起组织中国企业银行,从 1931 年夏天开始筹备,直到该年 11 月 12 日才正式成立。① 原计划股本是 200 万元法币,其中由刘鸿生出资 110 万元,其余 90 万元再招募外股。② 此行设立面临资金短缺问题,通过抵押企业大楼从上海商业储蓄银行获得 100 万元作为银行股本,一直到 1942 年股本才增加到 7 000 万元"中储券"。③

中国企业银行成立之后,对于刘鸿生企业集团来说,不仅实现了较高盈利,也为融资铺平了道路,它的存贷款数量及盈利水平逐年增长,可见表 2-11。

表 2-11　1940—1944 年中国企业银行的存贷款数量与盈利水平

单位:千元

年份	存款金额	贷款金额	盈利水平		
			盈利额	股本	盈利率
1940	8 753	3 004	152	1 000	15.2%
1941	15 489	6 005	187	1 000	18.7%
1942	16 446	9 847	375	1 000	37.5%
1943	68 089	54 429	4 414	7 000	63.06%
1944	414 557	184 226	5 097	7 000	72.81%

数据来源:上海社会科学院经济研究所.刘鸿生企业史料(下)(1937—1949 年)[G].上海人民出版社,1981:127.

表 2-11 显示的是中国企业银行从 1940 年到 1944 年的盈利水平,即用一个会计年度的纯利润与总股本的比值表示盈利水平或盈利能力,该值

---

① 征信:中国企业银行[J].三行经济周报,1942,1(15):7—8.
② 上海社会科学院经济研究所.刘鸿生企业史料(上)(1911—1931 年)[G].上海:上海人民出版社,1981:294.
③ 同上.127.

从 15.2% 增加到 72.81%；需要说明的是，股本数额没有变化，而盈利额的增长存在一定水分，主要是因为没有考虑到物价上涨的因素。为了更清晰地对比说明中国企业银行的盈利水平，宜选择一个参考系进行对比分析，这里选择同在沦陷区开展业务的上海商业储蓄银行作对比，该行 1940 年至 1944 年的盈利水平见表 2-12。

表 2-12　1940—1944 年上海商业储蓄银行盈利水平

单位：元

年份	银行该年纯益	股本	盈利水平
1940	415 591.14	5 000 000	8.31%
1941	574 559.63	5 000 000	11.49%
1942	375 137.48	5 000 000	7.50%
1943	3 466 276.1	5 000 000	69.33%
1944	3 243 495.5	5 000 000	64.87%

数据来源和说明：何品，宣刚.上海商业储蓄银行[G].上海：上海远东出版社，2015.根据 1940 年至 1944 年各年份该行的损益表综合整理得到。其中 1942 年及以后年份的数据经过货币转换，即全部由法币转化成"中储券"计算。

对比表 2-11 和表 2-12，从 1940 年至 1944 年，除了 1943 年，其他年份上海商业储蓄银行的盈利水平竟然还不如中国企业银行，这说明刘鸿生企业集团自设银行机构也能获得很高的利润，甚至要高于金融界一些非常有名的银行，比如"南三行"中的上海商业储蓄银行。

贷款难度引起刘鸿生的融资焦虑，他尝试自设银行，结果获得令人惊喜的成就。刘鸿生的大儿子刘念仁也对中国企业银行的经营非常满意，他于 1942 年 9 月 22 日写信给他父亲，喜悦和得意之心情溢于纸面，他在信中写道："情形尚属良好……存款逐年增加，营业日以发展。以本行资本而言，犹不及近来新创者之大，而所做营业已驾乎资本大于我者之上。"①可见，开办中国企业银行，虽然注册资本少于其他银行，但是盈利水平超过很多银行，这也可以从表 2-11 和表 2-12 的对比中得到验证。特别是 1942 年上海实

---

① 上海社会科学院经济研究所.刘鸿生企业史料(下)(1937—1949 年)[G].上海：上海人民出版社，1981：126.

行货币兑换,即"中储券"与法币的兑换,又给中国企业银行提供了一次非常有利的赚取利差机会,法币以 2∶1 的比例兑换"中储券",该行"折半计算,幸调度得宜,获有余利,足资抵补"[①]。

相似情况也发生在荣家企业身上。物价上涨,游资不断涌入上海,上海投机盛行导致大量投机性质的金融机构一夜间涌现。荣德生于 1939 年发起组织广新银公司,主要从事银行业务。广新银公司与刘鸿生的中国企业银行具有相近的目的和背景。荣德生也认为公司的富余资本与其放在银行,还不如自己用来做其他项目的投资,从而实现资本增殖。同时,他也遇到和刘鸿生一样的问题,就是融资受到银行和钱庄的制约。但是两者间也存在较大差别,其实对于荣家企业来说,诸多银行很情愿贷款给他们,特别是申二和申九两厂在战前还清债务之后,上海几家大银行如中国银行、上海商业储蓄银行和浙江兴业银行等都争相给它们贷款。[②] 从这可以看出,荣德生说要摆脱银行的"钳制",从根本上而言,这些所谓的"钳制"都是可以克服的"小事",其真正目的是让他的企业集团变成融工业、商业和金融于一体的企业体系,即依照日本三菱公司的做法,将企业做大做强。

二、通货膨胀与企业的投机经营

除了产业资本向金融资本渗透和转移,为了对冲通货膨胀压力和融资难度,同时出于保值和增值考虑,企业参与了投机活动,甚至可以说,投机和囤积成为企业重要的非主营业务。投机形式多种多样,但最常见的是另设公司,这与之前的自设银行存在一定差别,主要体现在开设公司并不是为了企业融资,而是在促进业务多元化的同时,增加企业投机机会。

以刘鸿生企业为例,1930 年该企业在上海修建一座八层大楼,其中第七层为刘鸿记账房,这是一个特殊机构,从本质上来说,它只是刘鸿生的一

[①] 上海社会科学院经济研究所. 刘鸿生企业史料(下)(1937—1949 年)[G]. 上海:上海人民出版社,1981:126.
[②] 上海社会科学院经济研究所. 荣家企业史料(下)[G]. 上海:上海人民出版社,1980:82.

个私人账房,却是整个刘鸿生公司集团的核心。① 除了章华毛绒纺织公司以外,其他旗下所有公司财务业务都要经过刘鸿记账房。② 该账房通过吸收存款汇集资金,为集团内部各企业经营提供贷款,起到资金调度作用,但本身资本有限。刘鸿生长子刘念仁曾于1945年向他父亲汇报道:"刘鸿记因固定收入极微,自无盈余可言……无法继续营业。……经多方考虑后,于三十一年二月,决定组织一个小型地产公司,取名'宏业'。"③这家宏业地产公司由刘念仁主持运营。该地产公司成立之初,刘念仁曾经劝同事加入公司股份,但是其他同事对于此项投资缺乏热情,因而经营业绩不尽如人意。刘念仁将公司投资目标限定于商业环境相对落后的地区,主要包括南市和闸北一带。由于公司财力有限,后又与元泰煤号一起合购地皮倒卖给五洲药房,据他所说,"在此一转手间,公司情况大佳。"④通过宏业地产公司,刘鸿记账房员工的福利待遇要比之前好上很多,扭转了之前"收入极微"的不佳局面,在1944年和1945年两年盈余分别达到"中储券"30万元和2874.6万元。⑤

荣家企业也同样经营过地产公司,荣鸿元在太平洋战争爆发之后开始经营房地产公司。其实最早在全面抗战初期,他就经常将股息和红利兑换成黄金和外汇,从其心理层面而言也是为了实现资产保值。但是当日军占领租界之后,困于日方金融统制政策,外汇买卖已经被禁止,出于谨慎和惧怕心理,荣鸿元不再敢将股息换成外汇,而是为资金寻找更为安全的出路,开始经营地产公司。从荣家企业史料来看,他从事地产事业,并不占有优势,他在1942年设立了协盛地产公司,因为公司规模较小,股本来源范围有限,于是将名下四套房产按照购置成本转化为资产,再以房地产抵押和银行抵押透支获得借款,其资本实额只有360余万元。从申总协理荣孝范的回

---

① 许涤新.中国企业家列传(2)[M].北京:经济日报出版社,1988:114—115.
② 郭霁.刘鸿记账房研究:1931—1945[D].上海:上海社会科学院,2010.
③⑤ 上海社会科学院经济研究所.刘鸿生企业史料(下)(1937—1949年)[G].上海:上海人民出版社,1981:131.
④ 同上.132.

忆来看,所谓协盛地产公司,并没有具体组织形式,纯粹只是一个计划,也就是荣鸿元个人向银行借款的一个计划。即使是这样的计划,最终也没有真正实施。① 但是这个设想却体现了荣鸿元的心理,即当时由于买卖地产很容易做到,而且银行也非常喜欢地产抵押借贷款,更有一种预期就是地产价格的急剧上升,足以抵消通货膨胀所带来的实际损失。

三、通货膨胀与债务稀释

如果说通货膨胀带来成本压力,企业必须要面临对冲风险的选择,其实从心理上来看,企业家厌恶通货膨胀,因而在行为上特别关注资产保值效应。但是企业家还有一种特殊心理,与普通民众截然不同,即他们具有欢迎通货膨胀的心理,因为在客观上,通货膨胀有利于稀释债务,这对于以债务融资的企业来说,相当于缓解债务压力的契机。这种看似矛盾的心理,爱恨交加,其实并不矛盾,恰好体现通货膨胀对于债权人和债务人完全不同的影响,从一个侧面也证明了普通民众与企业家应对通货膨胀的能力和成效存在天壤之别。

从经济学理论来看,通货膨胀具有非常显著的再分配效应,货币增加的影响并不是同比例、同时间地分配给社会所有个体,而是存在明显差异,也即货币总是从某个特定人群流向市场,从而导致财富在先得货币者与后得货币者之间的分配,一般来说,后得货币者需要支付更多代价。同时,财富也会从债权人转向债务人,以及从固定收入者转向非固定收入者。总之,通货膨胀会使债权人的利益受到损失,而使债务人成为真正受益者。

先来看一下刘鸿生企业的情况,刘氏企业主要债权人是浙江兴业银行与邮政储汇局。自"八一三"事变之后,上海工商业处于停顿状态,自然也影响到刘鸿生企业的经营和运作,首当其冲的就是资金周转困难,被银行催促清偿债务也是常有之事。据刘鸿记账房资料,刘鸿生曾致信浙江兴业银行,说出了偿债困难的窘境:"鄙人对于所欠贵行贷款本利,一时实无法筹

---

① 上海社会科学院经济研究所.荣家企业史料(下)[G].上海:上海人民出版社,1980:154.

还,……一俟时局平定,当尽先解缴贵行。"①从中似乎可以看到如此大型企业也会因为债务而一筹莫展,纵然有时局不稳的外在因素,但是债务性融资是企业承受的最重压力之一。这段回信还是在全面抗战刚爆发的时期,尚属比较轻微的通货膨胀,偿债压力已经成为企业重要负担。

随着战事发展,通货膨胀程度进一步加剧,物价上涨程度更是日甚一日,在此情境下,企业家的社会心理会发生什么变化呢?下面这一段文字可以真实地体现这种心理,1943年1月23日刘念智写信给兄长刘念仁和刘念义,信中写道:

> 父亲的意思,国币之价值已跌到极低,不会再跌下去,不妨乘这物价高涨的时际,把我们的一部财产变卖,把收入去偿还债务。……鸿记的债务几年中积得相当可怕的数目,倘使能够一扫而尽,也是一个好办法。②

这段史料真实反映了当时的企业家心理,仅从资产负债表上看,财产账面价值会随着通货膨胀的加剧而快速增长,但是债务人欠债却逐渐被稀释,从而导致企业偿债能力大增。刘念仁自己都承认战时通货膨胀是"负债人清偿债务的最好时机"③。刘鸿生企业多年经营欠债,甚至陷入不足抵付银行利息的困境,但是抗战期间的通货膨胀客观上为企业营造了一个非常好的还债机会,可谓千载难逢,正如战后刘念仁向他父亲汇报账房经营报告时所说的:"设非此次因战事而通货膨胀,恐迄今尚无归还机会。"④1960年刘鸿记账房秘书陈宝琪口述中提到,账房利用战时通货膨胀的机会,还清了战前公司所欠浙江兴业银行所有欠款以及邮政储金汇业局的大部分欠款。⑤

---

①② 上海社会科学院经济研究所.刘鸿生企业史料(下)(1937—1949年)[G].上海:上海人民出版社,1981:128.
③ 同上.129.
④ 同上.130.
⑤ 同上.315.

不仅是刘氏企业,荣家企业同样也遇到清偿债务极好时机。以申新系统为例,我们看一下其在1938年至1945年间的负债总额变化。为了从数量上比较准确地对比分析,需要找到一个合适的换算标准。由于通货膨胀导致币值急剧变化,不同年份负债水平没有可比性,为了体现负债真实水平,表2-13选用黄金作为衡量标准,也即将负债水平按照历年黄金价格换算成黄金两数,从而实现债务在时间上的可对比性。

表2-13　1938—1945年申新系统负债水平

单位:千元;(黄金)市两

年份	1938	1939	1940	1941	1942	1943	1945
负债	17 852.39	18 041.17	11 916.54	7 715.53	8 486.16	19 061.76	10 578.69
合黄金	110 745.17	60 581.39	21 945.61	9 342.95	3 464.5	2 966.92	148.25

数据来源和说明:表中负债数据来自《荣家企业史料(下)》第194页"申新总公司资产负债表"中的"负债合计项"。1942年至1943年币种是"中储券"。黄金数量是根据当年的物价水平核算得到,其中1944年数据缺失。

从表2-13可以看到,申新系统1938年至1945年间的总负债水平似乎变化不大,但是如果将物价因素考虑进去,以每年黄金价格将所有负债转化为黄金两数,显然可以看出,申新系统真实负债水平折合黄金数量急剧下降,从1938年的110 745.17市两黄金负债直降到1945年的148.25市两,后者负债水平仅为前者的约0.13%。可见,通货膨胀造成真实负债水平大幅降低,无疑相当于缓解了负债压力。早在1942年,荣德生就已经看到通货膨胀对于稀释负债水平的好处,他在《乐农自订行年纪事》中特意提到:

> 此时物价大涨,传闻币制将改,余拟定还债办法,与大侄等筹商,决定出货以还。所有申一、二、三、五、六,均如数还清;仅申七另有押款未谈妥,至秋后始还讫。积年陈欠,至此全扫,可谓无债一身轻矣![1]

---

[1] 荣德生.荣德生文集[M].上海:上海古籍出版社,2002:154.

尤其是"无债一身轻矣",足以看到荣德生在债务清偿之后的愉悦和轻松之感,这种心理完全是来自债务压力的释放。后据申新会计部门职员宓勉群的访谈,负责申新二厂的荣尔仁急于偿还债务,在1942年初就将申新二厂和五厂的欠债全部还清,其时物价上涨很快,从宓氏看来,如果再晚一点还账,仅仅推迟几个月,甚至只要出售1 000包棉花就可清偿全部债务。到了1943年初,整个申新系统的负债乘着通货膨胀的时机,差不多全部清偿完毕。[①] 如此看来,急于偿还债务反而会承担更多的实际债务,换句话说,通货膨胀引致物价变化过快,货币贬值程度远超企业家的想象和控制能力。

[①] 上海社会科学院经济研究所.荣家企业史料(下)[G].上海:上海人民出版社,1980:169,171.

第三章 大后方民众的生活困苦与心理变化

抗战时期大后方是国民政府实际统治区域,从地理范围来看,主要包括西南和西北众多省份,尤其是西南地区的四川以及陪都重庆成为后方的经济中心。该区域在抗战时期具有极为重要的战略意义,为抗战提供了坚强后盾。1940年前后,大后方物价开始逐渐上涨,通货膨胀形势越发严峻。以四川和重庆为中心的西南大后方面临物价上涨和通货膨胀的压力,首先表现为民众心理上的痛苦变化,这里所说的民众包括农民、普通市民、工人、公教群体,甚至还有处于较低社会阶层的无业群体。

本章将重点介绍其中一个特殊群体,即教师群体。抗战军兴,烽火连天,沦陷区域的学校随迁后方,大量教师颠沛流离来到大西南,经受着背井离乡和家破人亡的痛苦,他们是为社会教育付出最多的群体,却忍受着物价上涨带来的窘迫与艰辛,其心理变化具有明显的时期特点,在抗战岁月中备受煎熬。由于他们的薪资水平具有刚性特点,相对物价和通货膨胀水平来说,永远都处于落后水平,其薪资实际购买力一直是处于下降状态之中。他们的心理变化,体现了物价通胀压力之下教师群体生活的不易。

此外,另外一个重要群体就是农民,尤其是少地及无地佃农,他们在抗战时期既是生产者,又是消费者,面临工农产品价格剪刀差,即所得物价与所付物价出现很大差距,同时还受地主剥削,租佃矛盾也随着物价上涨而逐渐变得尖锐起来,这两种矛盾均与物资价格密切相关。

本章安排如下:首先是介绍大后方物价变化情况,以西南地区为研究重心,其中主要考察重庆、成都和昆明的物价变化,以趸售和零售两种物价指数作为分析比较依据;其次是分析农民所受通货膨胀冲击,农民实际所得随着物价上涨而下降,生产成本增加导致农产品剪刀差现象更加严重,农民的心理特征是为生计而感到痛苦,租佃矛盾进一步激化;最后,从民国期刊、报纸、名人日记、传记、回忆录等文献中找到关于社会心理的描述,分析以教师为代表的公教群体在通货膨胀中所受的打击,从社会心理方面探讨他们的窘迫处境。

第一节 大后方物价变化

关于大后方物价以及通货膨胀的研究,曾任中央银行总裁的张嘉璈在《通胀螺旋:中国货币经济全面崩溃的十年(1939—1949)》一书中用翔实数据,从供给与需求两方面实证分析了通货膨胀产生的原因及后果。战时通货膨胀是常见经济现象,但是张嘉璈认为战前中国已经出现了新的需求,此后所发生的通货膨胀实质上是总需求相对于总供给扩大的问题,而国民政府没有利用时机处理好供需、财政以及外汇等各方面的矛盾,以致造成严重通货膨胀。①

其实早在抗战全面爆发之后,国内已经开始缓慢地通货膨胀,只是形势并非十分严峻,而1940年却是一个重要转折点。本节将大后方分成两个部分论述,一是城市地区,二是农村地区。在城市部分中,主要是以重庆、成都和昆明作为考察对象,对于衡量物价上涨的标准,没有采用趸售物价指数,而是选择零售物价指数,原因是数据获得的难度,零售物价指数统计基数较多,基本都是自1937年7月就有相对完整的统计数据。农村地区的物价则以农民所得和所付指数来衡量。

一、大后方城市物价变化

重庆作为战时陪都,随着内迁工厂、金融机构和学校的增多,以及从

---

① 张嘉璈. 通胀螺旋:中国货币经济全面崩溃的十年(1939—1949)[M]. 北京:中信出版社,2018:110.

沦陷区迁徙而来的人员急剧增加,一跃而成为大后方的经济中心。除了利用零售物价指数以外,这里还将考察生活费指数,并将其与沦陷区域的上海相关指数作横向对比,以对比分析沦陷区与大后方城市之间的物价变化差异。

中国农民银行经济研究处编制的零售物价指数具有连续性和系统性,该机构出版发行《中农经济统计》杂志,记载了后方主要城市的连贯物价指数。首先来看一下重庆零售物价指数情况。

重庆零售物价指数始于1937年,其中包括四项内容,即食料类、燃料类、衣着类和杂项类,这四类物品都与民生密切相关,其调查的详细种类数分别是11、5、4和5,总计25种商品,具体调查对象见表3-1。

表3-1 重庆零售物价指数所含物品类别

物品类别	所包括的详细物品名称
食料类(11)	中等山米、红麦穗面粉、黄豆、自流井花盐、内江次等白糖、五花猪肉、黄牛肉、生猪肉、中等酱油、鸡蛋、豆腐
燃料类(5)	连磹烟煤、杠炭、松木柴、狮球牌火柴、灯油(菜油)
衣着类(4)	美亭牌阴丹士林布、土布(宽2.7市尺)、工合牌中统男线袜、帆布鞋
杂项类(5)	中等红茶、裕华三号毛巾、吉星肥皂、草纸、老刀牌香烟

数据来源:中国各重要城市零售物价指数变动说明[J].中农经济统计,1942,2(2):14—25.

表3-1是关于重庆零售物价指数所考察物品种类的详细情况,食料类物品权重最高,占到44%,这类物品与民生直接相关,因而所占权重也相应较高。每一类物品价格涨跌参差不齐,总体来说在抗战期间都处于上涨状态中。比如1942年1月,中等山米每市斗价格为法币39.83元,以1937年1月至6月为基期(100),该价格是基期的30.2倍,但环比下降,只约为上一月的93.3%。[①] 表3-2列出了1940年至1945年间重庆零售物价总指数的变化情况。

---

① 中国各重要城市零售物价指数变动说明[J].中农经济统计,1942,2(2):15.

表 3-2　1940—1945 年重庆零售物价指数(1937 年 1—6 月＝100)

类别	总指数	食料类	燃料类	衣着类	杂项类
项数	25	11	5	4	5
1940 年	637.4	447.2	918.3	968.6	704.8
1941 年	1 758.0	1 595.5	2 048.4	2 072.7	1 656.1
1942 年	5 017.7	4 046.0	5 530.7	7 099.5	5 665.7
1943 年	12 252.9	9 323.3	13 617.6	22 458.0	12 555.9
1944 年	41 576	34 097	514 461	76 977	32 553
1945 年	180 662	136 757	237 333	303 240	170 006
平均增速	209.38%	214.12%	203.72%	215.59%	199.56%

数据来源和说明：各重要城市零售物价指数(重庆)[J].中农经济统计,1946,6(1)：84—85.平均增速由笔者根据表中数据自行计算得到。

表 3-2 中，重庆零售物价指数由 1940 年的 637.4 增加到 1945 年 180 662，平均每年增速为 209.38%。分类别来看，衣着类增速最快，达到 215.59%，而杂项类由于与生计关系相对来说没有那么紧密，增长处于最低水平，但平均增速也达到了 199.56%，1945 年总零售物价指数是 1940 年的 283 倍。

接下来，再看一下成都和昆明的零售物价情况，以便了解这三个重要后方城市的物价变化。与重庆一样，这两个城市零售物价指数所包括的物品种类也是 25 种，每一类所含物品种数也一样，但是在具体物品方面存在一定差异，比如重庆零售物价指数的食料类中有红麦穗面粉，而成都的是兆丰厂面粉，昆明的是本地面粉，同样，其他种类的物品也都只是品名上存在若干分别，皆为微小差异，不影响物价指数的对比分析。表 3-3 和表 3-4 分别展现了成都和昆明的零售物价情况。

表 3-3　1940—1945 年成都零售物价指数(1937 年 1—6 月＝100)

类别	总指数	食料类	燃料类	衣着类	杂项类
项数	25	11	5	4	5
1940 年	580.9	437.5	699.1	896.3	642.9
1941 年	1 525.4	1 456.8	1 603.8	2 175.9	1 221.5
1942 年	4 396.9	3 387.7	5 002.8	8 469.1	4 133.2

续 表

类别	总指数	食料类	燃料类	衣着类	杂项类
1943 年	14 673.8	10 859.6	16 267.2	30 482.3	14 431.8
1944 年	52 255.0	394 589	58 765	111 889	46 963
1945 年	120 670	210 430	413 209	168 414	120 670
平均增速	190.74%	243.90%	258.37%	184.96%	184.90%

数据来源和说明：各重要城市零售物价指数(成都)[J].中农经济统计,1946,6(1)：86.平均增速由笔者根据表中数据自行计算得到。

表 3-4　1940—1945 年昆明零售物价指数(1937 年 1—6 月＝100)

类别	总指数	食料类	燃料类	衣着类	杂项类
项数	25	11	5	4	5
1940 年	1 004.9	1 005.7	1 108.9	953.2	951.8
1941 年	2 055.6	2 022.3	2 349.5	1 883.5	2 009.8
1942 年	8 993.3	9 226.0	9 275.8	8 621.6	8 597.3
1943 年	25 850.3	25 534.3	23 894.6	34 583.9	22 984.6
1944 年	87 615	93 036	80 020	106 514	65 311
1945 年	456 554	540 196	441 679	486 118	318 219
平均增速	240.00%	251.57%	231.16%	247.95%	219.77%

数据来源和说明：各重要城市零售物价指数(昆明)[J].中农经济统计,1946,6(1)：88.平均增速由笔者根据表中数据自行计算得到。

表 3-2、表 3-3、表 3-4 分别展示了重庆、成都和昆明的历年零售物价指数,粗略地看,昆明在 1940 年就已经开始上涨了,1945 年的综合零售物价指数为 456 554,分别是重庆和成都的 2.53 倍和 3.78 倍。通过图 3-1,可以更加直观地区别三地零售物价增速情况。

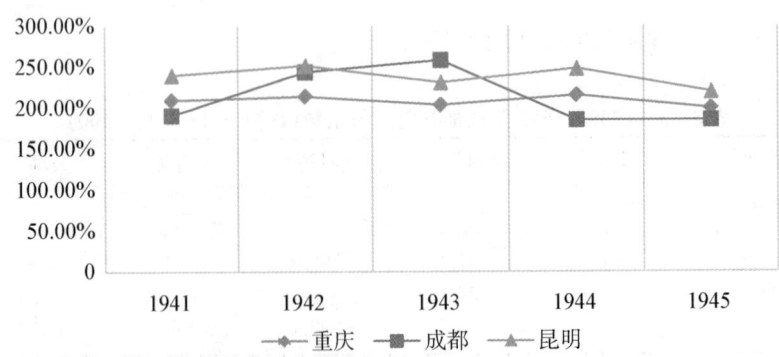

图 3-1　1940—1945 年重庆、成都和昆明零售物价指数增速

图 3-1 是 1940 年至 1945 年间的三个城市物价增速情况,昆明物价增速居于三地之首,只有 1942 年的增速稍微下落,而成都零售物价指数在 1942 年快速增长。总体来说,在 1940 年至 1945 年间,成都物价波动较大,昆明在大多数年份增速处于领先地位,而重庆增长比较平稳,增速介于昆明和成都之间。

单从总指数,只能看到重庆、成都和昆明零售物价上涨,因为物价指数只是一种相对数,反映研究时期的物价与某固定基期的比较,但也有一些缺陷和不足,比如不能反映某一物品的具体价格变化,也即只知道物价上涨的概念,对于具体涨到什么程度缺乏认知。为了更清晰地看到零售物价上涨的凶猛程度,有必要透过具体物品了解物价的上涨变化趋势。这里从表 3-1 的 25 种物品中选择食料中的中等米,作出表 3-5 的价格变化表。

表 3-5　1940—1945 年重庆、成都和昆明中等米价格变化情况

单位:法币元

年份	1940	1941	1942	1943	1944	1945	平均增速
重庆米价	7.07	34.36	53.87	161.18	583.06	1 555.58	294.1%
成都米价	5.24	25.70	43.49	140.81	490.14	1 027.54	287.4%
昆明米价	8.87	14.18	66.78	205.03	628.05	3 408.81	328.8%

数据来源和说明:各重要城市中等米零售价格[J].中农经济统计,1946,4(6).平均增速由笔者根据表中数据自行计算得到。

表 3-5 中,到 1945 年,重庆、成都和昆明米价分别增长了 294.1%、287.4%和 328.8%,昆明米价增速最快,从 1940 年的 8.87 增加到 1945 年的 3 408.81,增长了约 383 倍,增长幅度可观。

二、大后方农村物价增长情况

在大后方,除了城市居民之外,还有一个群体特别值得关注,即西南地区的农民,他们在通货膨胀中损失很大,当时有学者甚至认为抗战军费全为穷人所出,穷人为战争作出了巨大的牺牲[①]。相对于城市民众的投机保值手

---

① 杨培新.中国通货膨胀论[M].太原:山西人民出版社,2015.

段,农民的力量显然要弱小很多,更不用说与财力雄厚的企业家相比了。他们几乎没有任何对冲物价疯狂上涨的手段和途径,特别是佃农阶层,通货膨胀进一步激化了他们与地主阶层的矛盾,两者间的博弈完全不对等,力量差距悬殊。

本部分对于大后方农村物价上涨情况的分析,也采用物价指数变动进行说明,农村地区物价指数,与前文所采用的指标存在一些差异,本部分基于数据可得性及可靠性,采用农民所得以及所付物价指数,以它们的实际值和相对值来衡量分析农民实际购买力的变化。此外,还以四川为例,借助租佃数据说明地主阶层在通货膨胀中将损失转移给佃农的途径。

农民所得物价指数,即农民出售农产品以及畜产品等相关产品的物价变动指数,体现了涉农产品物价涨跌情况。《中农经济统计》统计了大后方主要省份农民所得物价指数,数据比较完整,数据统计始于1933年,而且对每一个省份相关指数的构成进行了详细说明,都是取1937年平均值为基期值100,使得区域数据横向比较成为可能。

这些数据都是通过调查而得到的,具有客观性和较高准确性。以四川为例,调查的县份包括乐山、遂宁、仁寿、资中、渠县、荣昌、壁山、万源、奉节、凉山、涪陵、江津、古宋、理番、平武、昭化等;所得物价指数的调查物品包括小麦、大麦、小米、玉米、大豆、豌豆、黑豆、高粱、芝麻、花生、烟叶、麻、棉花等。① 虽然在不同时期,调查区域和物品种类存在一定差异,但由于调查地区数目和物品较多,差异可以忽略不计。

相对而言,还有一种所付物价,即农民为获得相关商品所付出的代价,也就是购买商品的价格,这是农民的生产资料或农用品与消费品价格,可以理解农民为生产所进行的必要投入。根据购买商品价格变化而编制的指数,即为所付物价数据。这种指数是由实地调查数据计算得到的,如四川所付物价指数调查的物品包括面粉、猪油、芝麻油、盐、红糖、茶叶、蓝土布、白

---

① 四川省农民所得所付物价指数[J]. 中农经济统计,1942,2(5):62—63.

洋布、火柴共9种,而生产资料或农用品则包括水牛、黄牛、马、骡、驴、石膏、镰刀、锄头、熟铁。① 其他省份调查方式和种类也是大同小异。

根据所得和所付物价指数,可得到农民购买力指数,用所得物价指数与所付物价指数的比值表示。它是一个动态时间序列,其值随着农产品、生产资料和消费品的物价波动而产生变化。其实对于农民来说,他们最关心的并非一般物价水平的涨落,而是出售农产品能换购农用品和家用品的数量,即二者的比价。简单来说,农民购买力指数的值大于100,也就是所得物价增速快于所付物价,表示农民购买力在上升,反之亦然。需要注意的是,这个指标虽然可以反映农民购买力升降变化,但也有不足之处,即它没有考虑产量,比如灾荒导致粮食产量下降,会引起粮价上涨,相应地会促使所得物价指数有所提高,可能会造成购买力水平偏高。

在调查编制大后方农民所得和所付物价指数时,可能在样本容量或对象差异等方面存在问题,但总体来说,《中农经济统计》涵盖了大部分大后方省份农民所得和所付物价指数。这些数据对于本书研究具有重要研究价值,首先是它们覆盖面广,如调查区域广,从西南到西北主要省份都有详尽调查;其次是调查对象较多,在农产品样本选择上,基本包括了当时农民主要的生产和消费资料产品,具有全面性;最后是时间连贯性,统计年份基本上都始于1933年,一直延续到1947年,除了个别省份及月份数据缺失之外,绝大部分地区的数据都比较完整,因而为横向和纵向对比提供了可能。

具体来说,大后方农村幅员辽阔,人口众多,为了全面体现大后方农村物价变化,这里选择考察有数据可查的八个省份,西南有四川、西康、贵州和云南,西北包括陕西、甘肃、宁夏和青海。每个省份农民所得与所付物品都有相应分类,一般来说,所得物价的统计包括农产品和畜产品,所付物价的统计包括消费品和农用品。上述八个省份农民所得、所付及农民购买力指数水平可见表3-6。

---

① 四川省农民所得所付物价指数[J].中农经济统计,1942,2(5):62—63.

表 3-6　1940—1945 年大后方八省农民所得、所付物价指数及农民购买力指数情况
（1937 年＝100）

省份	年份	所得物价指数	所付物价指数	农民购买力指数
四川	1940	430.2	548.5	87.5
	1941	1 656.2	1 540.6	107.5
	1942	3 995.0	3 371.0	118.5
	1943	1 099.5	12 756	86.0
	1944	37 745	42 993	88.0
	1945	111 671	158 948	70.0
贵州	1940	404.2	369.9	109.3
	1941	1 036.0	807.9	128.2
	1942	2 765	2 533	109.3
	1943	7 420	7 302	101.5
	1944	32 430	28 794	117.0
	1945	186 176	167 725	111.0
云南	1940	906	677	134
	1941	1 500	1 438	104
	1942	5 368	4 591	117
	1943	20 348	16 572	122
	1944	48 538	47 275	129
	1945	346 050	261 858	132
西康	1940	601	423	142.1
	1941	1 340	1 043	128.5
	1942	3 839	3 502	110.0
	1943	12 650	12 940	96.2
	1944	56 146	54 468	103
	1945	239 875	199 737	120
陕西	1940	308.2	366.0	91.3
	1941	966.7	898.5	107.6
	1942	2 615.0	2 226.0	120.2
	1943	9 439	10 121	93
	1944	18 964	23 687	80
	1945	85 175	90 283	94
甘肃	1940	249.0	314.3	79.2
	1941	748.0	749.8	99.8
	1942	2 022.0	2 189.0	92.4
	1943	7 762	8 597	90.3
	1944	13 638	24 221	56
	1945	60 588	92 702	65

续　表

省份	年份	所得物价指数	所付物价指数	农民购买力指数
宁夏	1940	228	279	60
	1941	780	812	96
	1942	1 452	1 974	74
	1943	5 318	8 516	62
	1944	12 097	25 311	48
	1945	33 790	67 726	50
青海	1940	208.4	264.2	83.9
	1941	536.3	682.2	85.0
	1942	1 679.0	1 878.0	89.4
	1943	6 207.0	7 357.0	84.4
	1944	17 083	21 199	81
	1945	48 513	72 652	67

数据来源和说明：根据《中农经济统计》1945 年第 6 卷各期农民所得和所付物价指数计算得到。农民购买力指数为所得物价指数与所付物价指数的比值，所有数据以 1937 年为基期(100)。

根据表 3-6 的数据，对此进行可视化处理，可以更清晰地看到各省在 1940 年至 1945 年间相关指数的变化，为了表达简洁，这里只取农民购买力指数这一个指标，其变化趋势如图 3-2。

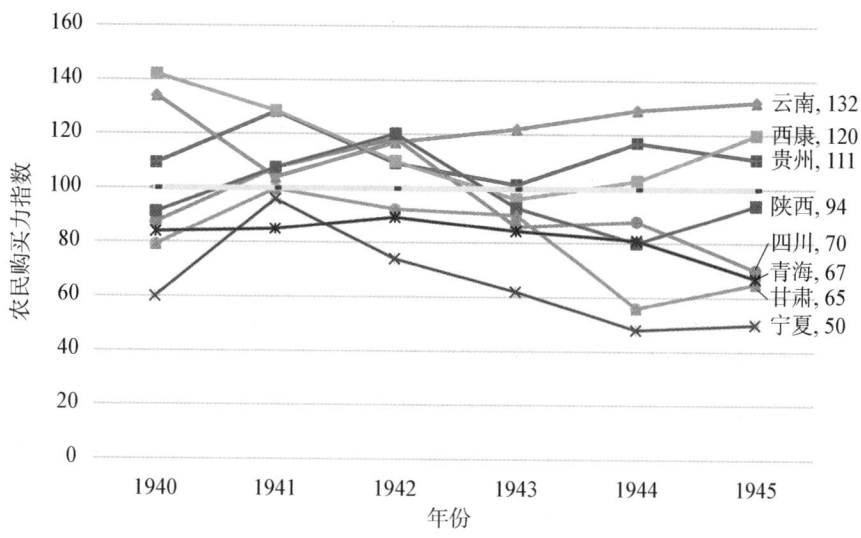

图 3-2　1940—1945 年大后方八省农民购买力指数变化趋势

结合表 3-6 和图 3-2,以 1937 年为基期,将基期值 100 作为参考线,大致可以把 1940 年至 1945 年间的这八省农民购买力水平分为三类,或者说分为三个档次。第一类为购买力水平高于 100 的省份,从图中看到,主要是西南的云南、贵州和西康,绝大多数年份处于参考线水平之上,只有西康 1943 年为 96.2,略低于 100,云南农民购买力最低水平发生于 1941 年,其值也为 104,是高于参考水平的。第二类为有起伏变化的省份,从高于 100 的水平降到 100 以下,这些省份主要有四川和陕西,它们都是在 1942 年达到峰值,分别为 118.5 和 120.2,而从 1943 年开始就跌到参考水平之下。第三类为基本处于参考线水平以下的,主要是西北区域的甘肃、宁夏和青海三省,它们中最高的也只有甘肃在 1941 年达到了 99.8,这三省中宁夏的数值最低,1944 年仅为 48,也即农民所得物价还不到所付物价的 50%。

大后方农民购买力指数,从 1937 年九一八事变之后,各省间变化出现明显差异。从上文三类划分可以看到,在参考线水平之上的省份农民购买力较战前有明显提高,而其他省份都出现不同程度的下降。

目前学界对于此期间农民购买力水平的升降,还存在不同观点。较多学者认为,由于物价不断上涨,社会各阶层受到不同影响,农民所得与所付物价上涨速度的差异,导致农民生活状况不断改善。[①] 但也有研究认为农民购买力不断下降,主要以金陵大学农经系的研究为代表,他们在四川温江、乐山、宜宾、合川四县进行调查,发现在支付地税、缴租之后,农民实际购买力不断下降。[②] 特别是在通货膨胀形势加剧的情况下,因为存在着工农产品价格剪刀差[③],农民购买力呈现下降趋势[④]。对于通货膨胀的影响,温铁军

---

① 伍启元.当前的物价问题[M].重庆:商务印书馆,1943:39;郑林宽.农产物价学[M].上海:新农企业股份有限公司,1948:15—16;崔敬伯.崔敬伯财政文丛[M].北京:中央编译出版社,2015:1047.
② 寿进文.抗日战争时期国民党统治区的物价问题[M].上海:上海人民出版社,1958:70.
③ 黄达.工农产品比价剪刀差:从鸦片战争前后到新中国建国之际的史的考察[M].北京:中国社会科学出版社,1990:14;吴承明.我国半殖民地半封建国内市场[J].历史研究,1984,(2):110—121.
④ 财政部中国农民负担史编委会.中国农民负担史(第 3 卷)[M].北京:中国财政经济出版社,1994:419;王玉茹.近代中国农村物价指数变动趋势分析[J].广东外语外贸大学学报,2008,(3):5—9.

等有不同的解释,认为即便如此,农产品价格上涨速度也要快于其他物品,总体来说购买力上升。①

从图3-2中,可以看到后方八省农民购买力存在变化,但也并非简单的增长或下降。总体来看,除了云南大部分年份处于增长状态之外,1941年至1944年间大多数省份农民购买力呈下降趋势。

接下来,需要思考另外一个重要问题,就是农民购买力指数的另一方面,即农民购买力指数上升了,是不是意味着农民的生活水平提高了?或者换句话说,农民购买力指数能否成为衡量农民生活水平的标准?如果仅仅依据购买力指数,如农民所得物价水平高于所付物价水平,就得出结论认为农民生活水平不断提高,这种逻辑和结论显然值得商榷,因为其忽略了出售农产品所得增长的原因,从表面上看,似乎是农民所得增加了,但其实是产量减少导致"物以稀为贵",从而促使农产品价格上升,最终使得所得物价指数增长。这种因为减产而增加的农民购买力,严格来说,不能称为真正购买力,而只是数值计算结果。张嘉璈在其著作中,认为供给因素是后方通货膨胀产生的重要因素,对物价上涨起到了推波助澜作用。1940年大后方遭遇了严重的粮食歉收,粮食价格急剧上涨,反过来又刺激了更加猖獗的囤积粮食行为。② 特别是西南地区所受影响更为显著,因为西南地区主食是大米,水稻产量急剧下跌导致西南省份农民所得物价"上涨",从而形成购买力指数上升的假相。

以四川省为例,来看一下1939年至1945年主要农作物产量的变化。考察农作物包括籼稻、糯稻、玉米、高粱和红薯,这5种农作物是四川农民的主要粮食,从它们的产量可以间接判断农产品供求减少与价格上涨的关系。从统计资料来看,准确数据并不多,只有少数期刊中有部分年份的产量估计,表3-7中的数据主要来自《川农所简报》。

---

① 温铁军,冯开文. 谨防重蹈旧中国农村破产的覆辙:从工商、金融资本对农村的过量剥夺谈起[J]. 战略与管理,1999,(1):105—117.
② 张嘉璈. 通胀螺旋:中国货币经济全面崩溃的十年(1939—1949)[M]. 北京:中信出版社,2018:39.

表 3-7　1939—1945 年四川省主要农作物产量估计值

单位：千市担

年份	籼稻	糯稻	玉米	高粱	红薯
1939	130.237	12.351	26.845	9.185	51.403
1940	60.779	7.059	18.039	8.751	46.414
1941	77.308	6.786	21.143	7.446	58.714
1942	82.761	7.488	22.764	8.110	47.319
1943	78.172	7.621	19.719	7.318	47.248
1944	95.466	8.986	27.513	10.080	51.734
1945	98.151	9.466	25.046	9.379	54.148

数据来源：四川省历年夏作产量最后估计[J].川农所简报,1946,7:1.

表 3-7 中可以看到,主要农产品中,玉米、高粱和红薯产量波动较小,而水稻产量出现很大波动,这对于以米粮为主的四川地区具有重要影响。其中,籼稻产量由 1939 年的 130 237 市担减少到 1940 年的 60 779 市担,降幅达到 53.3%；糯稻由 1939 年的 12 351 市担减少到 1940 年的 7 059 市担,降幅为 42.8%。由此可见 1940 年四川农作物产量下降幅度之大。而且这种下降状态一直持续到 1943 年,所以从图 3-2 中可以看到,在粮食下降年份农民购买力指数处于上升阶段。农民购买力指数仅仅是农民所得产品与所付产品的价格比值,而价格变化的重要原因是产量减少,因而不能简单地认为农民购买力上升就意味着农民生活水平的改善。实际上,农民真实的生活水平是不断恶化的。

三、大后方公教群体生活费用指数变化

大后方有一个非常特殊而重要的群体,即公务员和知识分子群体,他们与农民截然不同,因为没有自己的产品,收入来源主要是固定薪资,因而成为最易受通货膨胀影响和打击的群体。他们收入相对固定,即使是按照生活费指数进行调节,其增速也远远小于物价上涨速度。

公教群体对物价的认知颇为深刻,知识分子是国家脊梁,特别是高校教师群体,他们能够从专业角度解释论证经济现象,一大批著名学者,比如吴

大业、钱大钧、方显廷、何廉、周有光等，或通过实地调查，或组织呼吁请愿，或写书立著，对当时通货膨胀提出了全面论证以及相应建议，因而这个群体中的大部分都能深刻认识货币、物价和通货膨胀的联系。他们对于物价的理解，完全不同于普通民众，而是从学理上进行剖析，可谓入木三分。

从社会心理上来看，他们的焦虑和担忧都出于物价疯涨以及生活水平的低下。以他们的洞察能力，能够比较准确地分析和预测未来的物价走势，其所采取的行为也可能会更具有前瞻性和合理性。然而，生活中矛盾无处不在，他们即使有丰富的经济学知识和深厚的学术功底，物价引致的生活困苦也是必须要面对的难题。他们因为战事发展而迁徙到大后方，艰苦的生活条件与日趋上涨的物价，促使他们的心理逐渐发生变化。

为了研究公教群体的生活支出变化，本部分采用城市生活费指数作为标准，该指数是衡量城市居民消费资料价格变化程度的重要指标。民国统计资料中，绝大部分城市所采用的生活费指数包括一般生活费指数、工人生活费指数、公务员生活费指数、公职人员生活费指数，等等，但是缺乏教师群体生活费指数的统计，只在少量期刊上有教师生活费指数的相关数据，而且大多集中于抗战胜利之后这一阶段，在抗战期间的比较少见，主要有《南开统计周报》等。但是公务员生活费指数的统计相对较多，考察时期区间较长，基本涵盖了抗战前后时期。在城市选择上，多以重庆、成都、昆明、桂林和西安为主，但也有少量关于其他省份如甘肃省主要城市的公务员生活费指数的统计，比如《甘肃省八县市公务员生活费指数》[1]。基于上述各因素考虑，关于公教群体的生活费指数，本部分就以公务员生活费指数近似代替。

选择重庆作为考察对象，以《南开统计周报》作为数据来源，基于以下原因考虑：一是重庆的政治经济地位，重庆作为战时陪都，在此期间成为中国后方中心，人口迅速增长，1937 年九一八事变后重庆人口仅有 475.968 万，而到了 1942 年增加到 766.617 万[2]。二是统计资料的完整性，公教人员生

---

[1] 这份物价刊物，主要编制了甘肃省兰州市、岷县、酒泉、天水、临夏、平凉、武威、庆阳等八县市公务员生活费指数。但是出版期数很少，只有 1944 年和 1945 年两期。
[2] 重庆市历年人口统计表[J]. 地理, 1943, 3(1—2): 9.

活费指数的资料比较缺乏，而《南开统计周报》不仅有连贯的生活费指数，统计年份区间为1937年至1944年3月，而且统计了公教人员的收入指数，它将收入区分为货币收入和真实生活情况两类，分类统计具体而详细。

具体来说，公务员生活费指数一般包括食物、衣着、房租、燃料和杂项等五大类。其中食物类有23种，主要分成米粮、肉类、豆类豆制品、蔬菜和调味品五类；衣着类包括7种，包括棉花、白土布、青土布、青布、衬衣、线袜和皮鞋；燃料有6种，如煤和木炭等；房租是以每一间房的每月租金计算；杂项类主要包括肥皂、纸烟、报纸等，共有8种物品。① 具体见表3-8。

表3-8　1940—1943年重庆公教人员生活费指数

年份	总指数	食品	衣着类	燃料类	房租类	杂项类
1940	5.8	5.41	9.45	6.94	4.74	5.35
1941	18.9	21	24.6	17.5	10.8	15.1
1942	44.5	42.3	69.8	72.6	25.5	44
1943	117	111	238	162	48.2	112
增长倍数	19.17	19.52	24.19	22.34	9.17	19.93

数据来源和说明：表五：重庆各级人员生活费指数[J].南开统计周报,1944,(1):21—22.其中1936年7月至1937年6月为基期，基期值1,1943年数据进行了调整，原刊中是1943年的月度数据，为了简洁，只取1943年的年度平均值。增长倍数系笔者自行计算得到，为1943年与1940年数值的比较。

表3-8中，很显然总生活费指数增长极快，1943年的总指数相比1940年增长了约19.17倍，此数也即公教人员花费在生活上总体成本的增长倍数。再细看每个细分类别的增长差异，衣着类增长最快，为24.19倍，远高于其他类别，而房租类却只增长了9.17倍。

生活费水平飞速增长，再看一下公教人员真实收入水平的增长情况。所谓真实收入指数，是由公教人员每月所得货币收入除以下一个月生活费指数而得到，之所以除以下一个月的指数，是因为公教人员的薪资在月底才发放②，消费在获得收入之后才进行，存在一定时滞。其真实收入水平变化

---

① 重庆每周生活费指数编制说明(附表)[J].南开统计周报,1944,(1):6—11.
② 重庆市每月公教人员收入指数编制说明[J].南开统计周报,1944,(1):12.

情况见表3-9。

表3-9 1939—1943年重庆公教人员真实收入水平

年份	教职员				公务员
	总指数	大学	中学	小学	总指数
1939	0.581	0.543	0.675	0.567	0.425
1940	0.293	0.267	0.325	0.314	0.175
1941	0.238	0.184	0.266	0.345	0.141
1942	0.173	0.096	0.211	0.281	0.088
1943	0.152	0.089	0.184	0.248	0.088 1

数据来源和说明：表七：重庆市教职员及公务员真实收入指数[J].南开统计周报,1944,(1)：25—26.以1936年7月至1937年6月为基期,基期值1。

表3-9中的真实收入水平指数中,教职员的总指数涵盖了所有教师群体的收入水平,其中,大学教师真实收入下降最快,1943年的收入指数仅为0.089,相对来说,要远低于中小学教师。公务员收入也如同大学教师,1943年下降到0.088 1。可见,公务员与大学教师群体所受通货膨胀影响最为深远。也正是因为公教群体生活受到如此明显的影响,他们的社会心理才会变得如此敏感,能够真实反映物价上涨所带来的压力。

第二节 大后方不同群体的心理变化

本节聚焦于大后方不同群体的心理,对象不仅包括佃农和自耕农,还有地主阶层。在前一节物价分析的基础上,探讨他们在物价压力下的心理变化,以及租佃之间矛盾的表现和激化。当然,除了租佃关系,农民还面临其他各种社会关系,包括家庭和其他组织社团关系等,在通货膨胀形势下,这些社会关系因人们的社会心理而发生变化。1937—1945年期间大后方农民生活水平一直处于下降状态,虽然农民购买力指数时有增长,但并不能真实地反映农民的真实生活水平。换句话说,购买力指数的上涨并没有给农民带来利益,他们更多地承受通货膨胀所带来的经济损失,社会心理上表现为不平和愤恨,既有诉求和争取,也有妥协和认命,心理反应极其复杂。

一、农民的不平和愤恨

只有通过深入分析农民心理,才可能看到他们对于物价上涨的看法和态度,从他们的心理或者说心态中,看到物价上涨带给他们的切身体会和感受。许多史料和民国期刊报纸中有对当时农民反应的记载和报道,他们虽然文化水平有所欠缺,但也会在村子里寻找一个代表在报纸上发表呼吁,代表他们的心声。

1937—1945年期间物价带动粮价上涨并没有给农民带来实质利益,相反使得农民承受更多的负担,原因在于粮价上涨出售所增加的所得,根本无法抵销其他生产资料所增加的成本。但是在城市里,人们可能对农民的生活存在一定误解,他们会认为农民会得利于粮价高涨,但真实情况并非如此。如四川省巴县蔡家乡农民余思齐在1944年给《农民通讯》的信中写道:

> 自从抗战以来,物价一天高过一天,法币一天低落一天,许多不明白农村情形的人,都觉得农民有的是谷米杂粮,每年可以变卖无数的金钱,他们的生活是相当富裕的,谁知道适得其反。[①]

这篇名为《农民的生活》的信函,单纯从行文来看,似乎不是出自普通农民之手,因为从文化水平来看,当时的一般农民难以达到如此表述的程度,作者余思齐也许是该乡文化程度最高的人,也许是农民请的其他文人,但这些并不重要,重要之处在于他所反映的事实和要表达的思想。从这个刊物的介绍来看,它定位于农村刊物,主要是反映农民生活,比较贴近农民生活,所发表的文章也比较通俗易懂。显然,所谓农村可以存储粮食以减少物价上涨的冲击,其实是不可信的,反而是"适得其反"。从中能够看到农民认识到生活水平的下降,并对此现象颇具怨言,甚至认为被深度误解。农村虽产

---

① 余思齐.农民的生活[J].农民通讯,1944,2(2):19.

粮食,而且粮价的确在不断上涨之中,但农民并没有因为物价上涨而获得红利,相反却承受更多损失。

这是因为,粮价虽不断上涨,却远落后于工业产品的上涨程度,"剪刀差"现象越来越严重。据1942年重庆的调查,以1937年为基期,基期值100,重庆11种食料类的物价指数为4 046,而4种衣着类的物价指数已增长到7 099.5,后者增长是前者的1.75倍①。在桂林,差距则更为明显,食料类物价指数为4 827.8,衣着类物价指数竟涨到12 346.2,后者增速约为前者的2.56倍②。如果没有对农村整体物价进行调查研究,也许会让人有一种错觉,即农产品价格处于上涨之中,对农民来说应该有利。但是如果深入探讨其他相关产品的价格变化,则可理解农民产生这种心理的必然性。

农民产生这种心理,实属自然,可以从三个方面对此加以分析。首先,粮食产量下降。著名农业经济学家董时进曾依据几千个农民的调查报告,做出一张历年农产统计表,调查数据基本出自成都平原。根据数据,1939年至1944年成都平原米粮产量下降32%,小麦产量下降24%,油菜籽产量也下降35%。只有玉米产量增加60%,原因在于农民收不起米而只好多种玉米充饥。③ 大后方农民主食以米粮为主,米粮产量下降成为农民增收的第一个障碍。

其次,粮食囤积。以四川为例,成都平原稻田面积有380万亩,但80%不归农民所有。这个80%的数据来自四川建设厅1939年发表的《农情报告》,成都平原80%以上米谷买卖都靠商贩。不但各市场米价操纵于这些商贩手中,就是米市供给也全由商贩们控制,一个小地主可以做米贩,一个茶馆老板也可以做,米贩在家里、碾房、船上等任何地方都能进行囤积。地主中的大户同时也是私人银行的大股东。银行、商人和地主,可称为"三位一体"。他们囤米居奇的方法十分巧妙,一个地主可以随着他田产的分布而建立若干公馆,这些公馆就是他们囤米的地方。④

---

① 各重要城市零售物价指数(重庆)[J].中农经济统计,1946,6(1):84—85.
② 桂林零售物价指数[J].中农经济统计,1943,3(12):47.
③④ 陈翰笙.米价与农民[J].半月文萃,1944,3(3):19—20.

最后,生产成本增加。所谓成本,除了种植所需的生产资料,比如种子、肥料和人工等,还包括政府种类繁多的苛捐杂税。民国学者张西超对物价高涨下的农村经济进行了较多关注,并且引用了一个具体案例进行分析。张西超在一篇论文中提到第二届重庆"农民经济研究会"年会上的一个报告,该报告作者在四川某佃农家中生活过一年,对佃农经济生产具有切身体会。这个佃农家的农场面积相当大,共有水田 21 亩,1940 年因为地主加租,每亩加 1 斗,共计增加租米费 210 元,此外一年中所付出的壮丁费、寒衣捐、航空捐、难民救济捐、稻草费以及征工等代金共 368 元。同时兵差方面所出的劳力,在那一年中又有机场和公路建筑、防空设备、送稻草等,折合工资至少 45 元,出钱和出力两项共计 413 元。至于农耕方面,肥料、种子和人工等,因涨价而增加的支出,约 460 元。一年开支增加约为 873 元,而这一年中因为农产品涨价而增多的收入却只有 630 元。两相比较,佃农人家不仅没有得到米价高涨的利益,反而要负债 240 元。①

另一方面,则是工业品价格上涨。米价虽然上涨,但人工、肥料、种子和日用品价格上涨更快。据《大公报(桂林版)》报道,有人调查了广东南雄农村,1937 年以前法币每元可买白米 4 斤半,到 1942 年只能买到 8 两半(每斤 16 两),米价相较于 1937 年以前涨了 7.5 倍左右。可是在同时期,盐每斤自 5 角涨至 9 元,共涨至 18 倍;花生油自 3 角涨至 6.5 元,涨至近 22 倍;废铁每担自 15 元增至 400 余元,涨幅约为 26 倍;农具价格也随涨 26 倍。至于肥料价格的飞涨,更为惊人,人粪每担由 2 角 5 分增至 20 元,涨至 80 倍;猪狗粪每担自 3 角 5 分涨至 35 元,涨至 100 倍;小便每担自 6 分涨至 9 元,共涨至 150 倍。② 农业生产成本飞涨,即便粮价有上涨,农民收入也不见涨。因此米价高涨时期,一般农民反而越加节省,自动减少购买,造成农民购买力反而越加低落。

一方面是粮食减产,另一方面是粮食生产成本剧增,农民生存压力日益

---

① 张西超.物价高涨下农村经济是否繁荣[J].中国农村,1941,7(6):4—5.
② 物价与农工生活[N].大公报(桂林版),1944-04-23(2).

增加。1939年大后方粮食减产是造成其后物价突然上涨的重要原因,农民痛苦心理进一步加重,从《农民通讯》中可以找到另一篇反映农民心理的文章,透过这篇文章,似乎可以看到农民的呐喊,但其中又透露出他们对于国民政府的期盼。

> 自抗战以来,物价渐渐高涨,一般农村的人民,在抗战初期,稍积有余资,都还能马虎维持最低生活。最近几年来,遭受天灾的损失、地主的压迫、粮价的上涨,使我们的生活竟陷入痛苦万分的境地里,尤其是今年粮价的飞涨,更加厉害,二月份内的食米,每市斗仅售洋二百元。直到现在五月份,已经售到七百元,这种粮价的飞涨声中,我们农村人民的容颜,都表现着惊惶失措的态度。不知如何逃出这一个艰难困苦万分的关头,然后与自然界奋斗。
>
> 我们处在这堕落不堪的生活里,所受到的痛苦,就是饥饿寒冷疾病,我们的生活更加难堪了,这都是受了经济力压迫的缘故。我们每餐吃的都是养分最少的杂粮和野菜,内含丰富蛋白质同肉类的食品简直没有见到,所以营养不良。
>
> 我们在这生死存亡的农村里,呻吟悲哀的呼声,不断地向社会人群里吐露,天天盼望政府的仁德早日到来,援救我们出这凄惨残酷的火坑。而达到快乐的环境中,这就是我们生活上的万幸了。
>
> 巴县一品乡农民李俊忠[①]

李俊忠的言论,凸显了农民在物价上涨时期的内心恐慌与无奈。天灾人祸不期而至,地主压迫和粮价上涨都成为农民的负担。因而,很多农民用打油诗表达内心痛苦,词句简单朴素,但为心理的自由流露,毫无掩饰。

> 谁个不知稼穑难?半由人力半由天。

---

① 李映桃.物价飞涨中的农民生活[J].农民通讯,1944,2(6—7):26.

去年大水今年旱,几许农夫赚了钱?!

农民知识本来低,万苦千辛只自知。
屋漏连遭秋夜雨,家人无揭尚啼饥。①

农民苦,说不完,农民生活实堪怜,三餐粥饭未尝饱,常年少吃油和盐。
农民苦,说不完,农民破屋两三间,人畜同居最可惨,若逢天雨更难堪。
农民苦,说不完,地主势力悍如官,豆谷棉花收去外,年年要加押租钱。②

上文引述的三首诗,署名均为老农,很有可能是杂志社以老农的名义写的,直白地表达了农民在物价上涨、农业歉收及地主重租多重压力之下的内心世界。

二、农民囤积心理的逆转

抗战时期物资缺乏,囤积居奇一直都是奸商操纵物价的手段。农民其实也是囤积的受害者,他们虽然不具备基本经济学常识,但是最起码的生活常识让他们知道囤积造成物资紧缺和物价上涨。他们认为从沦陷区过来的游资在农村从事不正当的商业,造成许多物资价格迅速上涨,这种心理可从一张漫画窥视一二。《战时后方画刊》是 1940 年创刊于成都的一份抗战画刊,内有较多关于抗战救国的漫画、诗歌和短文等,是了解后方民众社会心理的重要来源,其中有一幅关于大后方游资从事不正当商业的漫画,见图 3-3。

显然,图 3-3 中的游资正在大后方从事的不正当商业,大多数就是所谓的投机囤积行当,这种行为对农村经济造成了巨大破坏,从画中的农村花盆被踢倒就能看出。无论是普通市民还是农民,基本都反对囤积居奇。作

---

① 老农.农民诗[J].农民通讯,1944,2(2):19.
② 老农.诗歌:农民苦[J].农民通讯,1945,3(3—4):15.

图 3-3 大后方不正当商业

为消费者,他们对于投机商人普遍具有憎恨心理,认为后者是"利用时机大发国难财的不肖之徒"①。1940年3月经济部成立平价购销处,其意图在于取缔商人居奇和囤积操纵市价的行为②,该机构所制定的平价标语如"居奇操纵是犯罪的行为""操纵物价的人们:你们未发国难财,先犯居奇罪,及早觉悟,勿贻后悔!"等③,不仅体现了政府对投机囤积的定性,也间接反映了囤积行为对于社会的危害,农民阶层也不例外地痛恨这种投机行为。

但是,这种心理在抗战时期物价上涨过程中发生过逆转,也就是市民或者农民对于囤积不再是痛恨,而是产生了借机囤积的心理。对于农民而言,他们从事囤积或许不如大投机商那样可占有很多的物资资源,但是可以利用生产的农产品从事相对较低层次的囤积。此处所谓低层次,是相对于专业囤积商人而言,农民无论财力还是货物渠道,都无法与后者同日而语,因而视之为相对较低层次的囤积。其实从根本上来说,农民参与囤积是基于

---

① 东风. 现时大后方的物价问题[J]. 解放,1940,(120):24—30.
② 经济部成立平价购销处[N]. 前线日报,1940-03-14(4).
③ 经济部平价购销处:平价标语十则[J]. 新经济,1940,3(6):25.

全民的危机心理,因为抗战形势并不明朗,而物资缺乏却是每个民众都能察觉的事实,因而也就不难解释全民囤积的现象了。

农民作为消费者,担心物资来源阻断,因而竭力购存现货,以保障未来的消费。同时,他们也是生产者,出于危机心理,深恐危机深入使经济结构发生变化而影响其生产能力,所以一方面尽量收买原料,一方面囤积成品不出售。

云南大学教授赵晚屏对战时广西农村进行了调查,他在报告中写道:

> 农民自己手里有了钱,看着都市米价不断上涨,他们开始囤积粮了。去年(1939年)雏容的谷价只合四元一担,年尾涨至八元,今年四月涨至十一元。现在又是收获的季节,谷价回落了一点,到六元一担。谁能知道今年年尾和明年年初的谷价将涨至如何程度呢?农民对这一个坐得的利益是闭着眼睛的。农民有一点财力的现在都在囤谷,这是一个新的现象。
>
> 雏容县惠爱村信用合作社共有股金七十元,照中国银行在当地的规矩要把这笔钱存在银行里,给以九厘的月息。合作社理事主席对于这一个规定表示十分遗憾,他说:"这一笔款子如果存放在我们自己手里,今年买一点谷,明年谷价涨时再卖出去,我们的利益不比月息九厘更大吗?"
>
> 当我们问村信用合作社理事主席如果他有了余钱将做什么用处呢,他回答说要买一些谷子放在家里,待明年价钱好的时候卖出去。他还说,他现在有货便囤,有什么货便囤什么。①

从这段引用的文字中,可以看到农民对于囤积的新心理。1939年大后方粮食歉收导致粮食价格上升,连农民也发现囤积粮食是合算的行为。在广西,农民已经形成一种观念,认为纸票(法币)不断贬值,而且知道通过囤

---

① 赵晚屏. 物价腾涨下的广西农村[J]. 新经济,1940,4(6):13—17.

积粮食是最易赚钱的途径。农民可以从对身边物价的感受中知道货币在贬值,囤积心理是出于一种本能或经验,与经济学知识多寡无关。

不仅在广西,在大后方其他地方也同样出现农民囤积行为。费孝通1941年在昆明西郊一个农村做过田野调查。他认为物价上涨很快,"两年前(1939年)的冬天,还没有人想到米价会跳会飞的时候"。

> 一天,一位李大哥请我吃饭,我的房东老太太陪着我去。饭前我们偶然走到他家的仓房里去瞧一瞧,老太太一见李大哥的存谷只剩一小堆了,急着向他直喊:"怎格把谷子都卖了?要用钱还是去借,还怎格要得?"我接着说,"借钱要加利,要米上街子去买,怕哪样?"老太太解释,"我们这地能不卖谷子就不卖,谷子最要紧,旁的哪样也靠不住。"①

连农村老太太都很清楚囤积米粮是"最要紧"的。在普通的老太太看来,借钱要付息都不如囤米来得更实惠。正因为百物价格飞涨,农村囤米也逐渐深入人心。农民的心理从痛恨奸商囤积转变为经营力所能及的囤积,对象主要是米粮。囤积心理具有蔓延性,人们从身边小事可以看到货币已经开始贬值,害怕"钱更不值钱"的危机心理逐渐成为农民所关注的共同话题,所以,当一个人开始囤积物品的时候,大家都会跟着起来作囤积的竞赛,形成恶性循环。

三、地主和富商阶层囤积土地的心理

地主阶层是大后方除了农民之外另一重要群体,他们对抗物价上涨的手段明显要多于农民,而且特别善于将物价上涨损失转嫁给农民,尤其是无地的佃农。通货膨胀越来越严重,他们除了囤积商品,还进行土地投机,包括贱买贵卖,或贵买之后再以更贵价格出卖,即使不卖,也用以收租。投机行为造成土地更加集中,佃农生存压力陡然增加,租佃矛盾也随即变得更加

---

① 费孝通.农村里的囤米[J].星期评论(重庆),1941,(13):7—9.

尖锐起来。

抗战时期不管是后方还是前线，从东南到西北，都弥漫着"暴发户争购田地"的空气，购置土地成为一种常态。民国学者陈文川对此进行过研究，关于投机土地的盛行，他写道：

> 拥有大量土地或物产的地主，烽火中的暴发户，以及一部分不惜利用地痞流氓作走私和囤积居奇(的)，他们在国难中对法币的怀疑，他们很聪明的想到购置田地是最稳的，大家不约而同的纷纷购置田地。
>
> 后方的农村固然不必举例，凡关心报章的俯拾即是，就是前方的洞庭湖西岸的南县华容，买田也很起劲的，甚至连经手交易采取佣金的人也成了财主，由此可以证明田地移转的激增。①

这一段文字记录了投机土地的地主和富商的心理，其形成的根本原因是，出于对法币币值的怀疑，购置土地成为一种最为划算的投资，当然投机成分非常大。购置土地造成地权过度集中，在大后方西南地区尤为盛行。因为作为抗战后方，这里相对安全，而沦陷区大量民众涌向这里，造成土地使用紧张，游资增加也为投机土地提供了可能。一些地区，比如成都平原、重庆周围、昆明附近，以及黔西、桂东、粤北一带土地投机盛行。以成都平原为例，土地逐渐集中于少数的地主手中，"那些地区的贫农雇农的生活，一天比一天贫困，就连一向尚属小康的中农，甚至一部分的富家，也有小鱼终必遭受大鱼吞食的危险。"②

地权不断集中导致佃租增长，土地完全是卖方市场，农民尤其是佃农为承佃土地需要付出更大代价。1942年重庆近郊退佃加租风气盛行，在若干区域中，地主甚至愿出佃户押租原额的3倍至10倍之款而退佃③，可见佃租市场的紧俏。押租即为佃农在承租土地时，按照习惯或契约须向地主缴纳的

---

①② 陈文川.农业建设：大后方农村经济问题[J].广东省银行季刊,1943,3(4)：230—241.
③ 朱剑农.怎样改进战时的农村[J].中国农民(重庆),1942,1(5)：1—12.

若干金额,类似押金,以起担保作用,在 1937 年之前一般是每亩 10 元左右,但随着币值改变而发生相应变化,佃农租田必须先支付这种保证金作为押租。租佃市场供需矛盾尖锐,地主可以待价而沽,寻找能出更高租金的佃户。

地权集中之后,佃农数量不断增加,下面用佃农占农民总量的比重来说明这种变化。战时四川佃农占农民比重一直居于大后方各省之首,在物价上涨期间,四川农民所受影响的比例也远高于其他省份,他们中的绝大部分都承受了物价飞涨之苦。表 3-10 显示了大后方主要省份佃农比重在 1937 年至 1942 年间的变化。

表 3-10 全面抗战六年以来大后方主要省份佃农比重变化

省份	佃农比重(%)					
	1937	1938	1939	1940	1941	1942
宁夏	18	21	16	10	15	14
青海	19	18	18	21	24	28
甘肃	19	16	22	18	18	21
陕西	18	22	25	22	23	25
四川	52	50	49	48	48	48
云南	42	37	41	40	36	38
贵州	44	41	43	38	41	41
广西	34	29	32	35	31	30

数据来源:根据《中农经济统计》1943 年第 4 卷第 4 期第 151 页"抗战六年来我国各省农佃分配之变化(1937—1942)"中的数据整理得到。

表 3-10 是大后方主要省份佃农比重变化情况,四川省的佃农比重一直维持在 50%上下,1937 年至 1938 年的佃农比重高达 52%和 50%。其他省份的佃农比重都要低于四川,比如宁夏最低,只有 16%。从区域来看,西南区域(包括四川、云南、贵州和广西)的佃农比例远高于西北区域(宁夏、青海、甘肃和陕西),西南区域的地权矛盾也最为突出。

四川各县战时的最大问题之一就是土地,全省自耕农占 28%,其余都为佃农及半自耕农。在川西地区,佃农比例更高,达到 75%。[1] 据《中农月

---

[1] 晚秋庆丰收[N].大公报(香港版),1941-10-09(5).

刊》的经济调查报告,万县佃农约占73%。这个比重有不同版本,万县政府建设科估计佃农比为85%,而农业推广所估计此值为75%。① 尽管不同机构调查的数据各不相同,但都至少在70%以上,比重远高于四川省平均水平。再来看佃农谷租比例,也就是收成在地主和佃农之间的分配比例。万县谷租比例存在区域差异,即万县不同村落谷租比例并不一样,有的地区是九一分成,即地主占有最后收成的90%,也有七三分成的,但基本上是以八二分成最为普遍,即地主占80%,而佃农仅有20%。② 而在绵阳,谷租变化不大,但以货币形式缴纳的佃租变化很大。1940年每亩上等坝地仅征25元租金,到了1941年则增加到120元左右,即使这样还很难租到田地。③ 其主要原因是由于食粮价格高涨,地租也随之而上涨。

土地集中产生了不合理的租佃制度,佃农生存环境日益恶劣,地主加租加重了他们的生活压力。1942年7月2日重庆《大公报》读者缪兴民写信给报社,为佃农呼吁:

> 抗战后方人口增加,市民疏散下乡,于是形成土地少而佃农多之现象。农民争寻土地耕种,地主趁势大加押租与租谷。例如每年能生产十四石稻谷的田地,地主所收租谷为十石,押佃银在五千上下,收益已经超过百分之七十。再加上押佃银的利息,地主收益超过百分之八十。地主囤积租谷,待价而沽。地主还收工作租、高粱租、豆租等。土地集中之风越演越烈,民生前途,实堪忧虑。④

读者替佃农的呼吁,其实也是佃农"实堪忧虑"的心理反映。地主阶层不仅增加押租和租谷,而且还根据法币价值进行相应调整,其目的在于千方百计地将贬值损失转嫁于佃农,因而造成很多因押租而引起的纠纷。在成

---

① 万县农村经济调查初步报告[J].中农月刊,1941,2(8):56.
② 朱剑农.怎样改进战时的农村[J].中国农民(重庆),1942,1(5):7.
③ 绵阳县农村经济调查初步报告[J].中农月刊,1941,2(6):46—47.
④ 陈文川.农业建设:大后方农村经济问题[J].广东省银行季刊,1943,3(4):229.

都附近乡村就发生过多起纠纷案件,如《广东省银行季刊》曾于1943年报道了一篇通讯,记录了1942年8月10日发生在成都的一起租佃纠纷。

> 租佃纠纷起因为地主增收押金,往年每亩十元者,现在竟加至五百元至六百元。地主坚持增收押金的理由是币值跌落,可是当佃农根据同样理由,将战前所付押金每亩十元,升算为目前的法币数量五百元或六百元,或者要求退回现大洋,地主却坚不承认,这无异要佃农单独承担法币贬值的损失。抗战以来,由于粮食需求增加,价格暴涨,土地持有者,确已经获得丰厚利益,而佃农却增加了许多负担。①

相对于佃农而言,地主阶层能够较早地察觉到货币贬值的趋势,因而要求佃农加租以抵免通货膨胀的损失。特别是田赋征实之后,虽然政府强调此举目的之一是平均人民负担,可事实恰好相反,更加重了佃农的经济负担。田赋征实之后,地主增加了对佃农的押租和租谷,有的除了谷租之外,还须给地主送礼,名为"送新",规定礼物包括二斗糯米、二斗大豆、两只鸡和两只鸭等。②

在大后方农村囤积土地的群体,除了地主阶层以外,还有其他专业土地投机者,包括富商大贾和权贵阶层等。抗战时期,西南土地涨价很快。1936年,贵州遵义每亩值90余元,安顺每亩值约100元。到了1940年两地地价分别增长到每亩230余元和每亩300元。另外成都平原的堰田,1940年初每亩约200元,春夏之交涨到500元至600元,而到1941年每亩值3 000元。③在西南很多地方,当政府刚刚决定在某地建筑铁路、公路或乡镇道路时,这些群体就立刻在附近大肆收买廉价的土地。另据重庆《人与地》杂志关于四川宜宾和泸州等地土地的动态报道,1939年在修建叙昆铁路时,已决定设宜宾车站于南岸坝。据调查,南岸坝车站附近一带的土地,很早就被

---

①② 陈文川.农业建设:大后方农村经济问题[J].广东省银行季刊,1943,3(4):229.
③ 万国鼎.中国土地问题鸟瞰[J].人与地,1941,1(9—10):179—182.

一些富商大贾和少数权贵大批买去,作为奇货可居对象,坐待大发横财。而一些消息不甚灵通或行动比较迟缓的投机者,仍然争先恐后接踵而至。① 因而地价受了很大刺激,竟致狂涨不已。同时宜宾城内及附城一带的土地,由于区位关系,也成为投机目标。此外,由于粮食价格和一般物价的飞涨,地价也受到显著刺激而剧烈上涨,尤其是成都平原一带的堰田,在短短一两年中,竟涨价十数倍或数十倍。因投机而致富者,当然不乏其人。

第三节 公务人员的生活与心理

公务人员经常与教师合称为公教群体,他们薪资水平比较固定,因而容易受到物价水平的影响。国内外学界对于民国公教人员生活水平的研究,已经取得比较丰硕的成果,无论是经济史、生活史还是社会史,都有对公教人员生活的探讨。本书关注抗战大后方的公教人员,原因在于这个群体的重要性,尤其是教师群体,他们有着心忧天下的家国情怀,抗战时期背井离乡从沦陷区来到大后方西南地区,战时环境异常艰难加上物价上涨,致使他们成了最容易受到冲击的群体。他们面临生活困境,一方面是教书育人的知识分子,而另一方面在生活上却有捉襟见肘的尴尬。公务人员与教师群体存在一定共性,工资收入方面的刚性,决定了他们提高真实工资水平的难度,在大多数时候,他们都是被动地接受物价上涨所带来的购买力缩水,甚至是无能为力。在物价上涨的环境下,他们与大后方农民一样都成了弱势群体。他们与农民具有不同特点,即农民还占有少量生产和生活资料,比如通过存储粮食进行囤积,在一定程度上可以缓和物价冲击。而对于公教人员来说,对冲手段则更加有限。

为了更清晰地了解公务人员和教师的心理特征,本节将公教人员分开论述,重点在于公务人员,以抗战大后方通货膨胀情况为基础,从史料中寻找和剖析公务人员的社会心理变化,所用史料包括民国期刊、报纸、个人日

---

① 丘信.我国现阶段的土地投机问题[J].人与地,1941,1(11):217—220.

记、传记、书信和日记账等,它们成为研究人们心理的资料来源。其中,期刊中直接报道他们心理的文章并不多见,大多数是当时一些学者根据物价上涨的形势对民众心理的概述,具有粗线条的性质,相关描写较多关注的是民众和公教人员的普遍心理,而缺乏细致深入的人物心理描写。个人日记、传记和书信则是当事人的亲身经历和心路历程,有较多的心理描写,能透视他们的心理活动。这一部分既包括物价史,也有生活史和心理心态史的内容。

通货膨胀带来生活压力,普通公务人员置身其中,所受冲击也最为直接,感受自然极其深刻,这在抗战时期极具普遍性。无论在重庆、成都、昆明还是桂林,与公务人员生活休戚相关的大米价格上涨,都会导致他们的购买力和生活水平急剧下降,诸如此类的报道屡见于报刊,公教人员对于物价飙涨无可奈何。

为了论证公教人员的生活困难程度,以大米价格为例,首先看一下各大城市中等米的零售价格变化情况。这里以成都、重庆、昆明、贵阳和桂林作为考察对象,数据来源于《中农经济统计》中的"各重要城市中等米售价"相关统计表格。

表 3-11 1937—1943 年主要城市中等米售价

单位:法币元/市斗

	重庆	成都	昆明	贵阳	桂林
1937 年	1.25	1.19	0.73	1.20	0.95
1938 年	1.20	1.11	1.00	0.89	1.30
1939 年	1.30	1.24	2.98	1.72	1.89
1940 年	7.07	5.24	8.87	4.73	3.23
1941 年	34.36	25.70	14.18	16.30	11.01
1942 年	53.87	43.49	66.78	40.40	36.26
1943 年	161.18	140.81	205.03	100.03	97.65
1940 年相比 1937 年倍数	5.66	4.40	12.15	3.94	3.40
1943 年相比 1940 年倍数	22.80	26.87	23.11	21.15	30.23
1943 年相比 1937 年倍数	128.94	118.33	280.86	83.36	102.79

数据来源和说明:中农经济统计[J].1944,(12):38—39.其中,年度间的数据纵向比较值系由笔者自己加工整理得到。

表3-11中为重要城市的中等米售价,从1937年至1939年米价上涨幅度并不大,除了昆明之外,其他城市增幅并不明显。具体来说,相对于1937年,1940年昆明中等米的售价是原来的12.15倍,重庆为5.66倍,成都为4.4倍,贵阳为3.94倍,桂林为3.4倍。但是到了1940年,一方面由于粮食减产,另一方面由于法币发行增加,加上战事影响,米价骤然上涨。显然,1940年成为重要的分水岭,米价之后出现巨幅上涨。1943年相比1937年,米价倍数最大的是昆明的280.86倍;贵阳最低,但也达到83.36倍;其他城市多在110倍左右。米价急剧上涨是物价普涨的一个缩影,对公教人员和普通民众的民生影响迅速、最大也最直接。

面对米价飙涨和生活所受到的巨大冲击,公务人员心理和情绪产生强烈反应。他们的心态或记载于日记中,或书写于私人传记中,但更为普遍的是,他们经常向媒体反映物价上涨和生活压力。《大公报(桂林版)》1941年9月5日曾经有一篇题为《在米的压迫下》的写给编辑的文章,字字句句都反映了底层公务人员的生活不易。

> 本市的米价,在近一两天飞涨如闪电似的一样快。在前四五天米价每担最好的不过八十五元,到今日不过相隔三四天,每担就涨到了一百一十余元,三四天当中每担就涨了二十余元,叫我们这些低级公务人员怎么能够维持一家人的生活?我当了一个小小的职员,每月薪金不过五十元,家里有六十五岁的父亲、五十岁的母亲、妻子小孩,还有一个弟弟,一家共有六口人,每天要吃四斤米,还是一餐干饭一餐稀饭,但这样还是不够吃,一天只得忍气吞声的挨饿。幸好我的弟弟卖香,每天才能维持这四斤米的生活;如果要靠我的薪水来养家,眼看得一家人要饿死! 现在的米每斤要一元,每月要吃一百二十斤米,这就要一百二十元;我每月只有五十元的收入,在这生活昂贵之下,怎么能够维持一家人的生活? 就以吃米来讲,每月就要一百二十元,还是一餐干饭一餐稀饭,就算连菜、油、盐都不吃,还要亏空六十五元。每月亏这一笔巨款,叫我想什么法子弥补呢? 抢罢偷罢,又犯了国法;做生意罢,又无资本。

饭都吃不饱,那(哪)里还有钱做生意呢?做乞丐罢,警察又要禁止驱逐。条条都无生路?难道看我们饿死吗?决不会的。我想贤明的政府,一定会设法救济。最好请政府当局:

(一)严禁商民高抬米价;(二)提高公务人员待遇;(三)优待公务人员家属,计口授粮;(四)设立公务人员子弟学校,优待公务员子弟读书,不收学费。

这样公务人员才能安心为国家服务。今天我家里早饭是用米磨成粉,煮面糊吃;晚饭的米还不知在那(哪)里。恐怕又要饿一餐了!古人云,"饱暖思淫欲,饿寒起盗心",如果政府不设法救济,不但要饿死人,社会秩序也要受到影响。我素仰贵报大公无私,是人民舆论的喉舌,必能为我们低级公务人员呼吁。所以投书贵报,请公开登载,以促政府注意。①

蓝瑞祥　桂林

这种声音发自肺腑,声声含泪,屡见于当时各大报刊。米价上涨与工资低落形成鲜明对比,使生活压力陡然增加。但是公务人员对政府还抱有一丝希望,他认为即使在这样的困难情况下,政府可能看着人们饿死吗?"决不会的"就是答案,这体现了他们一方面对生活无能为力,但另一方面也寄希望于政府实施救济,以使他们的民生得以改善。向政府提出请求,其中第一条是希望政府实施米价管理,此处所说的商民主要是指从事米业投机人士和组织,他们的投机囤积行为是造成米价上涨的重要原因,公务人员对于投机行为敢怒而不敢言。但在生活无法维持下去之时,把取消囤积投机的希望全部寄托于政府身上,他们写信给报刊或直接写信给一些行业同业公会,请求后者给予一定帮助,这种帮助主要包括维持价格和取消投机。比如桂林一些公务人员在写信给《大公报》编辑部时,写道:

---

① 在米的压迫下[N].大公报(桂林版),1941-09-05(3).

> 为了近日本市米价的飞涨,我们已在饥饿线上准备饿死了。特地写这封信,愿贵报把它公布出来,藉(借)以向社会哀诉,亦即藉(借)此向政府作恳切的呼吁。桂林向来安守秩序,但是这半月来,各样物价不断飞涨,尤其这两天来的米价,真是涨到不可想象,这其中必有原因。我们凭良心的测断,无疑的就是一般达官富人在里面操纵。
>
> 我们做公务人员的,待遇已很薄,不期日来受了生活的威胁,心乱如麻,早不保夕。而一般老百姓,简直可以说等饿死了。我们请求本省当局本过去沉毅坚强苦干硬干的精神,执行法律,以光明磊落的态度,大刀阔斧,依法从事,绝对铲除官官相通的恶风,惟有这样才能解救我们的生活。
>
> 我们最后希望政府至少要做到两点:(一)绝对不准米价续涨;(二)施用压力,抑低目前的米价。
>
> 蔚亭 桂林①

这种呼吁反映出了公务人员对于"达官富人"投机的痛恨心理。对于物价不断上涨,其生活受到极大威胁,"心乱如麻,早不保夕"。

除了请求政府实施限价维持米价之外,公务人员还有其他请求,其中最直接的就是提高公务员待遇。其实公务员即使待遇再低,也好过贫苦农民或者其他普通市民。比如在政府实施限价政策以后,只有公务员才有资格购买到所谓的平价米粮,它们比市价要低廉,可谓公务人员的特殊待遇。

但是,即使是公务人员,他们在1940年之后生活处境也每况愈下,也毫不例外地感受到了物价上涨的压力。在《陈克文日记》中,陈克文在1940年之后多次提到物价上涨形势以及自己和时人对于物价的感慨,反映了公务人员对通货膨胀的反应。对于较低级别的公务员,陈克文在1940年3月11日的日记中写道:"物价高涨,生活不安,在这样的环境之下,低级公务员的

---

① 在米的压迫下[N]. 大公报(桂林版),1941-09-05(3).

病死是自然会增多的。"①

政府在抗战期间针对公务员的生活补助问题,曾经多次制定颁布相关法令。1939年11月9日国防最高委员会第19次常会会议核定《非常时期发给公务员生活补助费办法》,其中第1条规定:在非常时期中央各级机关月薪实支200元及以下文职公务人员及雇员,一律另给每月20元生活补助,该办法自1940年1月起开始实施。② 陈克文在日记中也记载了低薪人员伙食、房租补助的办法,低薪人员每月最高可以得到40元补助费,加上以前的每月20元补助,即可得到60元。因此,之前最低薪水的职员每月工资只有40元,而到了1940年9月可以得到100元。③ 1943年9月27日国防最高委员会第120次常务会议修正了《公务员战时生活补助办法》,对于食米和代金作了具体规定,公务员可以通过所在机构,向各地粮食供应机关领取食米,每人每月准予领取数量规定如下:

  甲、年在二十五岁以下者,准领六市斗;
  乙、年在二十六岁至三十岁者,准领八市斗;
  丙、年在三十一岁以上者,准领一市斗。
  前项规定应领之食米,须按本人及其眷属人数,照每人每月食米二市斗(小口减半)。④

除了上述食米之外,还有其他生活补助费,即所谓战时生活补助费,有基本数和薪俸加成数两种,由国防委员会根据各地物价指数以及公务员生活费指数,分别核定计算。

这种生活补助,不仅大量出现在史料中,还出现在民国文学作品中,如张恨水的小说《魍魉世界》中,区氏家庭的亚雄就因为是一个公务员,有平价

---

① 陈方正编校.陈克文日记(1937—1952)[M].北京:社会科学文献出版社,2014:533.
② 非常时期发给公务员生活补助费办法[J].国际劳工通讯,1940,7(5):47—48.
③ 陈方正编校.陈克文日记(1937—1952)[M].北京:社会科学文献出版社,2014:626.
④ 公务员战时生活补助办法[J].税务月报,1943,3(5—6):61—63.

米可领,"所以全家日常吃的,几乎都是他领来的平价米。"①虽然文学作品存在一定艺术加工,其所述事实可能会与史实之间有差异,但是能够从侧面反映当时陪都重庆的公务人员生活状态。平价米是公务人员福利,抗战时期各地都有专门针对公务群体的平价米供给。所谓平价米就是由当地政府联合米粮业同业公会评定价格,或由评价委员会对米价进行限价,公务人员可以低于市场价购买到平价米。但是这种米的供给范围比较有限,"在后方大多数地方,有福气得平价的只有政府机关、学校或大的团体"②,如成都虽将平价米出售给全体市民,但是在米粮数量不足的时候,优先供应群体仅限于抗战军属、有固定住所的鳏寡孤独、残疾不能自谋生活者、贫苦无可告贷者以及收入不敷支出者等③;广东省各县只将平价米供应给政府职员、各县警察局长警、县国民兵团自卫队自卫班的官兵以及县立师范学校教职员工及师范学生等④。

公务员生活补助看似美好,都被寄望能为生活雪中送炭,但是在实际生活中,也往往不尽如人意。公务人员特别是基层工作者,并没有太多地感受到生活补助所带来的改观,相反这却引起他们对米粮限价政策的质疑。即使是较高层次的公务员,也感慨生活难度,比如在《陈克文日记》中,就可以看到他的自我解嘲,但也展现了其乐观心态,他认为和朋友同事在周末举行游艺同乐会,在"米价腾贵,百物涨价,生活极端困难的时候,借此消消大家的愁闷,当然是一件好事"⑤。而在行政院内部的伙食委员会,因为考虑到日常饮食服务的支出成本问题,要求下级职员出膳食费。就此问题,该委员会在1940年12月请示陈克文,认为下级职员眷属在公共食堂寄食的,每人每月只愿意出膳食费30元。⑥ 身为行政院参事的陈克文,也为下级公务人员的生活担忧,他还算了一笔账,以下级职员最低薪水40元或50元计算,加

---

① 张恨水.魍魉世界[M].北京:中国文史出版社,2018.
② 短评:给征属平价米[J].广西妇女,1943,3(7):4.
③ 成都市平价米粮配售办法[J].新西南,1941,1(12—13):14—17.
④ 广东省各县公教警团平价米筹给暂行办法[J].广东计政,1942,(3):31—32.
⑤⑥ 陈方正编校.陈克文日记(1937—1952)[M].北京:社会科学文献出版社,2014:647.

上生活补助费20元、伙食津贴30元和房租津贴10元,他们的总计收入不过110元左右。他认为即使每人每月只支付30元在公共食堂,按照一家三口计算,就需要缴纳90元,相对于每月总收入110元,其实仅够糊口,如果是四口之家,那就明显入不敷出了。所以,他在日记中无比感慨,"这真是一个严重问题,物价再不稳定,政府无论如何补助,总是追不上物价的。这些公务员便有不能生活下去的样子了。"①而这也存在一个两难困境,一方面是下级职员的生活不易,另一方面却是公共食堂经营的困难,因为菜蔬价格也在快速上涨,根据伙食委员会报告,如果以平价米计算,每斗价格约为6元,而菜钱每人每天至少需要8角,米菜每人每月至少需要36元,职员眷属每人只愿出30元,其实对于公共食堂来说是亏本的。日常生活中的涨价最容易被察觉到,当最简单的早点比如豆浆油条也涨价而分量更少的时候,人们就会发现生活更加不容易。在1943年1月的重庆,2元左右的早餐就可以让人果腹,而到了3月,至少涨到4元,增长1倍。②

除了必要的生活补助之外,政府还曾尝试推行公务员战时生育补助办法。因为物价高涨已经形成预期,即公务员所得连每日基本温饱问题都难以解决,生育已经成为不可能的事,因而生育补助"万不可少"③。即使公务员有生活补助费,但是在物价面前,很多人都担心生活无法维持下去,"再不能不向补助费打主意了"④。而补助费也因为物价而进行调整,其依据就是物价指数的变化。

在大后方也曾实行过限价政策,政府希望通过行政手段控制物价快速上涨,但效果并不明显,相反,在很多地区由于限价,进一步刺激了物价的上涨。1943年1月15日开始实施限价,结果却是商品供给奇缺,部分商品为了逃避限价政策而不再供应。在大后方的歌乐山及新开寺一带,竟然没有猪肉出售,陈克文在日记中认为其原因在于限价,"只可惜全国实行全面限

---

① 陈方正编校. 陈克文日记(1937—1952)[M]. 北京:社会科学文献出版社,2014:647.
② 同上. 678.
③ 同上. 703.
④ 同上. 708.

价正在开始,物资不免有逃避市场的事。"①有的地方本来物价并不很高,却因为限价而抬高了物价,因而连孔祥熙也对限价"颇有怀疑之意"②。到了该年的5月,限价所引起的物资短缺现象越来越严重,蒋介石也不得不承认限价政策失败。其实不仅失败,还造成了许多恶果,其突出表现就是各地米价暴涨,粮食缺乏,如广西岑溪谷价从1 000余元一担涨到2 000余元一担,"物价上涨之趋势,殊可惊人。"③在《陈克文日记》中,笔者发现他在多处提到公务员生活如何得了,这种担忧一直存在。其实,从客观上来说,他的担忧并非多余,以限价为例,国民政府没有从根本上解决财政货币问题,而是通过行政命令强行压制价格,完全忽视市场调节能力,自然无法取得预想效果,反而刺激物价进一步上涨。限价导致供给减少,使得民众更多地从黑市获取物资,比如1943年8月棉纱黑市已经涨到每包近20万元,阴丹士林布每尺近100元,毛巾每条70元至80元,所以公务人员都感慨"今后的物价真不知要涨到甚么程度,公务员生活如何得了"④。而对于如何改善公务员的生活待遇,政府内部有两种不同意见,除了适当补助之外,就是提供实物补助,粮食自1941年就开始施行实物发放,但提高人们生活水平的效果并不显著。

底层公务人员痛苦心理更加严重,《大公报》1943年6月22日的一篇题为《公粮与限价》的文章道尽了底层公务人员的内心苦楚。

> 我是一个薪水阶级的穷苦公务员,我家里有六十多岁的父母,还有九个没有生产力量的妇孺,每一个月的食米,最低限度要老斗一石五斗以上。
>
> 照我所住在地方的米价,需款一千二百六十元,以我一个没有学历的苦人,经过十多年苦干的结果,现在的正薪水已经获得每月二百四十

---

①② 陈方正编校.陈克文日记(1937—1952)[M].北京:社会科学文献出版社,2014:675.
③ 同上.709.
④ 同上.750.

元,再加上各种未定(只听见说,没有实际得过钱)的津贴,总计在五百三十多元的左右,如果全盘按月领到,国家对我的待遇真可说是极优厚了。

可是恪于审计会计及主管机关等的层层手续,五个月来,还只领到我一点正薪水。每个月应有八市斗食米的公粮,如果真能按照政府救济战时公务人员的德意逐月发给,还可使一般薪水阶级,收到一点实惠,但事实是相反的。我请领公粮的呈文办了好几次,但五个多月,依然是密云不雨!我一家嗷嗷待哺的十一口老少,除掉向地主哀求,忍痛接受高利借贷外,根本就不能希望我有一个钱去接济,我几次想丢掉这杆笔去充黄包车扶(夫)和小贩。又想到大家都脱掉长衫,谁来当公务员呢?

我希望省府以下的机关,对于救济战时公务人员,要赶快,要认真,否则涸辙里面的鲍鱼,已经等不及西江之水了。我对于公粮,已经感到上面切身的苦痛,当然像我一样的薪水阶级,都有同感。此外,关于限价问题:尽管最高领袖的手谕怎样严,各省当局的德令怎样多,各地执行限价的人员怎样开会,结果没有见到限价的实效,相反地,一切食用必需品,两个月来竟上涨一倍或数倍。①

可见,一般公务人员并不一定都能得到政府发给的公粮,在物价压力之下,其社会心理中除了恐慌之外,还有抱怨和失望,虽然还有对政府的请求,但是在抗战时期,这种民生诉求几乎徒劳无功。

同样,在司法界,司法人员也多向媒体求助,认为他们的生活也是"向来清苦的",如下面这一封求助信函:

生活高涨几十倍,甚至百倍,然而我们薪饷依旧是三、几十元。值此国难期间,我们只有咬紧牙,益发清勤。政府为使公务员安心供职,

---

① 尹德先.公粮与限价[N].大公报(桂林版),1943-06-22(3).

故自去年七月起,实行发给公务员家属米贴,以资救济;惟迄今整整一年,此项米贴,从未得到分文,因此老父为人看牛,妻子为人佣工,儿女停止求学,从事拾柴检(捡)薪。①

从这段求助信函中可以看到,即使是社会地位相对较高的司法人员,也同样体会到生活艰辛,他们的薪水也没有跟随物价上涨,薪金根本不够生活支出。

国民政府在制定补助生活政策的同时,积极提倡国民实行节约储蓄政策。抗战军兴,国民政府自1938年开始就在全国提倡开展节约运动,并颁布了《节约建国运动大纲》。1938年3月29日的临时全国代表大会宣言中提到:"举国人民,当以极端之节约,极端之刻苦,以从事于生产资本之累积,与产业之振兴。"②6月,孔祥熙在汉口金融谈话会上,提出节约消耗是抗战中须努力推进的工作之一。同时,在各地各级政府通令中,对于节约可能有不同的规定,但大都规定不准宴会、严禁赌娼,要求党政人员刻苦节约为民表率等,这些通令对于节约财力抗战是有益的。政府又于8月申令公务员开展节约活动,颁布《告诫公务员节约令》,要求"一切衣食住行,务循简单朴素之原则,无或稍踰",并且规定"倘有弁髦法令,阳奉阴违,一经纠举,定予严惩"。③

在1939年,蒋介石再次告诫全国:"现代战争为国与国人力物力总和之决赛,其经济物质能维持长久供给,即获得胜利;欲求贯彻抗战目的,端赖全国上下,共凛时艰,交相惕厉,实行节约,长养国力,必使一物作二物用……一钱作二钱用,方可冲开艰难之路,完成建国大业……"④1939年开始发行甲乙两种节约建国储蓄券⑤,系按照《节约建国储金条例》的规定,经财政部

---

① 司法人员呼声,米贴一年尚未领到[N].大公报(桂林版),1942-07-10(3).
② 陈锡周.公务员节约为战时节约之关键[J].边政旬刊,1940,(28):7—10.
③④ 告诫公务员节约令[J].中央警官学校校刊,1938,2(3):96.
⑤ 此处甲乙两种储蓄券,券面金额各分为五元、十元、五十元、一百元及一千元六种。甲种储蓄券是记名式,具有固定期限和利率,在购买满六个月以后,即可随意支取本金和利息。如果存至第五年年终和第十年年终,可以按照之前规定取得红利,类似于银行的定期储蓄。乙种储蓄券是不记名式,是在购买时即预付利息,期满之后按照面额兑付。两种储蓄券都由各发行行局直接向储户负责,并且由国民政府担保其本息的安全。

核准后由中央信托局、邮政储金汇业局以及中国、交通、农民三行发行。1940年国民政府中央宣传部组织"全国节约建国储蓄运动委员会",而四行联合办事处总理事会又议决设立"全国节约建国储蓄劝储委员会"以推进业务。这两个委员会设立之后,节约建国储金运动开始全面展开。1940年9月6日,蒋介石发表《节约建国储蓄告全国同胞书》,号召全国人民为了抗战的最后胜利,共同"力行节约,争先储蓄"[①]。

在全国节约储蓄背景下,公务人员是被要求实行节约的重要对象,甚至被认为是实施战时节约政策的关键所在。公务人员对此心理复杂,一方面是基于爱国情怀,认为民众节约对于抗战有利,每个公民具有节约爱国基本义务,但另一方面,却又因为所谓节约运动并没有带来真正的公正,相反出现"穷人出钱"的反常现象而不满,反映了公务人员对节约运动的抱怨心理。他们内心矛盾重重,既要支持政府的节约政策,同时因为生活质量下降以及不公现象增加,又产生了质疑和反对心理,主要表现在以下几个方面:

首先,战时节约主体确认问题。国民政府专门为约束公务人员消费而制定实行节约法令,但是他们认为自身生活水平已经下降到极致,因而无法承受节约"重任"。在《大公报》一篇《物价与节约》的社评中,可以看到这种情绪和心理:

> 在物价高涨声中,我们时常听到"节约"的呼声。在物力艰难的战时,节约本是天经地义,领袖也谆谆以"节约勤劳"勗勉国人,至再至三。按理说,自然是人人都应当节约,这难道还有例外?但事实上,我国一些老百姓的生活水平,已降低至无可更低,我们实在无从再劝他们节约,所以节约的对象应该不是他们。其次,再以公务员及一切薪给报酬的智识分子来说,在战前或许他们还可以节约。但是到了今天,在高物价的重压之下大都在饥饿线上挣扎,事实上也无从再节,节约的对象也不应该是他们。

---

① 蒋介石.节约建国储蓄告全国同胞书[J].新建设,1940,(11):2—3.

> 老实说,今天应该节约的,只有是有能力浪费的人们。而这种有能力浪费的只有是少数的囤积贪污以及生财有道的特殊人物。物价的浪潮袭击不到他们,他们养尊处优的生活也绝对不会感受到高物价的威胁。相反的,物价愈上涨,他们的荷包愈充实,渔利中饱的机会也愈多。故物价愈高,豪奢挥霍之风也愈烈。他们的豪奢是与物价成正比例发展的。①

这篇社评提到了节约主体的问题,在政府提倡的节约运动中,真正需要采取节约行动的不应该是包括公务人员在内的民众,而是"有浪费能力的人",也即具有丰富社会资源,能够转嫁通货膨胀影响的"特殊人物"。在抗战期间,大后方出现的囤积贪污大多都是出自具有一定财富的群体,他们囤积投机,生活方式奢靡,其实最应该实行节约。

其次,是如何节约的问题。他们认为节约的前提条件是民众不仅要有过剩购买力,而且还要有节制地进行消费,而当时的公务人员"就叫他们浪费也浪费不起,要不节约也不可得,因为他们根本没有浪费的能力"②。因而在这种情况下,节约运动很难开展。公务人员认为普通民众特别是中下层人士为战争付出的代价非常惨重,而一些"毒害抗战建国的奸商污吏得最大的享受"③,不同阶层为战争付出的代价不同,他们所遭受的损失也不同,因而对于爱国节约运动所承担的义务也应该有所不同。

由于物价飞速上涨,公务人员的生活受到极大影响,此时政府厉行节约政策,无疑会让公务群体更加反感。这种态度反映了他们的心理,政府提倡节约运动,却从没想过公务群体已经丧失消费能力。

第四节 教师群体的心理变化

教师群体与公务人员又存在若干差异,虽然生活同受物价冲击,但他们

---

①②③ 物价与节约[N].大公报(重庆版),1944-04-06(2).

由于身份特点和学识能力,往往对政策具有更深的理解,知识分子的家国情怀和责任担当使得他们的心理非常复杂,社会政治经济形势的变化导致他们的心理产生了巨大的变化。

一、教师群体的生活质量

教师与公务人员一样,其收入刚性决定了他们对冲通货膨胀的困难。即使是同为教师群体,中小学教师与大学教师也存在一定差异。

首先,抗战大后方的中小学教师群体,他们在比较公务人员和高校教师待遇之后,心中存有较大不满。

笔者于《大公报(桂林版)》中找到许多反映民众呼声的史料,比如桂林附近农村小学教师在1942年时的月薪只有国币48元,其他收入包括生活补助费10元以及平价米津贴80市斤。虽然政府明文规定按月发放,但除了生活费及补助费能够如期领取外,其余平价米津贴筹措相当困难,经常三至五个月都不一定能够领到。因而,很多小学教师感慨生活的极其不易,"以本县的盐、油、米价来论,虽不及桂(林)市那么高贵,但米每市斤至少也要二元五,茶油每市斤六元,生盐每市斤六元五。处在这般困苦的境况下,教师们又将怎样办法呢?"①虽然说教师群体自己认为"物质上感到痛苦,而精神却是愉快的"②,但是他们对于平价米津贴迟迟不发极有意见,内心不平自然不难理解。据《大公报(桂林版)》,到1942年10月底,桂林农村地区的中小学教师才领到6月的平价米津贴,而由于物价上涨,以7月的米津贴来买11月的米,显然购买力大打折扣。不仅如此,教师10月的薪水还被扣了10%作为储蓄券③,物价上涨而薪水被扣造成生活更加艰难。

中小学教师心中有不满,还来自与大学教师工资的比较,虽然后者在战时待遇也并没有达到很高的程度。以桂林为例,物价上涨压力之下,中学教师要求按照中央规定标准实施薪水待遇。其中所谓中央规定是指广西省政

---

① 小学教师生活,虽待调整并不气馁[N].大公报(桂林版),1942-06-25(3).
② 教员米贴问题[N].大公报(桂林版),1942-11-04(3).
③ 此处所说的储蓄券,即为节约建国储蓄券。

府为提高各级公务人员及教师待遇,从 1941 年 10 月 1 日起按照中央标准薪水规定十足发薪。但是在法规正式公布之前,广西省政府决定只对公务人员按照十足给付薪水,但是中学教师不在实施范围之内,甚至不仅没有十足发薪,还会略有减少。① 在中学教师看来,当时大学教师除月薪之外还有许多津贴,中学教师即使十足发薪,也难以达到大学教师的薪资水平。在该年 6 月,中学教师薪水还曾一度打五折支付,但各公务人员却是十足照发,这自然会使中学教师感觉受到"另眼相看"②。

那么,大学教师待遇如何呢? 同样受到物价疯涨煎熬,他们的薪水会不会像中学教师所说的那样高呢? 可以引用当时一些文章或言论来论证物价形势对于大学教师群体的影响。

首先,就是昆明九名教授对于当时形势的判断,以伍启元、费孝通和杨西孟等为代表的大学教授在抗战时期提出的观点言论颇具代表性。大后方通货膨胀日益严峻,由于物价剧烈变动,整个社会经济都呈现畸形发展,甚至达到影响败坏人心的程度。九名教授联名发表言论,提到大后方通货膨胀对于不同阶层财富的转移效应,他们认为承受物价压力的阶层除了士兵之外,就是公务员、教师和其他薪水阶层。对照物价飞涨水平,他们的薪水远不及物价的高涨程度。如果按照 1941 年的物价水准折合战前法币购买力,他们的收入最高约合战前 30 多元,最低的竟然在 10 元以下。③ 因而在他们中间,借债、典质和变卖什物已经成为普遍现象。不仅他们本身的生活水平大幅下降,他们的孩子生活也尤其可怜。最终,九名教授认为全民抗战时期,由于通货膨胀的影响,社会各阶层为战事承担着完全不同的负担,甚至出现"有钱得财,无钱出钱"的畸形现象。言外之意,也就是抗战中财富积累较多的阶层利用战事获得意外红利,即"有钱得财";而贫困阶层却无形中遭遇了通货膨胀带来的财富贬值损失,当然大学教师也不例外地承受了这种损失。

其次,大学教师薪水并没有中学教师所言的那么高。同为工薪阶层,两

---

①② 中学教员薪给,应按中央规定标准[N]. 大公报(桂林版),1941 - 09 - 30(3).
③ 伍启元等. 昆明九教授对于物价及经济问题的呼吁[M]. 北京:求真出版社,1945:12.

个教师群体都是通货膨胀受害者,大学教师生活境遇并没有比中学教师更好。1941年《中农月刊》曾发表过著名农业经济学家、中国农民银行农贷处处长乔启明的调查文章,他对成都市大学教授与木工的收入作了调查和对比。相对于教授而言,木工更具有应对通货膨胀风险的优势。木工工资可以赶得上生活费用的增长。在1941年6月,成都市的生活费用指数已达到1 655(以1937年1月至6月为基期,基期值100),木工工资指数已升至1 840,但是大学教授的薪金指数仅升至236。[①] 金陵大学农学院农业经济系曾设计了两个重要指数,即劳动负贩界生活费指数与军政教育界生活费指数,木工和教授分别属于这两个指数的考察范围。需要说明的是,木工工资虽然与劳动负贩界生活费指数并非完全一致,但是它们基本保持高度相关性,研究发现木工的工资变动弹性很大,从1939年开始劳动负贩界生活费指数上升,木工工资则随即增长。至少到1943年,劳动负贩界生活费指数上升的同时,木工工资基本都保持同步增长。[②]

当然,物价快速上涨时期,木工收入也受到影响,只是影响程度与公教群体存在差异。为了说明这个问题,这里再用劳动负贩界生活费指数和军政教育界生活费指数与法币购买力来证明两者所受物价的影响,其结果见表3-12。

表3-12 1937—1942年劳动负贩界与军政教育界的法币购买力指数比较
(1937年1—6月=100)

时间	劳动负贩界		军政教育界	
	生活费总指数	法币购买力	生活费总指数	法币购买力
1937年	97.1	103.0	79.7	100.3
1938年	95.4	104.8	105.0	95.2
1939年	125.9	79.4	157.0	63.7
1940年	435.1	23.0	444.4	22.5

---

① 乔启明.抗战对于各界人民生活之影响[J].中农月刊,1941,2(8):1—5.
② 成都市劳动负贩界生活费用及木工工资指数(民国26年至31年9月)[J].经济周讯(成都),1942,(150):168.

时间	劳动负贩界		军政教育界	
	生活费总指数	法币购买力	生活费总指数	法币购买力
1941年1月	902.5	11.1	225.4	12.1
1941年12月	2 088.2	4.8	2 032.9	4.9
1942年1月5日	1 912.8	5.2	2 110.1	4.7
1942年1月12日	1 987.4	5.0	2 110.2	4.7
1942年1月19日	1 995.9	5.0	2 131.1	4.7

数据来源：成都市生活费用指数(民国31年元月19日)[J].经济周讯(成都),1942,(112)：29.

从表3-12可见此时期劳动负贩界的生活费指数一直低于军政教育界，而法币购买力多数时候都大于后者。大学教授薪资上涨水平还远不如木工，这是指上涨速度而言，木工平均工资上涨速度快于教授工资，而后者明显落后于物价增速，因而时人感慨：唯一不贵的东西——薪水①。

最后，是对教师群体生活质量的冲击，可以视为通货膨胀的直接影响，生活质量每况愈下，物价总体上涨压力和福利损失。除了检索民国期刊和报纸，还可以在民国日记、文集、回忆录、书信和自传等多种不同文献中找到证明教师群体生活质量变化的史料内容。但是由于资料过于散乱和碎片化，资料整理的难度较大，因而本书只能选择具有代表性的文献作为研究对象。所采用的文献主要包括《吴虞日记》《顾颉刚日记》《吴宓日记》等，本节余下部分即专门关注这一个问题的论述。

二、教师群体的社会心理及其嬗变过程

从教授或其他文人的日记或回忆录中，可以看到他们的内心世界。背井离乡来到大后方继续奉献于教育事业，但是每天面对着日益上涨的物价，他们中的很多人将心情和心态以日记或书信等形式记录下来，生活艰辛跃然纸上，令人唏嘘。

作为薪水阶层，他们与其他市民或农民具有不同特点，有的学者认为在

---

① 唯一不贵的东西：薪水[J].潮声,1943,2(3)：58.

抗战大后方,农民所受通货膨胀的冲击相对来说较小。比如方显廷认为由于农村的封闭以及自给自足,农民所受影响较小,而固定收入阶层,主要是教师及政府公务员则经受巨大的艰难困苦。[①] 笔者也持相同观点,但不同于以往分析,不局限于以数据说明他们生活质量的降低,而是从心理方面考察他们的行为。这是出于以下三个方面的原因:

首先,较高的文化水平,知识分子的清高性格,使得他们面对生活的窘迫,容易产生失落心理。生活方式剧变和生活水平的悬殊,改变了他们对于生活的理解。

其次,他们具有较高理解社会政治经济的能力,能够从学理上分析政府相关政策的得与失,并且敢于发出自己的声音,争取自身及群体的合法利益。维权行为也是社会心理变化的结果,或者说是内心直接反应。

最后,教师知识分子群体的心理能够代表社会主流心态,他们的心理嬗变过程,从某种程度上代表了民心向背转变的历程。从全面抗战开始到国共内战结束,物价上涨引致的生活水平低落,伴随着社会、经济、货币政策的变化,教师群体的社会心理经历了从期盼、支持、失望到绝望的变化过程。

(一) 全面抗战初期物价低廉时期的优越感

教师群体心理中最突出的表现就是焦虑,而且焦虑的产生有一个变化过程,随着通货膨胀形势日益严峻而逐渐加深。在初到大后方之时,他们并没有过多焦虑,相反还有一种优越感,因为发现西南大后方的物价远低于东部地区,甚至认为后方是物价天堂,这种心态主要出现于1939年以前,有的学者认为这是教师群体的亢奋心态阶段[②]。出现这种心理,原因在于他们空前高涨的抗日救国热情以及对于抗战形势的过于乐观,相对低廉的物价则是这种心理的催化剂。

[①] 方显廷. 方显廷回忆录[M]. 北京: 商务印书馆, 2006: 145.
[②] 郭川. 抗战大后方公教人员日常生活及心态嬗变研究[D]. 重庆: 西南大学, 2017: 137.

为了说明后方物价相对低廉,这里首先引用《中农经济统计》的数据,选择主要城市1937年至1940年中等米的零售价格作分析,中等米价格的变化具有代表性,因为它是重要民生商品,与民众关系紧密,直接影响到人们的生活水平,考察对象为重庆、成都、昆明、贵阳和雅安。这五个城市中等米价格的变化见表3-13。

表3-13 1937—1940年西南主要城市中等米零售价格变化

时期	重庆	成都	昆明	贵阳	雅安
1937年上半年	1.32	1.25	0.75	1.41	0.81
1937年	1.25	1.19	0.73	1.2	0.82
1938年	1.2	1.11	1	0.89	0.95
1939年	1.3	1.24	2.98	1.72	1.37
1940年	7.07	5.24	8.87	4.73	5.39

数据来源和说明:中国各重要城市中等米零售价格表[J].中农经济统计,1942,2(11—12):56—57.表中数字单位是国币元/市斗。

表3-13中,五市中等米零售价格在1940年之前的变化都很小,除了昆明和雅安米价略微低于1元之外,其他城市米价基本保持在1.3元每市斗左右,而在1940年突然激增数倍以上。比如重庆,1939年每市斗中等米售价仅为1.32元,到了1940年增加到7.07元,增长了约4.36倍。

而从教师日记或传记中,则可看到他们对于全面抗战初期大后方生活的美好回忆,其原因在于物价的低廉。如著名细胞遗传专家李先闻在《抗战期间四川九年》一文中,回忆了1938年春节之后在成都郊外稻麦改进所的生活,"吃的是包饭,六块大洋一月。……我的薪水是三百六十九元一月,因抗战关系,发薪七折八扣,这样我每月还有将近两百大洋的收入,生活相当富裕。"①旅美散文家柳无忌在《南岳山中的临大文学院》一文的回忆中,讲述了他在南岳山中的临时大学②文学院的生活,日记中写道:"工友去南岳市上给我买来了鸡蛋36枚,橘子39只,花生一大包,仅费洋一

---

① 李先闻.李先闻自述[M].长沙:湖南教育出版社,2009:117.
② 此处的临时大学即七七事变之后,北京大学、清华大学和南开大学在长沙成立的临时大学。

元。这时国币真值钱！"①柳无忌在日记中对于南岳衡山的抗战临时大学生活比较满意，虽然工资在战时受到损失，但总体来说"生活比较充裕"。此处所说的工资损失，是因为大学教授的月薪平均水平为法币350元，但是在长沙的临时大学只发了270元，约相当于原来的七折。

由于大后方的闭塞，物价也呈现区域性差异，最明显的就是西南物价要比东部城市的物价低，以至于很多迁往后方的大学教授对于当地物价产生了"误解"，以至于后方很多地方因为他们的到来而造成物价立即上涨，最典型的一个例子是朱东润教授关于刚到乐山时，对当地物价的比较有趣的回忆。武汉大学西迁到乐山之后，当地民众称呼教师为"中央人"，意思就是他们无论经济还是社会地位都比较高，在当地民众眼中所谓的"中央人"都是"有钱人"，连朱东润教授也认为即使这些"中央人"工资因抗战打了六折，生活水平也高于当地民众。他在自传中提到一件租房趣事，在乐山租房问房东房租价格，回答仅要50元。租客觉得50元房租过高，但得知原来是一年的房租才50元，顿时感觉"我还当是每月五十元呢，是太便宜了"②。但是随后他们就发现房租全部上涨，因为当地人发现这些教授都是"财力雄厚"，自然能够承担如此"高昂"的房租。

不仅如此，他们在外吃饭还感觉到菜价太便宜，结果又造成菜价普遍上涨。据朱东润教授回忆，1939年四川物价比较便宜，他们的生活很安定。③而在乐山人眼中，来自武汉大学的"中央人"收入很高，"男的月薪一千元，女的月薪八百元。"④而在昆明，由于货币问题，更显得当地物价低廉。1937年前昆明通用法币和云南富滇银行发行的新滇币。新滇币与法币兑换比例为2∶1，即2单位新滇币只能兑换1单位法币，持有法币可以兑换更多数量的新滇币，从沦陷区来到昆明的民众发现用法币衡量的物价极为便宜。如西南联大语言学家赵元任的夫人杨步伟，在昆明因为使用新滇币购买物品，发

---

① 南开大学校史研究室.抗战烽火中的南开大学[M].开封：河南大学出版社，2015：357.
②④ 朱东润.朱东润传记作品全集(第4卷)[M].上海：东方出版中心，1999：238.
③ 同上.235.

现"物价便宜的不得了"。

从上述几个例子,我们看到在 1937 年至 1940 年之前,大后方物价处于较低水平,因而教师群体有了一种心理优越感,在心态上也比较轻松。他们因为物价相对较低而感到生活水平不断提高。这种心理是基于一种对比,全面抗战爆发之后,他们都从经济相对发达的东部地区来到大后方,教师薪资水平相对于大后方普通民众的收入显然要高,再加上部分地区比如昆明的货币存在差异,这些因素共同导致他们对于当时的生活水平比较乐观。

(二) 物价上涨过程中的心理落差

但是好景不长,大后方物价低廉只是短暂的现象,人们的轻松心理维持时间并不长,从 1939 年已经开始出现物价上涨的趋势,1940 年更是一个重要的转折年份,物价快速上涨导致教师群体的心理产生巨大落差,以往的优越感逐渐成为回忆,而生活的艰难和窘迫成为他们迷茫、焦虑和痛苦的根源。正是基于这种心理,他们所采取的各种行为,有的理性,有的却并不理性,行为选择合理与否是心理状态的直接反应,通货膨胀对教师群体的压力不断增加,从乐观到失落,心理落差让他们措手不及,也使他们从最初的乐观与憧憬中醒悟过来,开始面对通货膨胀冲击。

1. 物价上涨的阶段性和非均衡性特点

从时间段来说,1940 年至 1942 年为物价上涨的第一个阶段,珍珠港事件是一个重要转折点。1942 年之后的物价增速明显加快,1942 年至 1945 年可视为抗战时期物价上涨的第二个阶段。

以重庆为例,以 1937 年 1 月至 6 月为基期,基期值 100,到 1937 年年底其趸售物价指数为 110,1941 年年底则上涨至 1 690。重庆屡次遭受日机轰炸,战争破坏成为物价上涨的重要原因。1939 年 5 月遭受"五三"和"五四"大轰炸之后,重庆物价更是涨势迅猛,衣着类和食料类增加最快,该月两类的物价指数分别达到 251 和 138.8[①]。而到了 1942 年,重庆物价指数更是

[①] 物价统计:重庆零售物价指数[J]. 中农经济统计,1942,2(7):29.

快速上涨到 5 100,比一年前的 3 倍还多。①

大后方不仅物价上涨,而且表现出非常明显的结构差异性和非均衡性。首先是不同性质物品之间的价格的差异性。比如重庆 1941 年 6 月时,西门子花线的价格已较战前增加约 377 倍,而桐油价格仅较战前增加 6 倍余,配箱黑猪鬃仅较战前增加 8 倍有余,陕西细绒棉花增加不到 13 倍。② 其次,是物价与工资薪金的失衡。在趸售物价平均已经较战前增加数十倍乃至 100 倍的时候,职称较高的教师和公务员的薪水,也仅较战前增加 3 倍。最后,是各地物价间的失衡。有的学者根据调查,发现米在湖南的价格只相当于四川的一半,而四川盐价却只有湖南的一半。即使在同一省,价格也相差很大,四川壁山 1942 年 10 月 20 日的米价每石为 573 元,而在巴中地区的通江、南江仅为 216 元。③

大后方物价普遍上涨,原因首先是供求关系的剧烈变化,大后方人口数量增加导致需求增加,大量工厂西迁也增加了物资需求;而供给方面,1940 年粮食减产是最重要的原因之一。其次是运费成本问题,交通不便导致香港和上海等地物资很难到达大后方,特别是武汉和广州沦陷之后,后方与海外交通联系难度大大增加,多以公路运输为主,物品运费高昂。据赵兰坪的研究,从昆明到重庆,运输物资每吨大约需要 1 200 元,而全面抗战之前,及至 1937 年,运输物资每吨价格则不超过 150 元。④ 最后是囤积问题,囤积和物价上涨互为因果,两者相互推动,在战时形成恶性循环。除了这些主要原因之外,当然还包括其他原因,比如汇率影响等。

2. 物价上涨第一阶段教师群体的焦虑和迷茫心理

以 1942 年为时间界线,1939 年至 1941 年间可谓百物飞涨,直接造成教师群体生活质量日益下降,他们产生了生活和工作担忧,焦虑和不满情绪逐渐增强。他们的心理已经完全不同于全面抗战初期,心态随着物价上涨而

---

① 物价统计:重庆成都与昆明趸售物价指数[J]. 中农经济统计,1945,5(3):77.
② 伍启元. 当前物价问题的性质[J]. 新经济,1942,8(1):1—5.
③ 黎名郁. 试论物价高涨的原因[J]. 新经济,1942,8(4):4—8.
④ 赵兰坪. 我国后方物价上涨之原因[J]. 经济汇报:物价问题丛刊,1941,(7):4.

发生变化。之前的乐观情绪荡然无存，教师群体的普遍心理是焦虑和迷茫，甚至还有恐慌。

这些知识分子群体，他们的生活在1940年年底彻底发生了改变，之前生活相对安定，战时物价上涨使他们感觉到了危机的深重阴影，西南联大可以作为一个最重要的分析对象。杨西孟统计了昆明市大学教授的薪津，不仅考察了薪津增长数量，而且剔除了物价因素，从而得到他们的真实薪津水平，数据颇具说服力。他认为西南联大教授的生活变得极其艰苦，单纯从数额上来看，薪津似乎是增长了，但真正购买力不仅没有增长，反而降低。以至于有些教授认为他们刚到昆明时，如果跟别人说工资是每月300元，当地人会很惊奇地说工资太高了；过了两年之后告诉别人月薪是800元，而别人同样很惊奇，因为工资太低了。[①] 两种截然不同的反应，足以说明这些教师的工资远落后于物价增长速度。杨西孟的统计数据，以西南联大中等薪金四口之家的津贴为标准，所考察的指标包括生活费指数、薪津约数和薪津实值三项，其数值见表3-14。

表3-14 1937—1945年昆明市大学教授薪津约数和实值
(1937年1—6月＝100)

年月	生活费指数	薪津约数	薪津实值
1937年上半年	100	350	350.0
1937年下半年	108	270	250.0
1938年上半年	115	300	260.9
1938年下半年	168	300	178.6
1939年上半年	273	300	109.9
1939年下半年	470	300	63.8
1940年上半年	707	300	42.4
1940年下半年	889	330	37.1
1941年上半年	1 463	400	27.3
1941年下半年	2 357	770	32.7
1942年上半年	5 325	860	16.2

① 王春瑜.古今掌故[M].成都：四川省社会科学院出版社，1986：208.

续 表

年月	生活费指数	薪津约数	薪津实值
1942 年下半年	12 619	1 343	10.6
1943 年上半年	19 949	2 180	10.9
1943 年下半年	40 499	3 697	9.1
1944 年上半年	82 986	9 417	11.3
1944 年下半年	143 364	17 867	12.5
1945 年上半年	430 773	56 650	13.2

数据来源和说明：转引自杨西孟.九年来昆明大学教授的薪津及薪津实值[J].观察,1946,1(3)：6.对原始数据有所删除，即舍去了1945年下半年之后的数据。

表3-14中可以看出，从1937年下半年至1945年上半年，西南联大教授薪资水平从270元增长到56 650元，增长了大约209倍，但是实际薪资却从250元跌到了13.2元，也即1945年上半年的56 650元薪资只相当于1937年的13.2元。但是，杨西孟所统计的只是相对数，缺乏具体物品的价格统计。

再看具体物价的变化情况。自1939年夏天以来，物价开始迅猛增长，1937年初每斤大米价格仅为4.5分，到了夏季增长到1角8分，增长了3倍。到1939年年底，不仅米价涨到3角3分，其他民生物品价格也是飞速上涨，比如面粉由1937年的每斤1角1分涨到5角4分，猪肉则从每斤2角6分涨到1元6角2分，涨幅惊人。同样，日用品价格也经历了快速增长，白布由每尺1角涨到1元零4分，布鞋每双从3角涨到2元9角4分。[1]

在西南联大，全面抗战刚开始之时，物价上涨幅度有限，学校温饱不成问题。据当时学生回忆，联大刚搬到昆明之后，市场上菜、肉、鱼等供应很足，每人每月花七八元就能吃得很好。[2] 联大于1939年9月制定了补助办法，主要针对月薪200元以下的教职员发放临时补助，梅贻琦校长在常务委员会会议中作报告，认为三校到滇教职工月薪在200元以下者，几乎到了入不敷

---

[1] 陈明远.文化人与钱[M].天津：百花文艺出版社,2001：183.
[2] 中国人民政治协商会议河北省委员会文史资料研究委员会.河北文史资料(第18辑)[M].石家庄：河北人民出版社,1987：129.

出的境地,后经由沈履、郑天挺和黄钰生三人会商三校暨联大教职员制定临时办法6条,规定凡月薪低于200元的专任教职员每人可获临时补助50元。①

到了1940年,由于粮食供应减少和物价上涨,全校师生开始感觉到生活异常紧张。米粮供应也因米价飞涨而受到极大影响,"米价早晚不同,竟至断市。"②粮食供应不足,梅贻琦校长建议确保联大师生不致断粮,每月每户提供1石6斗米粮。③考虑到北大和南开教师艰辛,在昆明生活极端困难时期,梅贻琦还在年终时送给其他老师相当于一个月工资的馈赠。④教授们都认为生活极其困难,无法与战前环境相比,如金岳霖这样的美食家也只能偶尔弄点西餐解馋。⑤而身为教育部专聘教授的陈寅恪,同时又身兼中央研究院院士,他的薪水待遇要远高于一般大学教师,但他也感觉到生活的困苦,可见当时教师的生存艰辛。他于1940年元宵节写了一首非常有名的诗,即《庚辰元夕作,时旅居昆明》,虽然元宵节很热闹,但是陈寅恪内心却尤为郁闷,在诗中流露出了对物价上涨的忧虑,"淮南米价惊心问,中统银钞入手空",非常形象地描述了对于生活窘况的担忧。

面对货币快速贬值现状,为了避免收入进一步缩水,有些机构开始停发纸币工资,而代以直接发放实物。有些教授能够得到稿费,但是也无法满足生活的需要。如朱德熙在回忆王力教授时,曾说过王力教授的夫人从家到商务印书馆取《中国现代语法》一书的稿费时,发现稿费连付路费都不够。⑥在当时,有人戏称西南联大教师"十儒九丐"⑦,迫于物价上涨和生活异常困难的压力,不少教师做起了所谓的兼职以谋生计。比如闻一多在1940年每月薪水仅够十天半月的开支,基本靠从学校透支糊口,甚至将家中除衣被之外的物品都变卖掉。⑧之前刻印对闻一多来说只是兴趣爱好,但此时迫不得

---

① 王文俊.国立西南联合大学史料(教职员卷)[G].昆明:云南教育出版社,1998:512.
② 全国政协文史资料委员会.昔年文教追忆[M].北京:中国文史出版社,2006:244.
③ 吴洪成.生斯长斯,吾爱吾庐:清华大学校长梅贻琦[M].济南:山东教育出版社,2004.
④ 郑天挺.及时学人谈丛[M].北京:中华书局,2002:556.
⑤ 陈明远.文化人的经济生活[M].西安:陕西人民出版社,2013:239.
⑥ 朱德熙.悼念王力师[M]//冯友兰等.联大教授.北京:新星出版社,2010:46.
⑦ 罗新元.老昆明的故事[M].昆明:云南民族出版社,2001:166.
⑧ 苏智良.中国抗战内迁实录[M].上海:上海人民出版社,2015:185.

已公开挂牌刻印,联大校方认为他的行为有辱斯文,但他却认为刻章已经成为解决他生计困难的重要手段。① 为了应对物价上涨带来的生活压力,教师寻求兼职机会以贴补生计,这逐渐成为一种普遍现象。除了闻一多的制印绝活之外,其他教师也在寻找兼职工作或变卖物件等,比如冯友兰和罗常培卖书法作品、朱自清和王力变卖文稿等,而没有一技之长的普通教师只好到其他高校或者中学兼职任教,甚至有些到有钱人家做家庭教师。当教师们发现他们所得工资虽然逐月增加,但所有纸币号码都是连续的,心里早已感觉到通货膨胀的到来,收入已经不能维持最低的生活,所以"校外兼差成为唯一自救的办法"②。在《中国抗战内迁实录》一书中提到昆明一家非常有名的包子铺,就是联大一教授的副业。③

此时,联大还专门成立了合作社,公开卖文卖字卖图章。④ 1940年11月,西南联大教授联名上书政府要求改善待遇,教育部决定对兼任行政职务的教师给予特别办公费,相当于额外特别福利。时任联大文学院院长的冯友兰认为这项特别办公费只会增加矛盾,所以他并没有接受这笔福利费用。其实,他们一家在昆明的生活相当贫寒,只能"始以积蓄补贴,继以典赁接济"⑤。相对于教授而言,年轻助教生活更是艰苦,他们工资比教授少,在饮食上只能与学生一起自办"饭团",生活相当清苦。很多助教还需要到中学去兼职任教,以解决最基本的生活问题。以至于在昆明流传着这样一句话,即"什么最便宜? 助教、邮票!"⑥,虽然只是一句调侃,但透露出大学助教收入低下和对生活艰难的无奈。助教鲁溪在《联大八年》中写到,物价导致生活压迫,是每一个在联大教书的人都会遇到的问题,"不管物价涨了多少倍,薪金的增加总不出百分之几,几倍和万分之几相比,生活就自然愈来愈困难了。"⑦

---

① 陶方宣.历史的辫子:陈寅恪与王国维[M].北京:新华出版社,2016:179.
②⑦ 西南联大《除夕副刊》.联大八年[M].北京:新星出版社,2010:75.
③ 苏智良.中国抗战内迁实录[M].上海:上海人民出版社,2015:185.
④ 陈平原.怀想中大[M].广州:花城出版社,2014:224.
⑤ 田文军.冯友兰[M].北京:群言出版社,2014:249—250.
⑥ 中国人民政治协商会议河北省委员会文史资料研究委员会.河北文史资料(第18辑)[M].石家庄:河北人民出版社,1987:126.

即使是教授也受困于物价昂贵,昆明实际薪资水平在大后方也属较低水平,众多大学教授不得不消耗早先储蓄,典卖衣服以及书籍,"卖稿卖文、营养不足、衰弱、疾病、儿女夭亡……换句话说,经常的收入不足,只有消蚀资本,而最后的资本只有健康和生命。"①过分节俭实属自然,如沈从文在给别人寄书稿时,为了防止超重而省邮费,将原稿的四边裁去只剩纸芯,这样就可以少付邮费。②

在重庆,1937年米价仅约13元一石,而中央大学教授中工资最高的每月有360元,即使是助教工资也有70元。到了1941年,重庆米价已经增长到300元一石,而中央大学教师工资增长却仅在10%至20%之间,这无疑让所有教师生活受到极大影响。1941年时任中央大学校长的罗家伦教授,看到教师工资现状也颇为感慨,曾经说过:"我们学校穷,同人也穷,我们只能以感情相维系,以大义相劝勉。"③著名经济学家方显廷其时任职于重庆南开经济研究所,也不得不在重庆与郊区不同的研究所之间往返工作,他在回忆录中写到目的在于"挣得足够的薪金,应付在通货膨胀条件下的高昂生活费用"④。

在成都,《吴虞日记》中有大量对于成都米价的记录,从中可发现1940年之后米价逐月变化过程。1940年11月2日,成都米价为241元每石。而在次年4月,米价已经涨到每石410元。1941年5月11日,吴虞在日记中写道:"今日米六百一十元,菜子三百一十元……外间嚷要吃大户,此乱机也。"⑤到了11月11日,米价则涨到每石740元。1940年11月至次年11月一年间,米价从241元涨到740元,涨幅为207%。仅仅一年时间,成都米价涨至原来的3倍还多。

以大米为代表的民生物品价格飞速上涨,导致了众多人士的焦虑和担忧。如叶圣陶在1941年4月30日的日记中写道:"得通伯、东润⑥信,于米

---

① 杨西孟. 九年来昆明大学教授的薪津及薪津实值[J]. 观察,1946,1(3):6.
② 龙协涛. 京华心影:汪曾祺散文精选(上)[M]. 深圳:海天出版社,2006:71.
③ 许小青. 诚朴雄伟　泱泱大风:中央大学校长罗家伦[M]. 济南:山东教育出版社,2012:279.
④ 方显廷. 方显廷回忆录[M]. 北京:商务印书馆,2006:128.
⑤ 吴虞. 吴虞日记[M]. 成都:四川人民出版社,1986:853.
⑥ 通伯即为陈源,而东润指朱东润。

价之高涨,社会秩序乏不易维持,皆深忧虑。"①叶圣陶自来到重庆之后,就一直和留在上海等地的朋友保持通信联系,这一部分信函现已出版,都冠以"渝沪通信",而他从乐山寄出的信函则冠以"嘉沪通信"。据《叶圣陶传》,他与朋友的书信来往中,许多内容都与日常生计有关,特别是关于物价问题的交流和讨论。② 由于是与朋友间的交流,情感自然比较真诚,是内心的坦诚交流,因而所述内容真实性和可信度较高。

陈岱孙教授在他的文章中提到抗战是一项长期国策,抗战胜利需要靠国内经济的支持,而不是军事力量。物价剧烈高涨,"对于人民的生计,政府的财政,广言之,整个国内的经济机构,俱产生深切的影响。"③战时通货膨胀导致的物价飞速上涨,不只影响到人们的生活,还关系到抗战形势变化。对于众多教师来说,在经历了生活质量的日益下降之后,他们对抗战形势产生了迷茫心理。相比之前的纯粹焦虑,此时他们对战争形势的预期变差,全面抗战初期的信心和空前高涨的热情也逐渐消失,行为也在发生改变。

不仅如此,政府高层也开始关注物价所带来的恶果,蒋介石在1941年4月27日的日记中写道:"物价高涨,粮米奇贵。"④政府已经意识到物价上涨趋势,但并没有采取措施遏制通胀趋势恶化。张嘉璈认为战时国民政府即使采取反通胀措施,效果也不会明显,因为政府根本一直没找到通胀的根本原因,而将反通胀的措施全集中于货币领域。由于银行体系的不健全,无论是吸引公众银行储蓄还是购买公债,都无法在货币领域成功实现减缓通胀的目的。⑤ 也正因为如此,即使高层已经意识到物价的严峻形势,但是所作的努乏善可陈。

虽然存在对生活水平下降的焦虑,以及对抗战形势的悲观,但教师群体出于对事业的热爱,在极度艰苦的条件下还能坚持教学科研工作,实属不

---

① 商金林.叶圣陶年谱长编(第2卷)[M].北京:人民教育出版社,2004:167.
② 刘增人.叶圣陶传[M].北京:东方出版社,2009:186.
③ 陈岱孙.物价、财政与建设[J].新经济,1940,4(10):4—8.
④ 蒋中正日记1941.抗战历史文献研究会,2015.
⑤ 张嘉璈.通胀螺旋:中国货币经济全面崩溃的十年(1939—1949)[M].北京:中信出版社,2018:277—278.

易。在《联大教授》一书中,众多当年的师生集体回忆西南联大的教授,其中除了缅怀他们对于中国高等教育事业的无私奉献之外,还有对当时异常艰难生活的不堪回首,"物资匮乏,通货膨胀,教师们在工资收入只以应付家庭的小部分支出的处境下,还能把教育事业办好,是要有点精神的。"①以至于在他们生活中,经常是"教授教授,越教越瘦"②。

3. 通货膨胀严重恶化下教师群体的内心绝望

1941年太平洋战争的爆发促使物价再一次快速飞涨,随后大后方通胀形势进一步恶化,教师群体心理从焦虑转向恐慌,不仅对生活质量和经济形势感到恐慌,而且开始质疑政府,信心丧失甚至是内心绝望。

此时,全面抗战已经持续了四年之久,大后方教师的心理变化,也呈现高开低走趋势。从1942年开始,他们的生活更加窘迫,即使有再高的爱国和工作热情,内心的苦闷和痛苦都加剧了他们对政府的不信任。知识分子仍然坚持以自己的力量为抗战作贡献,其实他们内心无比煎熬,甚至是仅仅依靠信念支撑着他们的工作,应对物价上涨的行为与之前相比也更加艰难。

在表3-14中已经提到过教师实际薪资的变化情况,自1942下半年开始生活费指数骤然从5 325涨到12 619,不到半年涨幅达到136.98%,而之后生活费指数更是涨到了1945年的430 773。巨大生活压力让教师群体生活形势更加严峻,提高生活待遇的呼声也快速高涨。

教师群体生活困难,政府部门开始制定教职员奖助办法。1942年教育部制定颁布《专科以上学校教员奖助金办法》,目的在于奖励有成绩的专科以上学校教员研究著述,以减轻他们战时生活上的困难。该奖项共设甲乙两种,其中甲种奖助对象为具有优秀科研成果的教员,而乙种奖助对象则是家境特别困难或生活上有特殊需要的教员。乙种奖助金又分为补助和借贷两种,其对象分别是生活困难无法维持者和患病所付医药费需要补助者。③

---

① 陈南平,张远东. 西南联大机械系回顾[M]//冯友兰等. 联大教授. 北京:新星出版社,2010:233.
② 顾迈南. 华罗庚教授在西南联大[M]//冯友兰等. 联大教授. 北京:新星出版社,2010:139.
③ 教育部设置专科以上学校教员奖助金办法[J]. 国立中正大学校刊,1942,3(4):3—4.

抗战胜利之前,教育部还为国立专科以上学校教员学术研究提供补助费,其历年数额可见表3-15。

表3-15 1943—1945年国立专科以上学校教员学术研究每人每月补助费标准

单位:元

职称\年份	1943	1944	1945
教授	500	1 000	2 000
副教授	380	760	1 500
讲师	250	500	1 000
助教	130	260	500

数据来源:转引自吴圣苓.师典[M].上海:上海人民出版社,2004:507。

据《国立西南联合大学史料》显示,很多教授都申请了乙种奖助金,其中凌达扬教授申请数额最多,为2 500元,华罗庚也因为生活困难申请了1 200元,而朱自清等教授则希望以最高额度申请奖助金。[1]

教育部各种奖助金,在一定程度上可以缓解教师生活压力。从表3-15中可以看到,1943年至1945年学术研究奖助金数额逐年翻番,但是这种数额能否满足教员的生活所需呢?换句话说,奖助金加上月薪的增长速度是否快过物价上涨速度?如果月薪加上各种补助涨速远不如物价,那教师的生活质量显然没有得到实质提高。在此,以公务员生活指数近似表示物价上涨程度,表3-16体现了昆明公务员生活费指数情况。

表3-16 1941—1945年昆明公务员生活费指数(1941年10月=100)

时期\类别	总指数	食物类	衣着类	房租类	燃料类	杂项类
物品项目	39	10	6	12	2	9
1941年	112.72	120.22	113.33	100	127.7	106.23
1942年	321.84	282.52	342.82	307.25	314.67	352.66
1943年	1 001.82	814.05	1 042.07	1 097.56	978.59	1 137.25

[1] 王文俊.国立西南联合大学史料(教职员卷)[G].昆明:云南教育出版社,1998:528.

续 表

时期 \ 类别	总指数	食物类	衣着类	房租类	燃料类	杂项类
1944 年	3 155.8	3 176.21	3 182.47	3 636.46	2 838.55	3 091.79
1945 年	16 481.39	18 901.98	13 989.06	19 283.64	18 310.82	14 333.69

数据来源和说明：转引自昆明市公务员生活指数比较表[J].昆明市公务员生活费及生活指数，1947,6(1—3)：18。原表中1945年之后的数据已经省去。

表3-16中以公务员生活费指数作为替代指标，可见其生活费总指数逐年快速增长，1945年是1944年的5倍还多，其他明细分类增长幅度也很大。另据食品价格统计，1941年10月昆明中等熟米每市斗售价12.55元，1945年12月已经涨至2 768.89元；再如猪肉也是从1941年的5元每市斤涨到987.91元每市斤。①

生活费指数飙升，引起了教师群体对于生计更深的担忧。不仅昆明物价上涨，连西南联大分校所在地的叙永也同样面临生活压力。叙永虽只是一个小县城，但物价上涨远甚于昆明。1941年1月10日，叙永分校的王裴庆等教师致函杨振声主任，内中提到"在昆明之日，每月伙食至多为三十五元，此间包伙至少须六七十元，而蔬菜质量远逊从前……生活用品，亦均较昆明高出一倍"②，因而希望学校能够根据区域间的物价差异公允处理。后来杨振声主任呈函联大常务委员会，请求每人每月增发津贴60元。校方也考虑到教师生活不易，为缓解生计窘迫，由学校设法筹款垫发教师及其家属1940年全年米贴，并且从1941年开始逐月调查米价，按照市价酌情增减。因为叙永米价相对昆明为高，米贴作适当调整，标准要比昆明稍高。从联大的处理方案来看，联大比较顾及教师同仁生活，抗战实属国难，生活艰苦卓绝，学校也是从设法筹款到尽量解决教师生计困难问题。

但是物价不断上涨，增加薪水和津贴都只能缓解一时压力，可谓杯水车薪，战时特殊环境加上政府的货币政策，无法从根本上缓解物价上涨压

---

① 王文俊.国立西南联合大学史料(教职员卷)[G].昆明：云南教育出版社,1998：559.
② 同上.537.

力,所以教师要求增加待遇的呼声日益高涨。教师对于学校常务委员会的请求,已经被学校上报给教育部。太平洋战争爆发之后,昆明等地物价处于新的上涨阶段,联大常委会在致教育部函件中详陈物价形势,一方面是物价上涨,而另一方面却是政府对于教师工资的折扣,"同人等薪津平均每月不及六百元"①,无疑更加降低了教师生活标准。特此补充一下,联大常务委员会所言已极为客气和谨慎,所谓的平均600元,其实远远不及这个水平,在1941年能够达到薪水600元的,仅有梅贻琦、蒋梦麟和张伯苓三人,他们每月薪水是660元②,而其他众多教师即使是教授也达不到600元,更何况职称相对更低的教师和职员。从表3-14和表3-16中可以看到教师工资的实值和高昂的生活费指数情况,相较之下,教师生活标准日益下降。

为了说明抗战期间的联大教师工资水平,本书依据西南联大相关史料,按照职称对1942年和1944年间的联大教师工资进行了简单统计。囿于资料有限,统计只能选择代表性教师,并以职称作为分类依据。即使同一职称,由于教师岗位级别、年龄和工作年限等方面存在差异,他们的工薪水平也不完全一致,统计目的在于考察教师薪水与物价增长之间的悬殊差距,见表3-17。

表3-17 1942年和1944年西南联大不同职称教师工资水平

单位:法币元

姓名	职称	年份		姓名	职称	年份	
		1942	1944			1942	1944
罗常培	教授	470	590	杨武之	教授	470	590
杨振声	教授	470	590	华罗庚	教授	410	510
王力	教授	430	540	吴大猷	教授	470	590
浦江清	教授	390	490	曾昭抡	教授	470	600
闻一多	教授	470	590	陈岱孙	教授	480	600

---

① 王文俊.国立西南联合大学史料(教职员卷)[G].昆明:云南教育出版社,1998:544.
② 同上.99.

续 表

姓名	职称	年份 1942	年份 1944	姓名	职称	年份 1942	年份 1944
吴宓	教授	480	600	伍启元	教授	420	530
郑天挺	教授	470	590	潘光旦	教授	470	600
周定一	助教	125	170	沈从文①	副教授	350	440
冯友兰	教授	480	600	金岳霖	教授	470	590
朱自清	教授	470	590	吴晗	教授	380	480

数据来源和说明：以上数据全部来自王文俊.国立西南联合大学史料(教职员卷)[G].昆明：云南教育出版社,1998,根据教职员名册相关材料整理而得。

表3-17中，绝大部分教授工资水平并不高，即使到了1944年，工资达到600元的也并不多，当时工资最高的是身为常务委员的三位校长(表中未列出，即张伯苓、蒋梦麟和梅贻琦)，但也只有710元。以1942年为例，有清华大学档案史料《昆明教授家庭最低生活费的估计》，这个估计的依据是1942年11月的昆明物价，而估计方法有两种：一是利用昆明简明生活费指数，1937年上半年指数为100，到了1942年11月则为14 828，假定战前教授家庭每月最低生活费为50元，到了1942年则为7 414元；而另一种计算方法，是根据1941年行政院制定的公务员每月日用品消费量计算，计算结果是教授家庭最低生活费用为7 646元。② 可见，两者差距较小，具有较高的可信度。再结合表3-17,1942年教授工资众数为470元，与最低生活费相比，差距悬殊。因而，身为知识精英的教授也面临极其困难的生活困境，不少教授只能依靠典卖衣物和降低生活水平甚至终止子女教育来维持。而到了1942年，许多教授感慨即使要典卖，也已经无物可典，众多家庭实有无法维持生活之虞。③

有关教师待遇的问题一直都是当时的社会热点之一，1942年朱森教授之死更令此问题成为舆论焦点。朱森教授是著名地质学家，曾任重庆大学地质系主任，1941年8月带中央大学和重庆大学的学生外出考察地质。大

---

① 沈从文1942年职称为副教授，1944年已经为教授。
②③ 王文俊.国立西南联合大学史料(教职员卷)[G].昆明：云南教育出版社,1998：557.

后方的大学为教师提供平价米,身为重庆大学教授的朱森,自然可以领取到平价米。而该年 10 月,朱森教授接受中央大学新校长顾闻余的邀请,来到该校担任地质系主任。重庆大学 9 月的 5 斗平价米到了 10 月才送到朱森家中,并由朱夫人在不知情的情况下悉数领取。朱森就是因为这 5 斗米而被人举报,被教育部记大过处分一次,并且没有给他任何申辩机会。教育部的处罚理由看似"正常简单",即朱森教授已经由重庆大学转职到中央大学,自然不应该再领取重庆大学的平价米,而他自己也因为此事极度忧郁造成旧病复发,于 1942 年 7 月 6 日去世,年仅 40 岁。事实上,据经济学家吴半农解释,当时顾校长还亲自写信给教育部为朱森辩白,认为"此事纯属疏忽,绝无有意兼领"①。当时社会舆论都认为教授之死,是因为"多领五斗平价米",既为他的处境鸣不平,也感觉到知识分子在战时的生活艰辛与地位卑微。当时很多报纸和期刊都发表了针对此事的评论,除了同情和感慨,就是对于公教人员待遇改进的建议。② 而在教师群体中,则产生了兔死狐悲的心理。

---

① 吴半农.悼朱森先生[J].新经济,1942,7(7):16—19.
② 史可京,郑菊英.由朱森教授之死说到公务员待遇之改进[J].现实评论,1942,1(11—12):13—14.

第四章 战后通货膨胀与银行业行为

银行是金融市场最重要也最核心的主体,虽然之前的章节已经论述过银行业应对通货膨胀的行为,但考察的银行活动集中于沦陷时期。抗战胜利之后银行业面临着新的问题,其中包括战前存款偿付以及暗账问题。战前存款问题尤为突出,涉及在通货膨胀形势下存款偿付的困境,值得全面梳理和探讨。至于暗账情况,虽然在战前已经存在,但是延续时间较长,很多暗账活动在战后仍在继续,因而将这部分的讨论安排于本章。

本章的结构安排如下:首先,是对抗战胜利后沦陷区与大后方物价的总体概括,从宏观上把握物价变化趋势和特点;其次,从史料出发,基于物价变化背景,解释战后赔款偿付纠纷的原因和困境;最后,分析银行暗账行为,以上海商业储蓄银行、金城银行以及聚兴诚银行为例,从银行家心理角度解释暗账的表现和原因。

第一节 抗战胜利之后的物价变化

1945年8月15日是一个重要时间点,原因有二:一是8月15日日本正式无条件投降,举国欢庆,人们普遍认为苦难日子已经过去;二是胜利后,国民政府开始采取措施和行动兑换伪币,以恢复收复区金融秩序。抗战结束,沦陷区和大后方物价都曾出现过短暂下降,以上海与重庆物价作对比,其物价此消彼长很具有代表性,因为上海曾是沦陷区,而重庆则是抗战陪都,也是重要经济中心。为了说明两地物价差异,此处比较了米、面粉、棉花和煤这四种民生物品的价格变化,结果见表4-1。

表 4-1　1945 年 8 月—1946 年 5 月重庆和上海主要物价比较

单位：元

时期	米（石）		面粉（袋）		棉花（市担）		煤（公吨）	
	重庆	上海	重庆	上海	重庆	上海	重庆	上海
1945 年 8 月 1 日	18 500	4 250	8 000	900	170 000	15 000	64 350	18 500
1945 年 8 月 15 日	20 000	10 000	9 000	1 900	138 000	25 000	68 640	22 000
1945 年 9 月 15 日	15 500	3 500	7 500	825	34 000	12 500	60 060	15 500
1945 年 10 月 15 日	17 000	4 250	6 000	1 200	100 400	20 000	68 640	47 000
1945 年 11 月 15 日	17 000	11 000	8 500	3 000	100 000	55 000	71 500	150 000
1945 年 12 月 15 日	16 400	6 800	8 400	2 300	120 000	26 500	68 640	95 000
1946 年 1 月 15 日	17 400	8 200	8 500	3 850	118 000	52 000	64 350	120 000
1946 年 2 月 15 日	17 000	16 900	7 500	6 700	103 000	88 000	64 350	250 000
1946 年 3 月 15 日	17 500	31 000	8 200	9 150	120 000	93 000	61 490	440 000
1946 年 4 月 15 日	21 000	28 500	9 000	10 100	111 000	68 618	62 920	230 000
1946 年 4 月 30 日	26 000	28 500	9 000	9 750	122 000	87 000	62 920	400 000
1946 年 5 月 1 日	25 500	43 500	8 800	14 500	132 000	88 000	62,920	240 000
1946 年 5 月 10 日	26 000	47 000	8 800	13 800	135 000	90 000	65 780	250 000

数据来源：转引自金融统计：重庆上海主要物价比较[J]. 金融周刊，1946，7(20—21)：13—14。

抗战胜利初期，四种民生物品，上海的物价远远低于重庆，可视为收复区与大后方物价差异的典型代表。自日本宣布无条件投降之后，大后方诸多城市物价急剧下降。据伍启元研究，由于市场心理好转，物价普遍暴跌，尤其是昆明物价下跌程度最为猛烈，比如从 8 月 15 日至 9 月 10 日，布匹平均跌价 75%—80%，百货平均下跌 65%—75%，土杂下跌 50%—75%，中米价格由每公石5.4万元跌至2.7万元。① 同样,在上海也出现物价快速回落,以粳米为例,1945年8月上海常河机粳米每石价格为"中储券"1 500 000元,到9月下跌到法币3 725元,合"中储券"745 000元,下跌幅度达到50%。②

从表4-1可以看到,从1945年直到1946年2月,重庆主要商品物价都高于上海。比如8月15日上海大米价格为10 000元,而重庆却是20 000元,前者只相当于后者的50%,而到了9月,上海为3 500元,而重庆为15 500元;其他物品价格呈现近乎相同的变化。可见,1945年9月两地物价处于最低水平。之后,物价开始快速上涨,到1946年5月10日,重庆米价涨到26 000,而上海更是增加到47 000元。表4-1中的数据只统计到1946年5月10日,虽然不全,但是可以明显看到物价不断增长的趋势。而1946年及以后年份的物价变化情况,则是异常的快速增长。下面以上海为例,参考引用《上海解放前后物价资料汇编(1921年—1957年)》中的数据,以批发物价指数说明上海物价变化程度,见表4-2。

表4-2 1946—1948年上海批发物价指数(1936年＝100)

	总指数	食物	纺织品	金属
1946年	519 900	2 901 000	497 400	573 300
1947年	4 025 000	2 901 000	3 653 000	5 572 000
1948年	302 900 000	235 700 000	292 200 000	457 100 000
增长倍数	581.61	80.25	586.45	796.31
	建筑材料	化学品	燃料	杂项
1946年	690 700	808 800	748 300	425 800
1947年	4 948 000	7 800 000	4 993 000	3 767 700
1948年	327 600 000	435 300 000	361 600 000	271 400 000
增长倍数	473.30	537.20	482.23	636.39

数据来源和说明:中国科学院上海经济研究所,上海社会科学院经济研究所.上海解放前后物价资料汇编(1921年—1957年)[G].153.表格内容稍作调整,只选取了1946年至1948年的数据,并计算了1948年相对于1946年的增长倍数。

---

① 伍启元.近八个月的物价变动[J].西南实业通讯,1946,13(3—4):32.
② 鲍文熙.调查:最近十年来之上海物价[J].银行周报,1946,30(9—10):12.

在表4-2中,上海总批发物价指数从1946年到1948年增长了581.61倍,而其中食物增长速度最慢,仅为80.25倍,金属制品增长最为迅速,增长将近800倍。

总之,自抗战胜利之后,全国物价趋势呈现先抑后扬趋势,这还只是最粗略的分析。如果加以深入剖析,我们将会看到物价变化过程环节中民众和企业家不同的心理特点,其也从侧面反映了物价不同时段的背景特点。

第二节 战前存款偿付问题

战前存款如何偿付的问题,成为引发民众和银行业博弈的一个焦点。由于急剧恶化的通货膨胀形势,相对于物价上涨速度,战前存款数量如果仅按当时数目加上利息计算,其购买力锐减,财富缩水程度无异于对民众的公开掠夺。战前存款是否按照物价指数上升程度偿付,逐渐成为民众和银行最为关心的问题之一。围绕这个核心问题,银行及其同业公会与民众展开了一场场利益的较量。据笔者查阅的档案资料,早在1945年7月就有聚兴诚银行成都分行存户要求按照物价指数若干倍偿付,此时类似案件主要发生于大后方成渝等地。1946年5月之后,上海、汉口和天津等地相继发生多起要求偿付的案例。这些案例具有一个共性,即存在银行与储户的矛盾和对立,而直接原因是按何种倍数偿付的问题,两者间的利益冲突决定了偿付纠纷解决的难度,因而成为战后一个重要的民生问题。

这一系列存款偿付纠纷案例的背后,包括储户和银行在内的每个博弈主体都有自己的理解,都认为自身处理方案最佳,从法理上看也最合理。但是,政府并没有在战后立即制定处理战前存款的法律,偿付问题一直没有得到妥善解决。银行业态度非常明确,极力反对战前存款多倍偿付的政策,而民众也为存款合理偿付而据理力争,两者针锋相对。

要求银行按照战前偿付的案例主要集中于1945年至1947年间,原因在于该段时期内,物价快速上涨,人们的战前存款由于时局变化直到此时才取出。多年存款积蓄严重贬值,成为储户最为关心的问题。同时政府没有制定最终的偿付法律,国内偿付纠纷案例层出不穷。

一、相关研究的简单回顾

关于战前存款偿付问题,最早见于民国时期的诸多报纸和期刊,报纸如《大公报》《中央日报》和《申报》等,期刊主要有《银行周报》《财政评论》和《经济汇报》等,它们登载了一些关于战前存款偿付的论文,从学理上分析银行是否应该按照物价指数进行相应的偿付。

它们密切关注、连续跟踪战前存款偿付案例,对最重要的几起纠纷案件进行了全面报道。不仅如此,上述报纸还经常登载学者和银行从业人员的评论,这些评论直接反映了银行业人士的心理和反应。相关媒体报道和期刊都对战前存款问题给予高度关注,主要可以分为两种,分别如下所述:

第一种是对要求千倍偿付案件的全面报道,但没有提供报社的观点和价值判断,多以叙事性描述为主,比较典型的有《大公报》1946 年 8 月 16 日的《法院判令千倍偿还,各地银行界静待事态发展》,对陈季琳案件进行了全面回顾[①]。类似报道很多,除了陈案之外,还有对上海其他同类案件进行的报道,影响比较大的包括黄惠堂起诉中国银行总裁宋汉章要求以 4 000 倍偿付案件[②]、陆煜陆焜兄弟要求聚兴诚银行偿付战前存款 800 倍[③],等等。除了国内民众对银行存款的偿付要求之外,还有外侨债券索赔的典型案例,如跑马厅债券要求上海跑马总会以 3 000 倍偿付案[④]。

第二种是报刊上的学者论文,这类文献与第一种存在较大区别,在内容上不再是简单叙事,而是从专业领域和学理上对战前存款偿付制度进行全面论述和检讨。由于这些期刊都与银行业存在直接或间接关系,比如著名的《银行周报》即隶属于上海银行公会,由银行学会负责编印,学者观点基本都倾向于反对多倍偿付银行存款,典型代表如银行学会秘书长朱斯煌的观

---

① 法院判令千倍偿还,各地银行界静待事态发展[N].大公报(上海版),1946 – 08 – 16(6).
② 存款四千倍偿还,中国银行提出答辩[N].大公报(上海版),1946 – 11 – 18(4).
③ 八百倍偿还一案,聚兴诚不服上诉[N].申报,1946 – 11 – 15(6).
④ 跑马厅债券案[N].申报,1947 – 03 – 07(4).

点,他认为存款千倍偿付是银行不能承受的负担,法院判决"不仅造成社会不宁,且于法币信用亦有损"①。另如参与筹办《经济周报》的吴承禧,也认为银行不应该按物价指数偿付战前存款,存款并非投资,"存户无权向银行索取利息以外的特殊酬报"②。但也有学者表示战前存款仅按利息偿付,对普通储户极不合理,如杨培新在《中国通货膨胀论》中提到银行利用通货膨胀偿还存款的做法简直是不道德的③。

现代学者对此问题的关注,首先是金融和银行史料的收集整理,比如中国人民银行上海分行金融研究室所编的《金城银行史料》《中国银行上海分行史》等,这些史料大部分都是粗线条的勾勒,主要是对于事件过程的陈述,并没有展开深入的探讨。目前,逐渐有一些学者开始关注抗战胜利后的银行存款偿付问题,刘平是研究比较深入的学者,他从债权人权益保护视角分析了银行业对战前存款清偿的问题,认为政府的不作为直接破坏了当时的金融生态环境④。另外李超对汉口战前存款清偿问题作了研究,发现银行与储户间的纠纷直到中华人民共和国成立之后才得到圆满解决⑤。

从上述简要学术史回顾中,可以看到目前专门针对战前存款偿付的研究并不多见,主要以史料收集为主,当代学者对此问题的关注视角都聚焦于政府与银行的博弈,而忽略了银行业对此类案件的反应,更没有从银行界普遍心理和行为方面论证存款偿付制度推行的难度。由于立场不同,人们对于战前存款偿付政策的判断和评价迥然不同,也正如周晓虹教授所说,不同利益集团的人们内在心理尺度存在天然差距,从而影响到他们的社会判断,并由此影响人们对他人和事件的评价和推论。反对或者赞成战前存款偿付制度,从根本上来说就是银行和储户的心理博弈,他们的言论和行为正好体现其内在心理。

---

① 战前存款千倍给付问题综合报导[J].银行通讯,1946,(10):60—65.
② 吴承禧.论千倍偿还存款问题[J].经济周报,1946,3(8):8—9.
③ 杨培新.中国通货膨胀论[M].太原:山西人民出版社,2015:109.
④ 刘平.近代中国银行监管制度研究(1897—1949)[M].上海:复旦大学出版社,2008:342.
⑤ 李超.汉口银行业"战前存款"纠纷案研究(1945—1954)[D].武汉:华中师范大学,2017.

二、战前存款偿付纠纷问题的由来

按照1947年12月颁布的《银行业战前存款放款清偿条例》,所谓的"战前"是指1941年12月9日之前。需要说明的是,还有一个重要时间点即"八一三"事变,银行业对于储户存款的偿付比例,参照1937年8月13日形成不同的档次。战前存款问题是如何成为一个非常敏感而重要的民生问题的呢?在此,以发生在上海的第一件也是影响最大的民事诉讼案——陈季琳要求四行储蓄会偿付1 000倍为例,简要介绍其判决过程。

广东人陈季琳于1940年5月6日在四行储蓄会以五年定期形式存款2 000元,而该项存款于1945年5月6日到期,但尚未结算本息。陈季琳认为从1940年至1946年六年间,社会经济发生了剧变,生活指数已经增长4 000倍以上,四行储蓄会如果仍按照存款本息实数偿付,有失公允,因而才向上海地方法院进行起诉,要求储蓄会按照3 000倍偿付并承担诉讼费。法院为何会受理此案呢?在此需要提及当时的一部法规,即国民政府于1945年8月颁布的《复员后办理民事诉讼补充条例》,其中第12条规定:"法律行为成立后,因不可归责于当事人之事由,致情事变更非当时所得预料,而依其原有效果显失公平者,法院应公平裁量,为增减偿付或变更其他原有效果之判决。"[①]如果视银行存款为银行与储户之间的合约,则合约在存款之时就已经成立。但"情事变更",即双方无法预见的重大事件发生导致继续维持合约显失公平,因而当事人一方可以申请法院更改或终止合约。因此该条例中的规定显然为抗战复员之后相关问题的解决提供了重要的法律依据。需要补充的是,这条规定并非在战后才第一次提出来,早在1941年7月政府还颁布过《非常时期民事诉讼补充条例》,其被战后法律界和学界称为旧条例,而1945年的条例则为新条例。旧条例的第20条规定:"无前款法律规定时,中央或者市政府因战事就争议之法律关系,已以命令定有处理办法者,依其办法;无前项法律及办法时,如该法律关系因战事致情事剧变,非常

---

① 复员后办理民事诉讼补充条例[J]. 山西高等法院公报,1946,1(1):20—22.

时所得预料,而依原有关系发生显失公平者,法院得斟酌社会经济情形、当事人生活状况及其因战事所受损失之程度,为增减偿付、延期或分期偿付之裁判。"① 可见,新条例中的情事变更是延续了旧条例中的相关法律精神。两个条例虽然具有连续性,但是也存在明显差异,其中一条就是对于情事变更民事行为范围的约定。战时旧条例规定仅以买卖、租赁、借贷、雇佣、承揽、出版、地上权、抵押权和典权为限,而新条例则没有上述限定,即一切民事行为只要符合情事变更并遭受实际损失,就可以向法院申诉要求变更合同或请求增加偿付。另外,1945 年 11 月 21 日司法院在关于补偿存款因法币购买力变动产生损失的第 3018 号解释中,提到"存款于银行,系以保管金钱之价格为目的,其契约之性质为消费寄托。……消费寄托依民法 602 条②,适用关于消费借贷之规定"③。陈季琳认为根据条例和司法院该条解释,四行储蓄会应该负有增加偿付的义务,遂向法院提起申诉。

正是基于民事诉讼补充条例的法理基础,上海地方法院受理了陈季琳的诉讼请求。原告律师陈述的理由,是在五年存款期间,战争和经济形势的巨变是原告不应该负责的,同时也非原告所能预料,因而依据《复员后办理民事诉讼补充条例》,可将长期存款合同按照情事变更进行修改或者索取必要经济补偿,在法理上完全可行。

法院对该案件的判决结果是,要求被告四行储蓄会对原告陈季琳的长期储蓄法币 2 000 元及其利息以 1 000 倍增加偿付,驳回原告其他请求,并由被告承担诉讼费用。原告请求 3 000 倍偿付,而法院最终判决的结果为 1 000 倍,从法院判决过程来看,这之间的倍数差额是出于银行资金运用的考虑。从银行立场来看,银行存款和放款是其核心业务,但银行也受到战时经济形势的约束,除了必要的存款准备金外,银行还将一部分存款投资公债

---

① 非常时期民事诉讼补充条例[J]. 浙江司法半月刊,1942,(1):1—4.
② 《中华民国民法》第 602 条规定:寄托物为代替物时,如约定寄托物之所有权移转于受寄人,并由受寄人以种类品质数量相同之物返还者,自受寄人受领该物时起,适用关于消费借贷之规定。引自上海文明书局所编《中华民国民法》1931 年版第 154 页。
③ 司法院解释全文(院解字第三○一五号至院解字三○一八号)[J]. 法令周刊,1946,9(4):15—16.

和房地产。国民政府对于公债偿付是按票面价格一比一进行的,也正是这个规定使得银行对于存款多倍偿付的意见非常大。法院也考虑到公债偿还的影响,所以在判决书中强调即使公债按票面偿付会蒙受一定损失,但银行在其他方面的投资(甚至是投机)"莫不大增其货币之数额",因而除去公债损失,被告储蓄会应该承担1 000倍偿付。但是四行储蓄会不服判决,后经二审最终判定800倍偿还。①

以上即为战后第一起存款偿付问题的简要经过,其实案件本身并不复杂,就是在通货膨胀形势下储户长期存款如何偿付的问题。但是它的影响却较为深远,不啻金融界之平地一声惊雷,成为其他储户要求银行同样偿付的典型样本,之后同类案件可谓层出不穷,在上海、天津、汉口、重庆和广州等地不断出现银行存款偿付纠纷案件。金融界对此高度重视,他们大多极力反对银行存款多倍偿付,而储户却是据理力争,积极争取维护自身的经济利益。

三、身在其中:银行业的反应与行为

四行储蓄会被判800倍偿付陈季琳存款之后,金融界人士、银行公会、银行学会、钱业公会以及各种学术团体都对此事给予了极大关注。银行业相关人士对此判决的反应极为强烈,迅速采取各种方式陈述偿付判决的不合理,要求改判比例。在金融界,无论是银行家还是银行业同业公会都对此判决极为不满,报怨和不满情绪屡见于民国各大媒体报道之中,他们完全不能接受法院的判决,希望法院能够改判,甚至有同业公会上书请愿行为的发生。银行家之所以产生不满甚至是愤慨心理,原因主要集中于以下几个方面:

(一)金融业对走向破产的担忧

众多银行界人士普遍具有担心银行业会破产的心理,其中最有代表性的是宋汉章和朱斯煌。除了四行储蓄会,中国银行也面临着储户要求若干

---

① 战前存款偿还问题,高院二审宣判[N].申报,1946-12-31(6).

倍偿付的问题,上海市民黄惠堂于1936年7月29日存在中国银行总行法币1 000元,作为十年定期存款。同样,他也认为在1946年到期时存款照十年前币值损失过大,要求中国银行按照生活指数偿付449.3万元法币①,这自然遭到中国银行的拒绝。时任中国银行上海分行总经理的宋汉章,委托蔡汝栋和黄人达两名律师出庭,宋氏在其提供的答辩状中表达了自己的看法,认为中国银行仅对储户负有按照存款契约所规定的存款加利息的责任,"而若任由原告任意变更,则整个之社会经济必陷于混乱,而银行势必一一破产。"②《银行周报》更是成了反对该问题的重要阵地,朱斯煌旗帜鲜明地反对上海地方法院所作的判决,他以数据说明了银行将会趋于破产。他依据1937年《全国银行年鉴》估计1936年全国定期存款数额约为法币1 517 089 654元,假设抗战期间被提取80%,如果剩余的20%存款按1 000倍偿付,则需要303 417 931 000元,而1947年5月银行存款总额为197 097 386 368元。③ 很显然,他得出的结论是即使保守估计20%的存款尚未在战时取出,仅这一部分存款按1 000倍偿付,就已经远远超出了当时全国所有银行存款总数,因而银行无法承担巨额偿付。这是各地银行界对于战前存款的普遍心理,从相关言论、文章到银行业同业公会向国防最高委员会请求从速制定相应方案,每一个环节都可看到对于银行业经营困难的陈述,比如汉口银行商业同业公会曾在向银行商业同业公会联合会的提案中说到,"以致同业莫不岌岌自危,不可终日,全国金融事业崩溃之期,当不在远。"④长沙银行业同业公会也认为,"此例一开,物价如再波动,存户均得据以续请增加偿付,其纠纷更无已时。"⑤其实,政府迟迟没有制定战前存款处理办法,也使得银行界对于储户索求多倍偿付的问题,显得尤其被动而束手无策。产生这种心理也就不足为怪,因为从维护行业利益角度看,银行自

---

① 十年存款满期,千元应还五百万[J].经济通讯,1946,(42):20.
② 存款四千倍偿还,中国银行提出答辩[N].大公报(上海版),1946-11-18(4).
③ 朱斯煌.战前存款增加给付问题[J].银行周报,1946,30(33):2—4.
④ 中华民国银行商业同业公会联合会成立大会特辑[J].银行周报,1947,31(44—45):111.
⑤ 同上.112.

然是不愿意承担更多的偿付负担的。

　　笔者认为事实上,这种心理显得过于恐慌,甚至有言过其实之嫌。国民政府直到1947年12月底才正式颁布清偿条例,而从1945年至此期间,并没有出现大量因存款偿付而导致的银行倒闭风潮。以上海为例,倒闭了三家银行,分别是大亚银行、巴川银行及正和银行,而且它们倒闭的原因也并不是因为战前存款的偿付。其中大亚银行是因为沦陷时期的投机所造成的损失过多①,而后两家是因为票据交换缺单,无法按时补足,其中巴川银行缺单40亿元,正和银行缺单27亿元,在被上海票据交换所通告各行庄停止与其票据交换后,于1947年8月8日宣告倒闭②。时任全国商联会筹备主任的王晓籁更是认为千倍偿付存款的判决会造成"工商都将破产"③。可见,以银行破产来假设法院判决所带来的后果,这种言论并没有多大说服力,与其说是出于行业破产的担忧,毋宁说是还有另外一种心理的存在,即认为银行在存放款方面遇到了不同待遇,这刺激了银行界人士的不平心理。

(二) 银行界人士内心的不平衡

　　利益冲突导致银行界认为法院所谓的"公平裁量",只是让银行单独承担贬值损失,显然根本不存在公平④,产生这种心理的根本原因是银行存放款存在不对等的偿付倍数,还有一个产生对立分歧的因素是银行所持政府公债的偿付问题。下面简单回顾一下银行储蓄法、政府统制银行和政府公债偿付的相关规定,从源头解释银行界不平心理的产生原因。

　　1. 金融统制对于银行资金使用的限制

　　前述陈季琳案件判决书中认定四行储蓄会利用存户存款投资获得"增加货币数额",银行对此提出质疑,比如朱斯煌认为此判决"殊不知银行业运

---

① 商隐. 大亚银行倒闭的前因后果[J]. 银行通讯,1946,(8):12—13.
② 沪巴川正和两银行周转不灵宣告倒闭[J]. 经济通讯(汉口),1947,(396—419):73.
③ 千倍给付存款问题,王晓籁氏发表书面谈话[N]. 申报,1946-09-05(7).
④ 上海市银行商业同业公会关于战前存款的诉讼案及其有关文书[A]. 上海档案馆馆藏档案,卷宗号:S173-1-383,1946.

用款项受种种法律上严格之限制"①。抗战时期国民政府实行金融统制政策,抗战初期成立的"四联总处",随着战事深入逐渐成为战时金融的最高决策机关。国民政府颁布了一系列法令法规,如1941年《修正非常时期管理银行暂行办法》第3条对于普通存款和储蓄存款作了不同的规定,前者总额的20%要作为准备金转存当地的中中交农四行的任一家银行②;后者则是要求按照1934年颁布的《储蓄银行法》第9条的规定,即以存款总额1/4购置公债,余下3/4存款的运用又不能超过该法第7条规定的使用范围,只能作农村合作社的质押放款和农产等项抵押放款③。值得一提的是,这里所说的普通存款和储蓄存款具有一定区别,从存款者来说,前者概念更加广泛,即为银行所吸收的所有存款,包括个人和企业等,而后者主要是普通居民的存款;从资金保管时间长短来看,普通存款较多的是活期存款,以方便企业经营随时之需,而储蓄存款多为定期存款,是一般民众为了获得利息收入而存,可视为一种投资。银行界认为战时的金融统制压缩了银行放款空间,银行能够自由充分运用存款进行放贷的比例大为缩小,因而存款相对于放款数额来说是不断增加的。因此,如果实行战前存款若干倍偿付无疑会极大增加银行财务压力。

2. 银行界心理矛盾冲突根本原因

除了存款数量受到限制,银行界对法院判决诟病最多的是其偿付与公债偿付比例的对比,这也成了银行与储户矛盾激化的焦点之所在。抗战中,国民政府为了解决财政问题,相对于增加税收和发行货币而言,发行公债成为最优选择,因为其既能解决战时财政紧急需求,又不会引起更大通货膨胀。但是公债推销进展并不顺利,抗战早期国内民众和海外华侨爱国热情高涨,1937年9月1日发行救国公债,计划发行额为法币5亿元,年息为4厘,但是实收额仅为2.225亿元,还没有达到计划额度的一半。④ 其实,民众

---

① 朱斯煌. 战前存款增加给付问题[J]. 银行周报,1946,30(33):2.
② 熊光前. 金融法规[M]. 上海:大东书局,1946:21.
③ 国府公布之储蓄银行法[J]. 中行月刊,1934,9(2):109—110.
④ 焦建华. 中国财政通史·第八卷·中华民国财政史(下)[M]. 长沙:湖南人民出版社,2015:968.

和社会对于政府的公债积极性很低,之后公债实收额低于预期目标。另如1940年发行的军需公债,计划额度为法币12亿元,结果只募集到1.293亿元。时局动荡和政府债信低下,民众普遍不愿认购,导致公债发行效率低下,根本不能达到缓解财政压力的目的,所以公债发行经历过从劝募到强制派募的转变,此时银行成为公债承购和推销的重要力量。很多公债并没有公开发行,而是以总预约券的形式向银行抵押,再由银行垫款给政府。[1] 因而银行界认为除了提取准备金外,其还必须承揽大量政府公债,且存款以活期居多,银行自主掌握的资金数额有限。银行承担了绝大部分政府公债的购买与推销任务,比如在1938年至1941年间,由于公债销售业绩过差,95%以上的自由公债被抵押给了银行。[2] 以四行储蓄会为例,其1941年6月30日的资产负债表中,资产总额为93 753 018.51元,而有价证券(其中以公债为主)数额为32 341 726.31元,所占比例约为34.5%。[3] 而据金城银行档案,其自北洋政府开始就持有相当数额的政府机关放款、铁路放款及公债库券,到1937年6月底止,合计约为法币7 420万元,占金城银行同期存款总额的46.66%。[4] 如果单独考虑公债库券,战前金城银行所承购数额占存款及主要运用资金总额[5]的比重,要高于对政府和铁路放款,具体比例见表4-3。

表4-3 全面抗战前金城银行公债库券持有比重增长趋势

单位:元

年份	存款总额	占存款总额比重	主要运用资金总额	占运用资金比重
1927	34 986 920	15.58%	34 376 626	15.85%
1928	48 626 768	19.96%	44 017 490	22.05%
1929	45 612 522	18.15%	48 525 386	17.06%

[1] 千家驹.旧中国公债史资料(1894—1949)[G].北京:中华书局,1984:34.
[2] 焦建华.中国财政通史·第八卷·中华民国财政史(下)[M].长沙:湖南人民出版社,2015:960.
[3] 盐业、中南、金城、大陆银行储蓄会民国三十年上期营业报告[J].银行周报,1941,25(33):26—27.
[4] 中国人民银行上海市分行金融研究室.金城银行史料[G].上海:上海人民出版社,1983:477.
[5] 这里所谓的"主要运用资金总额",是指金城银行全部用于有价证券的放款数额。

续表

年份	存款总额	占存款总额比重	主要运用资金总额	占运用资金比重
1930	55 959 795	21.78%	61 837 646	19.71%
1931	64 347 064	21.63%	63 101 647	22.06%
1932	76 501 797	19.92%	71 148 663	21.42%
1933	100 859 484	24.72%	97 996 434	25.44%
1934	122 885 743	19.79%	117 978 973	20.61%
1935	117 986 957	19.54%	124 807 570	18.47%
1936	129 149 747	23.3%	151 916 842	19.81%
1937	159 000 630	29.84%	168 284 142	28.2%

数据来源：根据中国人民银行上海分行金融研究室所编《金城银行史料》第480—481页相关数据整理而得。

表4-3中可以看到，无论是相对于存款总额还是运用资金总额（投资有价证券），金城银行战前投资公债库券的比重都在20%左右，而公债以总预约券形式向银行抵押的垫付款，在抗战期间总数为12 000亿元[1]。银行在政府公债发行中扮演的角色，决定了它们与公债利益的直接高度相关性。

而战后对于到期公债的偿付却成为纠纷焦点，也直接激起银行界对于储户存款千倍偿付的极度不满。1946年7月1日，财政部公布《偿付公债本息办法》，对于1941年之前发行的各种内债，规定从公布之日起开始正常偿付，其中，"所有各债，在抗战开始至恢复偿付之日止，已逾规定兑取期限之年息票，并自恢复偿付之日起六个月内予以补付。"[2]该办法对不同种类公债作了规定，并修订或取消了抗战期间的相关规定，比如对于1936年的统一公债，于1946年7月1日起一律恢复本息偿付，而取消了战时制定的统一公债贴现办法[3]。从中不难看出，所谓的偿付也只是"正常偿付"，并没有提到按照物价变化的速度进行多倍偿付，因而就形成了偿付比率不对等的问题，银行家的不平心理及强烈反应实属正常，政府公债按本偿付未加倍数，

---

[1] 焦建华.中国财政通史·第八卷·中华民国财政史（下）[M].长沙：湖南人民出版社，2015：977.
[2] 财政部公布《偿付公债本息办法》[N].新闻报，1946-06-22(2).
[3] 所谓的贴现付款，是针对抗战沦陷区而言，由于战时关税被截，财政部决定暂停偿付本息。而后因为考虑到债信问题，于1941年7月开始由中央银行委托各地中国和交通两行实施贴现办法。

成为银行拒绝的重要理由。上海银行业同业公会在1946年8月17日呈请行政院、立法院和财政部,认为"法院之判决不尽合理,恐将引起无数纠纷,如均须照物价偿付,则不仅生无穷之纠葛,且绝非银钱业所能负担"①。银行界的质疑包括:第一,政府公债按照原值还本付息,中央储蓄会也是照战前币值发还储金,在偿付倍数上,法院的判决与政府政策矛盾,既然国家偿付债务按照原值,那么民间储蓄却必须加值偿付的逻辑并不存在;银行认为"政府公债之还本付息,未闻有增加偿付之规定"。第二,银行接受存款,仅负有保管资金的责任,储蓄与投资性质不同,因而币值低落并非银行所致,当时一种观点认为币值跌落的原因在于抗战影响,战时货币超发导致贬值,所以有人甚至认为应该向日本进行索赔,而不是要求银行多倍偿付。第三,银行接受存户存款,同时又有放款业务,但是政府并没有制定放款收回倍数的法律。第四,银行除了存款准备金、现金准备或公债证券投资部分,余下所能运用的资金有限,即使银行运用该项剩余资金从事囤积货物活动,也绝不能获得1 000倍以上的利润。这四种质疑声中,最核心的就是公债偿还比例不对等,而银行是公债最主要的持有人和债权人,自然会认为偿付政策绝非公允,甚至是自相矛盾。

由于政府迟迟没有制定相应的偿付政策,在战后长达两年的时间里,有关偿付纠纷一直是银行界悬而未决的问题。需要特别指出的是,银行界反应强烈的另一个原因是公债偿付的歧视性,因为随后上海发生了一起债券偿付案例,这也更激起了银行界的不平心理。1946年11月,上海地方法院判决了有关外侨跑马厅债券的偿付问题,上海市跑马总会于1934年3月1日,因需偿还建造南京路跑马厅大厦欠汇丰银行借款,曾发行以标准银元计算的200万公司债券,该会于1946年8月21日,登报催告各执票人持券前往领款,而以当时国币1元偿还发行时银元1元的票面。当时有叙利亚执票人狄百斯购得1.7万元,英国人马克法尔购得1万元,英国人苏鲁门购得4 300元,他们对于1∶1的偿付比例深感不满,因而不愿接受该会偿付办

---

① 财政部银行界金融专家等表示存款千倍偿付并不合理[N].大公报(上海版),1946-08-17(6).

法,向上海地方法院民事法庭控告该总会法定代理人樊克令,要求以2 000倍偿还。后来根据外汇标准,判令该跑马总会以1 000倍偿。① 这起跑马厅债券偿付案成为突出反面案例,使得银行更加肯定国民政府的战前公债偿还政策具有歧视性,因而增加了银行界的反感。

(三) 银行业的诉求

各地银行业及同业公会代表人物积极行动,向政府提出行业诉求,这是各种不满和不平心理反应的结果,主要途径是利用行政手段停止多倍偿付的继续进行。

1. 恳求法院暂停多倍偿付判决的继续进行

这是最具有代表性的意见。法院判决的结果是按照假执行进行,所谓的假执行,即为预先执行,这是在民事案件中,为了保护债权人的合法利益,法院在未确定判决之前,赋予其与确定判决相同的执行力。在上述案例中,如对黄惠堂的申诉偿付问题,上海法院作出的判决即为"前项判决,准于假执行"②。银行必须按照假执行对战前存款进行偿付,而且规定假执行期限较短,最短的仅有三天就开始强制执行,银行业同业公会担心这种假执行会造成行业危机,因为他们认为假执行形成的示范效应明显,众多储户都会请求法院千倍偿还,自然给银行带来巨大生存压力。比如在重庆,随着假执行的实行,据重庆银行业同业公会便字第2256号函所示,万县地方法院又判决一起按照2 500倍偿付的案例,并在1946年12月25日传令强制执行,勒令银行于半个月期限之内完成偿付。因而,重庆银行业公会觉得事态严重,于1947年3月1日电传蒋介石和宋子文,请求颁布相应救济办法,而在此之前,即请先行命令司法院、财政部通令各地法院暂行中止宣示假执行及强制执行程序,以免造成更多纠纷。比如四川高等法院接受成都银行业同业公会的请求,通令所属司法机关对于此类案件谨慎实施假执行。上海银行

---

① 跑马总会债券,判决千倍偿还[N].大公报(上海版),1946-11-12(4).
② 战前定期存款讼,判令二千倍给付[N].申报,1947-02-15(5).

业同业公会也向法院提出同样的请求,函请上海地方法院、江苏和上海高等法院审查当下情势,"体恤银行地位之艰困,慎重处理,切勿宣示假执行。"①

2. 呼吁政府及时制定解决方案

银行业的核心要求是政府相关政策的出台,没有合理的解决方案,旷日持久的纠纷难以避免,银行业的担心无时不在,他们始终认为政府偿付政策完全有利于储户,而忽视了银行的合法权益,出现问题的根源则是政府迟迟没有制定合适的政策。以上海银行业同业公会为代表,他们根据已有法律和法规向国民政府主席、最高国防委员会、立法院、司法院、行政院、财政部及国民参政会请求颁布纠正战前银行存款多倍偿付的法令,规格之高与决心之坚可见一斑。他们所参考依据的法律条款,如银行引用《民法债编》第480条的规定,"以通用货币为借贷者,如于返还时,已失其通用效力,应以返还时有通用效力之货币偿还之"②,而通用货币在当时即为法币,通用效力就是法币的币值,据此银行业认为应根据返还时的币值来偿付借贷。不仅如此,该同业公会还指出1935年11月3日财政部公布新的货币法令,也即开始实行法币政策的法令,第5条就规定了法币结算功能,其言外之意在于如果要多倍偿付银行存款,在实质上是否认了法币的价值功能,也相当于政府承认法币贬值的确切事实。银行界认为根据这个逻辑,银行历年所承销的公债,也自当先由政府按此比例偿还,因而各地银行业同业公会都盼望国民政府及时制定相关政策。而政府方面却一直没有提出具有建设性意义的解决方案,相关部门虽然在公开场合多次提及战前存款的偿付方案,但都没有采取具体的实施行为,比如1947年2月财政部次长徐柏园曾在上海公开发表声明,说财政部已经议定加成偿还办法,并呈请国防最高委员会,但是并没有下文。一直拖到1947年5月才正式制定《战前存款偿还办法》,财政部会同四联总处拟定该办法,规定凡抗战以前存款,均按利息累计办法按照550倍偿还。该办法显然有利于银行业。但赔偿550倍也只是一个过渡办

---

① 提案:战前存款增加给付案类[J].银行周报,1947,31(44—45):110—118.
② 郑爱诹.民法债编集解[M].上海:世界书局,1931:84.

法,最终颁布清偿办法是1947年年底的《银行业战前存款放款清偿条例》,可谓一波三折。

四、利益受损：民众据理力争

民众作为博弈的另一个主体,自然有与银行家截然不同的社会心理。由于民众相关言论的报道具有零散性,较多史料并不成体系,而且具有重复性,因而本节在史料选择方面,力求准确性、典型性和代表性,从具有相同或相近特点的史料中进行筛选。普通民众在与银行博弈的过程中,处于相对弱势甚至是绝对劣势地位,他们或向报社诉求,或向法院起诉,都是为了能够将损失降到最低,而根本不会或不敢奢望正常利益,更谈不上利益最大化。梳理相关史料,可以将民众言论分为两大类,第一类是陈述事实,即对通货膨胀造成存款缩水,民众生活贫困作叙事性描述；第二类则是从理论上论证,反驳银行按照原始数额偿付的论点,有理有据。史料基本来源于《大公报》,因为该报对此问题进行了长期跟踪报道,定期刊发星期论文和读者来信,具有较高的可信度和真实性。

(一) 通货膨胀下的财富缩水陈述

这类史料直接记载了作为储户的普通民众的心理,他们向媒体诉苦,陈述战前存款到现在的贬值程度,通过自身的惨痛经历事实,其实也是对银行业做法进行抗议。其中,诉苦群体以城市贫苦阶层为主,还包括薪水收入较低的教师群体,他们的共同特点是收入微薄且固定,一般存款年限都跨越了整个抗战期间。至于存款期限如此之久,主要原因在于抗战全面爆发之后,很多沦陷区民众背井离乡来到大后方,另外一个原因是战时部分银行停业,这两个原因使得储户银行存款年限较长,显然具有被动性质。

1946年10月18日《大公报》(上海版)刊登了一位教师的来信,他在信中提到自己辛苦积攒的2 000元存款,在通胀贬值形势下却要面临大幅损失。

战前,我在华北中等学校教书十年,省吃俭用,才能在天津金城银行及汉口金城银行存款约二千元。卢沟桥战端启后,我想携眷南走,就把天津金城银行存款,全部转存汉口金城银行。因政府限制三百元以上存款均不许动用,同时我也以为国难空前,政府既已冻结存款,应付强敌,我只有信任政府,听其处理,等战争结束再说。所以在抗战八年间,虽生活极度困苦,有时甚至吃豆腐渣,我也未曾想向银行提款。

听到胜利消息后,我全家均甚欢欣,满以为国家的大问题既已解决,银行存款政府当想方法救济。不料本年(1946年)3月8日我给汉口金城银行去信询问,于4月28日接该行回信,说对于我的存款,要遵照部令,仍按敌伪原折合率折回法币,计算本息。

现在生活较战前岂止高过万倍,若以生活比例计算,我的存款仅本金也应有法币 2 000 万元。再说,战前政府禁止使用硬币,然当时 1 元法币实值 1 元硬币。现在 1 元硬币,市价是换法币约 2 000 元。最低限度,若以硬币价值计算,我的存款仅本金也就值法币 400 万元。倘照部令偿付,本息合并计算,也仅有法币数千。现在的政府,还是战前的政府,为维持政府的信用起见,为顾全存户的应得利益起见,对于战前银行存款,政府应负责增加偿付。若战前银行存款政府尚未动用,我想存户无论存多少款,银行绝不就放多少法币在银行里。在当时那种动荡局面下,任其贬值,而不把这宗款买实物存放起来。所以战前银行存款,若政府尚未动,用银行也应该负责增加偿付。总之战前银行存款,政府与银行应协商救济办法,不要让存户吃亏太大,以维政府及银行的信用。①

以上史料非常具有典型性和代表性,这类史料也屡屡见于各大媒体报道。普通民众已经明显察觉到存款贬值程度的影响,有民众很形象地

---

① 战前存款究将如何给付? 请政府及银行不要伤民心![N].大公报(上海版),1946-10-18(11).

抱怨:"战前一元可买一斗米,今一元赔作五百五十元,只能买一又六分之五只大饼。"①对于升斗小民,他们应对通货膨胀的手段和措施极其有限,只能被动承受贬值的痛苦。

(二) 据理力争,反驳银行业的偿付意见

虽然银行业从行业压力要求角度出发不愿也难以按多倍偿付战前存款,诸如银行倒闭之类的言论甚嚣尘上,但是当时也有一些学者为储户发声,为维护储户利益,从理论上论证银行逻辑的不合理,认为银行的要求非常勉强,甚至认为其是为利益集团辩护,立场无疑与银行完全对立。不过,需要指出的是,银行作为利益集团,为行业利益辩护也具有一定理性。

首先,针对银行提出的公债偿付方法,储户表示反对。1940 年 7 月行政院公布了《战时公债劝募委员会组织章程》,规定了劝募委员会的组织形式。政府鼓吹战时劝募公债的意义与重要性,特别提到了抗战资金的需求,指出相对于增加租税和发行纸币来说,公债是相对最好的方式②,因而希望民众踊跃购买公债。但是募集情况并不理想,最终实行摊派方式,而银行成为最主要的承购对象。

1946 年财政部颁布《偿付公债本息办法》,对公债按本偿付,也就不存在公债依照若干倍数偿付的问题。银行对此心存不满,这也成为其不能多倍偿付储户的"合理"理由。但是,对于民众来说,公债不同于银行存款,"公债由国家发行,人民于国家有所需要时,非但可作金钱的牺牲,有时尚可贡献生命,但是存户对银行,自然是没有这种义务的。"③此处公债特指战时公债,从这个观点看,银行和个人都有义务购买公债,而存款性质不同于公债,自然不能将公债处理方法套用于银行存款。由于储户对银行不存在"牺牲"的义务,那么从逻辑上来看,只要储户愿意,即使不对公债作出增加偿付的要求,也可以要求银行增加偿付。这种言论代表了一种心态,即公债具有爱

---

① 战前与战后物价悬殊,以五五○倍结付有失公平[N]. 大公报(上海版),1947-05-18(8).
② 响应战时公债劝募委员会[J]. 民族文化,1941,(3):1.
③ 战前债务的增加给付问题[N]. 大公报(上海版),1946-09-12(2).

国性质,在战时环境下意义不同寻常。从利益上来看,如果政府照本偿付,虽然民众受到利息损失,但出于抗战的需要和爱国情怀,也许并不显得多么重要。但是银行存款,却不能与公债偿还相提并论。

其次,针对银行提出的"股东论",普通储户无法认可。上海银行界认为存款并非投资,储户也并不是股东,即使通货膨胀使得银行账面价值增加①,也不能按照比例增加对储户的偿付,道理很简单,只有股东投资才可能按照增加价值或利润获得相应的回报。储户内心自然无法接受该观点,他们认为正是由于存户非股东、存款非投资的原因,存户才没有以存款供银行赚钱而自己吃亏的义务,这种心理或解释也实属正常。从储户立场来看,他们只是要求存款按照物价指数变化增加偿付,其实相当于战时实际存款数额的损失,而不能视之为要求银行分配红利。反过来说,如果存户真成为股东,存款真变为投资,则储户完全可以要求红利分配,也就不再存在存款损失补给的必要。

在通货膨胀物价上涨时期,银行是最有利可图的行业,因为银行可以以所吸收的存款经营或投资于物品、工厂或房地产。其中,存款和利息都处于不断贬值的过程中,而投资对象却因通胀而日益涨价,使银行获利丰厚。基于这样的认知,储户认为其涨价或增值的利益归于银行,而自己承担了存款贬值的损失。

最后,银行放款并未增加偿付。储户认为银行不能以放款收回方式作为拒绝存款增加偿付的理由。他们对银行战时存放款数量和方向持怀疑态度,一些学者做过调查,发现银行将放款投向自身的附属企业。本书其他章节已经分析过银行的附属企业,比如金城银行的通成公司等,这些附属企业往往是银行放款的重要去处,所以放款流向建设事业的数量往往有限,储户的怀疑是有一定道理的。而且,即使假定银行只经营法定业务,而以存放款为主要业务,银行其实也可以在认为显失公允的时候,同样要求增加偿付。因为《民事诉讼补充条例》第12条的规定,并没有银行放款

---

① 只是资产负债表账面价值增加,而实际价值是缩水的。

不能适用的限制。所以,储户从心理上认为这是银行放弃权利,因而不能以其自己的放弃权利、不依法要求增加偿还,作为反对存户要求增加偿付的论据。

第三节 理性的应对:暗账行为

民国时期暗账行为非常普遍,无论是工商企业还是金融银行,都存在着暗账行为。本节以银行业为主,以上海商业储蓄银行、金城银行和聚兴诚银行为例,从银行家的心理角度分析它们的暗账行为。之所以选择这三家银行,有两个原因,一是由于暗账的特殊性,史料搜集难度极大,诸多工商行业公司暗账资料非常零散,而金融业中的银行业留下的资料相对较多,部分银行的暗账记载时间较长,具有连贯性,研究利用价值较高;二是可兼顾不同区域,前两家银行的主要业务在上海,而聚兴诚银行虽然在上海建有分行,但总行在重庆,借此可以全面分析了解金融业暗账设立的特点,也可说明暗账具有普遍性。

一、暗账、史料介绍以及研究现状

暗账是民国时期诸多银行明账之外的记账行为,即私设会计账簿,学界对此还没有一个非常准确的定义,但一般都认为其相对于普通明账而言,具有隐蔽性和真实性的特点。本书参考和采用《经济大辞典(金融卷)》中的定义,即暗账为"中国旧时银钱业用于套用资金隐匿资产、逃避税款和记载各种投机活动及暗息收付的账簿"[1],目的在于保持营业机密或者逃避纳税。一般来说,暗账涉及企业不愿公开的账目,在民国时期已经成为企业经营的公开秘密和行业潜规则,具有普遍性。

抗战胜利之后,国内通货膨胀形势进一步恶化。通货膨胀已经成为中国经济常态,物价不断上涨,银行也受到通货膨胀冲击和影响,表现为银行

---

[1] 刘鸿儒.经济大辞典(金融卷)[K].上海:上海辞书出版社,1987:569.

资产缩水和信贷萎缩等现象。以金城银行为例,由于严重的通货膨胀,正常银行信贷途径堵塞,银行吸收存款来源有限,而放款规模缩小,因而其有限的信贷往往流向银行自设的商业机构①,比如金城银行的自设机构——通成公司。除了物价上涨,银行业还需面对政府的统制政策,为了应对通货膨胀和经济统制,暗账成为银行业的业务惯例。

笔者在上海档案馆发现一批公开但未刊的暗账史料,极具研究利用价值。这部分史料有的是当年银行与其他企业的账务往来,其中部分名称是化名,幸运的是这些化名可以从其他档案对照中找到真实身份②,因而增加了档案史料的可信度;另外一部分史料是"五反"时期,企业当年经历者的"坦白交代",由于身处环境的压力下,他们的"坦白"即使不可全信,但根据所提供的材料,至少也可以肯定暗账是存在的,并且能够初步判断暗账的形式和目的。

本节正是基于银行暗账的资产负债表原始档案材料,以金城银行和上海商业储蓄银行为例,从银行高层的社会心理视域,分析暗账行为的原因、方式和特点。需要考察的因素包括暗账的社会经济背景、银行家的心理以及暗账行为,在社会心理分析框架之内论证暗账存在的内在逻辑,并对此行为给予客观评价。

从社会心理学视域来看,特殊社会经济环境刺激了银行家的社会心理,他们的情绪和心态又决定了银行的行为选择。在社会心理学中,人格和社会化是非常重要的两个概念。人格通常是指一个自然人个体从整体上表现出来的心理面貌。③ 而社会化则是人在社会生活中,不可避免地受到社会的影响和塑造,从而不断地适应社会,同时也在影响和改变社会。很显然,社会化过程也就是人作为个体与社会不断互动的过程。暗账产生,正是由于社会经济环境对银行家心理的刺激,银行家采取行动的一种回应。需要一

---

① 洪葭管.金融史的魅力[M].上海:上海人民出版社,2012:188.
② 比如永安公司在金城银行的化名暗账户资金往来,可参考史料:永安纺织股份有限公司以郭荣基化名的暗帐户与银行往来结单解款簿[A].上海档案馆馆藏档案,卷宗号:Q197-1-1008,1944.
③ 周晓虹.现代社会心理学[M].上海:上海人民出版社,1997:140.

提的是，客观地说，本节的研究也只能说是对现有暗账史料的一次利用尝试，更多的细节还需要进一步深入探索发现。

由于暗账属于企业灰色行为，专门记载企业的秘密经营活动，只有极少数高管参与账户的设立，而且在1949年中华人民共和国成立之后，诸多尚留在中国大陆的企业，很多都销毁了昔日相关账簿。囿于资料获得难度，学界对此关注和了解甚少。目前，涉及银行暗账的相关文献主要有三类：第一类是银行史料汇编，最具代表性的包括《金城银行史料》[1]、蒙秀芳和黑广菊的《金城银行档案史料选编》[2]、何品和宣刚编注的《上海商业储蓄银行》[3]，等等，这类文献全方位介绍银行的业务经营活动，其中涉及当年参与银行经营人员对于暗账的回忆，但都点到为止。第二类是银行家的日记或言论史料，如彭晓亮编注的《周作民日记书信集》[4]、傅国涌和周振新编著的《金融的原理：陈光甫言论集》[5]，等等，这类文献是研究相关人群社会心理的重要来源，从人物心理活动审视社会经济环境的冲击和影响，但是非常隐晦，基本没有直接记载暗账行为，而需要从只言片语中揣测他们的行为。第三类是金融史或企业家思想史的专题研究，比如洪葭管在《上海金融志》中提到钱庄等金融机构都有明暗两套记账体系，甚至对于暗账管理具有比较"正规化"的办法[6]；徐敦楷认为在通货膨胀情况下，民国企业利用暗账可以进行盈余投机、逃避税收和欺骗员工[7]；薛念文认为在通货膨胀情况下，上海商业储蓄银行通过暗账保持固有资产的价值[8]；刘志英等在《抗战大后方金融研究》中分析了聚兴诚等银行的暗账和暗息行为[9]。

---

[1] 中国人民银行上海市分行金融研究室.金城银行史料[G].上海：上海人民出版社，1983.
[2] 蒙秀芳，黑广菊.金城银行档案史料选编[G].天津：天津人民出版社，2010.
[3] 何品，宣刚.上海商业储蓄银行[G].上海：上海远东出版社，2015.
[4] 彭晓亮编注.周作民日记书信集[M].上海：上海远东出版社，2014.
[5] 傅国涌，周振新.金融的原理：陈光甫言论集[M].北京：新世界出版社，2016.
[6] 洪葭管.上海金融志[M].上海：上海社会科学院出版社，2003.
[7] 徐敦楷.民国时期企业经营管理思想史[M].武汉：武汉大学出版社，2014.
[8] 薛念文.抗战时期上海商业储蓄银行述论[M]//复旦大学中国金融史研究中心.中国金融制度变迁研究.上海：复旦大学出版社，2008.
[9] 刘志英.抗战大后方金融研究[M].重庆：重庆出版社，2014：291.

可见,已有文献以史料居多,基本上都是企业史或银行史中提到暗账行为,而专题研究则倾向于企业暗账的消极作用,较少肯定暗账行为产生的必然性和积极性,同时也大多忽略了该行为产生的原因和具体形式,因而稍显单薄、不够全面、缺乏深入分析。

二、通货膨胀下的银行资产缩水

通货膨胀造成物价不断上涨,不仅使民众生活更加困难,也使银行业遭受资产贬值威胁,加之银行正常业务无法正常开展,因而诸多资金便流向投机市场。[①] 设立暗账是最常用的一种方式,并且银行也利用暗账中的资金进行投机活动。

银行所受的影响,表现为资产缩水。信贷是银行最基本的业务,而放款则成为银行最重要的资产。本书以上海商业储蓄银行为例,根据何品、宣刚编注的《上海商业储蓄银行》中的资产负债表,对其进行整理,再结合其历年存放款总数折合黄金比较增减情况表,明显可以看到其存放款在数量上逐年增加,但是换算成黄金数量,则可以发现该银行资产缩水程度,具体情况见表4-4。

表4-4　1937—1945年上海商业储蓄银行抗战历年存放款总数折合黄金数量变化情况

年月	黄金市价（元/十两）	银行存款总额		银行放款总额	
		金额（元）	折合黄金（两）	金额（元）	折合黄金（两）
1937年7月	1 141	196 477 542.7	1 721 977	140 918 034	1 235 040
1937年12月	1 142	129 216 698.1	1 131 495	92 580 548.55	810 688
1938年12月	1 999	144 920 282.9	724 964	68 038 511.52	340 363
1939年12月	4 135	178 203 701.2	430 964	85 699 302.82	207 253
1940年12月	6 022	248 609 619	412 836	100 511 702.2	166 908
1941年12月	13 249	91 157 922.42	68 804	141 604 284.1	106 879

---

① 赵津.中国近代经济史[M].天津:南开大学出版社,2006:241.

续 表

年月	黄金市价（元/十两）	银行存款总额		银行放款总额	
		金额（元）	折合黄金（两）	金额（元）	折合黄金（两）
1942年12月	31 461	258 688 991.2	82 225	92 835 555.65	29 508
1943年12月	96 456	363 560 000	37 692	253 794 000	26 312
1944年12月	730 571	1 370 711 000	18 762	596 849 000	8 170
1945年6月	19 766 666	5 316 455 000	2 690	1 444 409 000	731

数据来源和说明："黄金市价"转引自"历年存放款总数折合黄金比较增减情况表"中的数据，见中国人民银行上海市分行金融研究室编：《金城银行史料》，上海人民出版社1983年版，第664页；银行存款和放款总额数据由何品、宣刚编注：《上海商业储蓄银行》，上海远东出版社2015年版，第302—353页"资产负债"整理得到。

由表4-4显然可见上海商业储蓄银行于抗战期间的存放款真实价值的变化。单从数额上看，似乎存放款总额都在增长，而实际换算成黄金衡量则可发现其价值缩水极为严重，存款总额折合成黄金，由1937年的1 721 977两减少到1945年的2 690两，而放款总额则从1 235 040两黄金缩水到731两，银行财富缩水程度可谓惊人。上海商业储蓄银行公开的资产负债表，自然是基于明账数据，在其数值变化中可以看到通货膨胀的巨大影响。面对物价飞速上涨冲击，银行必然采用相应措施以实现资产保值，甚至是增值。其中，暗账就是可行方式之一。

三、银行暗账情况：基于史料和社会心理的分析

通货膨胀影响资产，同时也促使银行家考虑资金安排，其基本心理是为避免过大损失，着意寻求资金安全通道。上海商业储蓄银行人员的战时心理颇具代表性：

> 查国家发生绵长战争，对于通货类难控制其膨胀，抗战初期，通货尚属安定。嗣后即趋膨胀，日甚一日。本行经营向谋与国政令相配合，不投机不囤积，力求对抗战胜利有所襄助。但直接间接所受损失巨大，为弥补损失，保留元气起见，不得不在盈余项下提存暗藏，妥

为运用。①

其他银行也不例外，比如中国实业银行北平分行赵秀毓等在致上海总行的信中也提到：

> 年来通货膨胀益甚，物价激昂不已，各地商业行庄际此狂澜，开支日增，收益日减，业务若循正轨难期自保，舍不另立副账另作企图，环境使然，平市当不例外。本行以恪于立场，向系恪遵总行指示，审慎经营，惟以同业间竞争以高度暗息争吸存款，致演成存户非高利则不能招徕。本行于去岁一月间因有绥省行款项索息既高，并须避用本名，本行为保持关系，是时且值头寸短绌，不得已勉予接受，但子金负担甚重。故将此项存款大部化分户名存储，以一小部分遇机设法运营。适逢金钞行情步升，以该款购存。②

以上两则史料中提到的暗藏或副账，就是暗账。其中多次强调的经济形势为通货膨胀，银行为了减少开支，避免更多损失，暗账行为成为一种可能的选项。显然，通货膨胀成为设立暗账的重要原因和驱动因素。

银行设立暗账方式各有差异，大多银行都是另设账户，如上海商业储蓄银行曾设立渝处 B、C、D 三个账户，每个账户都有独立的借贷对照表；金城银行也设立独立账户以实现购买黄金、外汇和物资。另一种比较普遍的方式就是在海外注册公司，通过它们实现资产的转移，从而达到保值和避税的目的，比较典型的就是上海商业储蓄银行在香港成立的华懋公司。下文以聚兴诚银行和上海商业储蓄银行的暗账为例，结合其账户资产负债表变化情况，分析银行暗账的基本情况。

---

① 上海商业储蓄银行暗账当前应加商讨之问题[A].上海档案馆馆藏档案,卷宗号：Q275-1-2555.
② 中国实业银行关于北京等行处设立暗帐及港行帐目整理办法等有关文件[A].上海档案馆馆藏档案,卷宗号：Q276-1-664.

(一) 设立暗账系统或新账户

重新设立隐蔽账户,这是银行最常用的暗账方式,既包括国内资金来往的暗账户,也有外汇暗账户。为了应对不断严峻的通货膨胀形势,银行的暗账名目也日益繁多,比如聚兴诚银行在总行和分行分别新开暗账系统;金城银行在全面抗战爆发不久就设立了"第一特户"和"第二特户",其中前者专门用来购买外汇和国外证券,使用币种包括美元、英镑和比利时法郎,资金存放国外同业或者直接购买有价证券,后者则是金城银行特意成立了信托部,设立"第二特户"进行有价证券投机,而这些账户的资产负债表具有极强的隐蔽性。

1. 聚兴诚银行的暗账系统

首先来看聚兴诚银行的情况。据该行史料,能够考证的其最早设立暗账的时间为全面抗战爆发之后,为了应对法币贬值,同时避税以确保收益,从1938年开始,该行将黄金外汇收益记入暗账。暗账外汇与明账外汇明确分开,成为两个独立子系统。暗账外汇是以暗账上的资金买入港币存入香港暗账户,而保持明账上的黄金数额不变。[①]

由于抗战中该行暗账基本都被范叔渊(暗账主持人)、黄澄宇(董事会秘书)烧毁[②],无法了解更加详细的账目情况。但是,从档案史料中,可以查到该行1945年至1949年的暗账资料。其暗账分为两个系统,一个在重庆,即所谓上游系统,成立时间较早;另一个在上海,被称为下游系统,成立于1947年初。据参与设立暗账的驻沪总稽核罗景霞回忆,"重庆情况大致与上海相同,但一切组织不及上海健全。"[③]这两个系统负责聚兴诚银行主要暗账的财务往来。

上海成为聚兴诚银行暗账系统中最重要的一个环节,这个下游系统由

---

① 暗账业务活动及其组织[A]. 重庆档案馆馆藏档案,卷宗号: 02950001019370000009001.
② 关于报送聚兴诚银行暗账组织经营情况的报告等[A]. 重庆档案馆馆藏档案,卷宗号: 02950001019590000003007, 1952.
③ 聚兴诚银行暗账组织情况[A]. 重庆档案馆馆藏档案,卷宗号: 02950001019590000003007, 1952.

5人构成。分工情况为1人管上海当地收付账目,1人管物品,1人经办放款及买卖物品,1人管计算,1人管印鉴及决策事务。暗账系统名称原为允孚,1948年改为永和,辖区各拨款事项一般都是听候该组织指示办理。①

为了保密和安全起见,该行上海分行与全国其他城市分行间连信件往来都采用化名,如上海称"永和",天津为"郭湾",广州为"田效陶",重庆称"信孚",成都为"养廉"等,投信地点多为正副主管人家中。而对暗账投机的标的,也同样采取特殊称呼,如黄金为"权汇"、美钞为"清汇"、港币为"通汇",有时甚至以"裤子""毛巾"等称呼,以免被外人查出。②

聚兴诚银行暗账分阶段实行,基本上都是将一部分收益设法拨入暗账系统,拨入款项分阶段专款专用。第一阶段完全作为永聚公司股款及行中增资之用。第二阶段除分红外,主要用以购买美金储券及美金公债并购置一部分黄金。第三、四两阶段除分红外,以购港汇为主、黄金美钞为辅,并拨一部分资金用以投资股款及购存股票和物资。其中,第一、二阶段业务以重庆为主,第三、四阶段业务集中于上海。

抗战胜利之后至1946年年底,该行暗账活动较少,但从下游各行复员费中拨一部分汇交重庆总处进入暗账系统,以用作放款。同时重庆总部再出售美金公债,腾出一部分资金汇往上海进行放款。1947年初,因为行中业务好转,"正账每月收益甚丰,两个暗账系统乃各在其辖区内以假开支付、假汇水(后来部分行处加收黑市利息)等方式将正账上的收益拨入暗账(当时称为消肿)。"③后来上海发生金钞风潮,法币更加贬值,该行1947年上半年起开始经由上海黑市购买港汇,后来又在重庆和上海两地投机黄金、美钞和股票,从上海买入港汇存于香港,再于香港换成美元存在美国,作为香港分行的经营基金,其收益划入暗账。

至于聚兴诚银行暗账款项数额,该行1938年成立了暗账处理所,该所

---

①② 聚兴诚银行暗账组织情况[A]. 重庆档案馆馆藏档案,卷宗号:02950001019590000003007,1952.

③ 关于报送聚兴诚银行暗账组织经营情况的报告等[A]. 重庆档案馆馆藏档案,卷宗号:02950001019590000003007,1952.

存款除 1939 年拨永聚公司股款 50 万元外,又于 1940 年初拨该行增资股款 24 万元。1941 年该行暗账收入以黑市利息为主,所得款项除每年分红及 1943 年拨总行增资款 69 万元外,至 1945 年抗战结束时为止约有美储券、公债 50 余万元,木材 1 万立方尺,还有少量黄金。

抗战胜利后该行重启暗账活动,收入主要用于投机港汇。至 1948 年发行金圆券为止,在香港存有美金 46 万元,在内地存有美钞 2.7 万余元,全部活动资产约值美金 20 万元。到 1948 年 10 月底,除固定资产外,共存金圆券 163 万余元。①

以上都是有关聚兴诚银行档案中的零星资料,笔者还于重庆档案馆查找到一份该行的暗账资产负债表,表 4-5 即为该行暗账各科目的资金数额。

表 4-5　聚兴诚银行全行暗账资产负债表明细(1949 年 3 月 31 日)

科目	借方金额	科目	贷方金额
证券	180.08	借入款	1 950 000.00
购置	188 642 013.22	应付款	48 225.40
应变准备	5 150 912.50	暂收款	0.19
放款	4 900 000.00	结余累计	200 434 674.05
银往	149 544.23		
存出款	4 155.64		
暂付款	3 580 184.22		
联行未解	5 909.75		
合计	202 432 899.64	合计	202 432 899.64

数据来源:聚兴诚银行全行暗账资产负债表明细表[A].重庆档案馆,卷宗号:02950001019330000052000.

表 4-5 列出了 1949 年 3 月 31 日的聚兴诚银行的资产负债情况,首先是贷方发生额,暗账总额达到 202 432 899.64 元,其中主要来源为上一期结余,累计数额为 200 434 674.05 元,借入款所占比重也比较大,数额为 1 950 000.00 元。左边的借方发生额,也即暗账的使用去处,购置总数为

---

① 暗账业务活动及其组织[A].重庆档案馆馆藏档案,卷宗号:02950001019370000009001.

188 642 013.22元,占总资产的94.12%,其他两项重要去处是应变准备和对外放款。据聚兴诚银行的其他史料,购置可能主要用于港汇的购买,但是很遗憾没有具体数值可作更准确的考证,有待于进一步考察。

2. 上海商业储蓄银行的暗账户

上海商业储蓄银行情况也一样,该行在全面抗战早期甚至更早时期就有暗账行为,其原因在于:

> 抗战以来,政府对于通货之控制,初尚有力,嗣即渐趋衰败。在此期间,本行之经营,以亟谋适应国策,配合政令,以冀对抗战之胜利,有所襄助;对金融之安定有所努力,无如战损弥重,为保养元气,树立行其计,不得已乃陆续在盈余之下,提存暗藏。①

这种担忧心理颇具普遍性,周作民也同样怀有如此心理,他多次在日记或内部会议上声明法币贬值的必然趋势,据他回忆,"金城银行的暗账也是不得已而做的"。他在《金城银行暗帐的纪略材料》中写道:

> 抗战第二年,我与各行经理集于香港会商行务,同人以为沦陷区域必遭巨损,法币必将贬值,为维护存户与股东利益及将来复兴准备起见,不得不设法保障和存储,于是决定各行除正常业务照旧经营以维持现状外,必须抽出资力私购外汇、黄金及各种物资,另帐存储,而此项帐(账)目秘密,因为当时政府固然禁止,而敌伪机关之甚严紧,此金行设立暗账(账)之动机和开始。②

根据上海档案馆该行的暗账借贷表史料,该行资产负债表不能称为严格意义上的资产负债表,该行称之为"借贷对照表"。笔者发现其中所列科

---

① 上海商业储蓄银行暗账香港准备户[A].上海档案馆馆藏档案,卷宗号:Q275-1-2555,1947.
② 金城银行暗帐的纪略材料[A].上海档案馆馆藏档案,卷宗号:Q264-1-1372-7.

目与明账中的资产负债表存在很大差异,明账资产负债表只有资产和负债两大类,其中的科目完全按照《会计法》要求设置①,几乎不存在特殊的情况;但是暗账中的科目设置就比较随意,完全按照银行特定目的而行事,表4-6列出了其暗账资产对照情况。

表4-6 1944年10月11日上海商业储蓄银行暗账资产对照

单位:"中储券"元

借方	科目	贷方
	暗藏准备	44 687 126.22
	分行暗藏准备	400 000
	应贷另户	4 981 186.91
6 200 847.96	动用暗藏准备	
1 656 107.89	分行另户	
33 298 232.16	总渝处另户B	
1 151 372.52	总渝处另户C	
	总渝处另户D	86 056.22
6 847 808.82	华懋公司	
1 000 000	希信记	
50 154 369.35	合计	50 154 369.35

资料和数据来源:上海商业储蓄银行关于暗账的另户、垫款、存款及贷借对照表[A].上海档案馆馆藏档案,卷宗号:Q275-1-2545,1944.

从表4-6中,可以看到科目设置中的新账户,这些账户即为所谓暗账户。其中,总渝处另户B、C和D账户,就是上海商业储蓄银行在重庆分行的账户,而华懋公司则是该行在香港注册的公司,希信记只是所有暗账账户中的一个,起到资金提存的作用,当政府实施管制或是经济环境发行变化的时候,银行不敢公然做账,只好另设新的账户。上海商业储蓄银行在不同时期都设立了新的暗账户,其数量远超过表4-6所列的账户。据笔者对该行暗账史料的整理,该行还有其他暗账户,主要有以下几个,其中所提到的资产负债表日期皆为1947年6月30日。

(1)元信户。设立于1944年年底。设立这个账户,上海商业储蓄银行

---

① 会计法[J].会计季刊,1935,1(1):176—207.

的理由是:"太平洋战争发生后,租界沦陷,'中储券'代替法币,物价趋涨,银行放款暗息亦高。该时恪于规定,各行处收放款利息不能公然记账,遂于三十三年底成立元信账户,将超过规定部分另行提存,由沪行汇总营运。"①该账户资产负债中,资产总数为 235 329 455.21 元,其中份额较大的主要包括现金 276 942.43 元、金条 21 165 722.17 元和外汇 215 230 712.78 元,外汇以英镑为主。②

(2) 崇信堂户。设立于 1944 年 6 月,专以搜购该行股票为目的,款项来源于银行暗藏盈余,直接从银行提存的暗藏数额为 78 440 280 元;另有一部分暗藏是通过上海商业储蓄银行的贷款,数额为 279 890 000 元。③

此账户与元信户一样都持续到了抗战胜利以后,账户资产负债情况显示其共持有东亚企业公司、新生畜牧场、中信实业公司、德昌祥茶号公司、建华化工厂、真裕地产公司、天和公司和南洋化工厂的股票市值达到 1 241 222 元,其实按照当时币值计算,此市值并不高。此外,据不完全统计,崇信堂户还购买地产和金条,在上海哥伦比亚路(今番禺路)投资地产 400 万元,持有 550 盎司(合 15.592 千克)金条,市价约为 239 726 700 元,账户总资产数为 505 456 956.70 元。④

(3) 保险准备户。此暗账户与之前几个存在一定差异,是银行对所有房产所投的火险。因为币值跌落,担心币值日趋不稳而造成投保额难以估计,上海商业储蓄银行暂停投保,而改为将保费 4 000 余万元提作保险准备。1947 年初开始,"因币值一再狂跌,因之不得不另筹善策。故自本年度起,除恢复投保火险外,按照实付保费另再加付同数,提作保险准备,以厚保障。原拟仍按照去年方法加以营运,惟以经济紧急措施方案关系,未便达及方案之规定,仅就提付之款加以放息而增收益。"⑤

---

① 上海商业储蓄银行暗帐处理之商讨、暗帐的报告[A].上海档案馆馆藏档案,卷宗号:Q275-1-2555,1947.
② 上海商业储蓄银行暗帐元信户[A].上海档案馆馆藏档案,卷宗号:Q275-1-2555.
③④ 上海商业储蓄银行暗账崇信堂账户情况[A].上海档案馆馆藏档案,卷宗号:Q275-1-2555.
⑤ 上海商业储蓄银行暗帐保险准备账户[A].上海档案馆馆藏档案,卷宗号:Q275-1-2555.

(4) 王伯屏户。设立时间比较晚,抗战胜利后才正式设立,其性质与前述元信户相同。元信户在 1945 年 11 月底被终止,而由王伯屏户代之办理银行提存业务。该账户主要来自银行暗藏资金,总资产数额为 545 191 944.28 元,包括现金 3 256 026.46 元、投资 14 085 942 元和外汇 467 723 113.60 元。①

(5) 信业堂户。主要目的是投机南京的地产。上海商业储蓄银行以信业堂名义收购南京空地,自用或转售,后又在空地上修建新式住宅分别出租或出售。② 笔者在上海商业储蓄银行暗账档案中找到一份信业堂账户房地产估价表,其中该账户地产分为三大部分③:第一部分是普通地产,主要包括住宅区和商业区,比如其中的住宅区鼓楼新村,占地面积 262 平方米,在 1947 年每平方米估价约 45 万元,约值 11 790 万元,而商业区八条巷 556 平米,单价为 80 万元,约估值 44 480 万元;第二部分为抵押地产,数量较少,仅包括棉鞋营和慧园里两处;第三部分是军队征地,这一部分土地原归属上海商业储蓄银行,但被政府征作军事用地。这三部分地产价值总计 485 334 万元。④

(6) 香港准备户。上海商业储蓄银行香港分行于 1945 年复业之后,特设准备户作为暗账账户,分别于 1945 年和 1946 年从分行提取港币 166 751.18 元和 1 185 000 元作为准备金,其目的在于充实港行资本实力。⑤ 但因为 1947 年 4 月 1 日香港将征收所得税⑥,考虑到所提准备金难免会被征税,所以又将此帐户资金全部做账冲抵。此外,香港分行还另设立储户,在 1947 年 2 月《经济紧急措施方案》颁布之后,由于方案实行外汇管制政策,修正中央银行管理外汇办法⑦,该行停止大部分外汇汇兑业务。但仍"有少数熟户,因业务上之关系,仍为通融办理。汇水收入因不能收入正账,在

---

① 王伯屏户资产负债情况表[A].上海档案馆馆藏档案,卷宗号:Q275-1-2555.
② 上海商业储蓄银行暗帐信业堂户[A].上海档案馆馆藏档案,卷宗号:Q275-1-2555.
③ 限于篇幅,本书不对信业堂具体地产作详细列表介绍,有兴趣读者可以向笔者索取相关档案复印件照片。
④ 信业堂房地产约计估价表(1947 年 6 月)[A].上海档案馆馆藏档案,卷宗号:Q275-1-2555.
⑤ 上海商业储蓄银行暗账香港准备户[A].上海档案馆馆藏档案,卷宗号:Q275-1-2555,1947.
⑥ 四月一日起香港征所得税[N].新闻报,1947-03-16(5).
⑦ 何绍琼.经济紧急措施方案述评[J].广东省银行月刊,1947,3(2—3):15—19.

港行开立活存'王梅恭'户存储①。此处"王梅恭账户",即为港行的一个暗账户,在1947年6月30日暗账资产负债表上共有资产81 558.52港元。②

(二) 海外公司的设立及其运营

除了直接设立化名账户,另外一种方式就是在海外设立公司,广义上来看也是银行暗账形式的一种。此类公司的运营,目的在于资金安全和调度自由,以应对货币(包括法币和"中储券")贬值、外汇统制甚至是冻结政策。1938年3月12日国民政府颁布《外汇请核办法》及《购买外汇请核规则》,标志着外汇管制开始。③ 为了应对外汇政策的限制,银行家心理随之发生改变,比如周作民"以为在本行设立暗账,遇有外汇经营出入或有不便决定,请吴、徐④两君赴马尼拉等设立友联公司交涉,始告成立,当时客存美金二万五千元,折合菲币充作资本"⑤。

上海商业储蓄银行还保留有海外公司设立的史料,从中可见其应对通货膨胀方法很多,即当政策或者社会环境发生变化,银行就会相机行事,采取不同的替代手段。总体来说,根据外汇是否实行管制,可以分为两个阶段。首先,早在严厉外汇统制政策实施之前,上海商业储蓄银行即已开始提存外汇暗藏。上海沦陷之后经济形势转变,银行家认为提存外汇是有利应对措施:

> 形成孤岛,自感岌岌可危,政府对经营外,尚未实施管制,故尚可自由买卖,惟汇率上下,幅度甚为可观,本行在此时期,即在上海方面开始提存外汇暗藏。重庆方面,政府为节约建国起见,推行节约建国美金储蓄券,本行维护国策,向不后人,以是踊跃认购,作为证券投资,嗣因国府对该项储券命令停售,市上遂有市价,经过较长时间之布置,乃将账

---

①② 上海商业储蓄银行暗账香港准备户[A].上海档案馆馆藏档案,卷宗号:Q275-1-2555,1947.
③ 朱斯煌等.民国经济史[M].上海:银行学会,1948:214.
④ 吴是指吴蕴斋,徐是指徐国懋。
⑤ 金城银行暗帐的纪略材料[A].上海档案馆馆藏档案,卷宗号:Q264-1-1372-7.

外盈余款项陆续换购账面所有之储券,并以是项储券特向国行开具美金汇票。①

这则史料的背景即为外汇尚处自由时期,上海利用汇率上下波动差价机会实行外汇暗藏。

其次,政府实施外汇管制政策后,只能通过在海外设立公司的形式进行外汇资金布局:

> 因战事关系,冻结之谣甚炽,特在沪提出暗藏国币一百万元,于1940年以此作为资本,另设华懋企业公司(Cathay Finance and Investment Company, LTD),该公司因系在香港注册,资金运用料想不受束缚。当时因将本行暗藏帐(账)存美外汇,拨出五十万元,用本行名义存入华懋公司,以谋灵活运用。同年因另有需要,由华懋出资在美成立 The Chrysis Corporation(后称克雷雪斯)公司,该公司系向美国 Delaware 地方注册,资本公积为美金二万五千元。②

关于这两个公司,笔者在档案史料中找到相关的介绍,其中华懋公司于1940年9月开始筹备,同年10月12日正式成立。正如上述史料所言,该行成立该公司的目的在于防止国外存款被冻结而影响资金周转。但是太平洋战争爆发之后,香港公司也同样遭受资金冻结的限制。而另一家在美国的 The Chrysis Corporation 公司,成立于1940年12月26日。

1947年2月,国民政府《经济紧急措施》出台,上海市面再一次传言外汇政策的改变,"对于征借国人外汇一事,甚嚣尘上。"③于是该行将在美国设置的账户资金于1947年7月全部拨进华懋公司的账户。"但同时因为英国金融紧张,本行用华懋名义所存美国银行之存款及证券等项,复恐不妥,即将该项资金,连同华懋本身款项,除酌留小数外,全部转致(至)克雷

---

①②③ 上海商业储蓄银行暗帐处理之商讨[A].上海档案馆馆藏档案,卷宗号:Q275-1-2555.

雪斯收存。"①

下面再来看一下华懋与克雷雪斯两家海外注册公司的资金来源和运用情况,两家公司的资金在1947年6月30日共计580万美元,其中一部分非该行自有,其来源及运用项目如表4-7所示。

表4-7 华懋与克雷雪斯资金来源和运用情况

单位:美元

来源		运用项目	
本行暗藏资金	4 200 000	现金及存放	1 300 000
副业暗藏资金	800 000	投资证券	2 800 000
客户存款	800 000	特种投资	1 700 000
		Cathay Insurance	1 000 000
		China Industries	600 000
总计	5 800 000	Manufactory Enterprises	100 000

数据来源:上海商业储蓄银行暗帐处理之商讨[A].上海档案馆馆藏档案,卷宗号:Q275-1-2555.

表4-7中,上海商业储蓄银行海外注册的两家公司,其资金主要来源为该行暗藏资金,总额为4 200 000美元,约占总来源的72.4%。而在资金运用方面,投资证券是其资金流向最主要渠道,数额达到2 800 000美元,约占总量的48.27%,其具体做法就是在克雷雪斯公司资产负债表中设置Loan A/C 和 Donated Surplus两个新的科目,将款项先转入华懋,再由华懋转拨克雷雪斯,计入这两个科目中。华懋公司资产不多,除其本身所有者外,另承受上海商业储蓄银行所拨款项,以之转交克雷雪斯,因而从根本上说,华懋在该行暗藏账及克雷雪斯两者之间主要起着承转机构作用。② 所谓的特种投资,是用暗账资金投资于三个公司,分别是Cathay Insurance、China Industries 和 Manufactory Enterprises,其投资额分别为1 000 000美元、600 000美元和100 000美元,总计1 700 000美元。

---

① 上海商业储蓄银行暗帐处理之商讨[A].上海档案馆馆藏档案,卷宗号:Q275-1-2555.
② 上海商业储蓄银行暗帐"华懋公司"文件[A].上海档案馆馆藏档案,卷宗号:Q275-1-2547,1941.

两家海外公司业务联系非常紧密,上海商业储蓄银行曾对它们的具体业务进行划分商讨,其所讨论的问题范围较广,涉及暗账之间的资金转移、政府的外汇统制以及资产申报,所牵涉的主体既有银行本身,也有政府,关系极其复杂。从中可以看出更为详细的资金来源和操作细节,亦可视之为银行对于暗账的博弈过程。

首先,关于是否继续以行名或私人户名办理转移资金的问题。从上文可看到,上海商业储蓄银行的暗账很大一部分是以私人户名形式存在,但是在华懋和克雷雪斯两公司间的转账却主要是以行名形式。具体来说,上海商业储蓄银行存于克雷雪斯的款项,大部分都是银行本身的资金,但也有一部分是客户存款。其中,绝大部分以该行户名以存款方式交存华懋,再以华懋户名以资本公积或借款方式转移至克雷雪斯公司。但转账户名形式上存在一定疑问,一方面由于款项数额巨大,在上海商业储蓄银行明账上却并无该款项;另一方面则是考虑到华懋的英籍公司性质,而英国战后金融环境趋弱。可见,银行以何种方式转移暗账综合考虑了本身账务和外部经济环境两个方面。

其次,担心政府外汇征借政策限制。克雷雪斯属于美籍公司,它的账务由上海商业储蓄银行委托律师代办,且囿于公司注册条例不能收受存款,因而该公司在纽约收受私人款项必须得先存入私人与银行来往账户内,一般是积累到数额较大时再通过华懋公司转账至克雷雪斯。国民政府在抗战期间就有征借民众外汇存款意向,并曾拟征借草案,但因私人财产隐私问题,在向各国政府交涉中都遭到拒绝。宋子文曾就征借国外存款事宜,于1945年向英美政府寻求洽商解决,也遭拒绝,转而希望人民自动申报。[①] 上海商业储蓄银行管理层商讨事宜中就包括政府征借一事,"万一政府征借外汇,不无有牵连之处"[②],而讨论的焦点则在于所受私人款项如何规避政府的"征借"。

最后,银行外汇申报问题。1948年8月19日国民政府颁布《国人存放

---

① 洪葭管.中央银行史料(1928.11—1949.5)[G].北京:中国金融出版社,2005:903.
② 当前应加商讨之问题[A].上海档案馆馆藏档案,卷宗号:Q275-1-2555.

国外外汇资产登记管理办法》,所谓的"民国人民"包括自然人和法人,要求国人存于国外之外汇资产于1948年12月31日前向中央银行或其他委托银行进行申报登记。① 该管理办法第7条规定外汇资产范围包括"托由在外国之代理人、受托人、经纪人在外国注册之法人"所持有的外汇资产,因而对于上海商业储蓄银行而言,两家海外注册公司所持有的外汇资产,理论上来说是需要申报的。但是由于明账并没有显示,只是记入暗账,该行对此问题也较为关注,因为"因外汇申报与否,与目下账务之处理有密切关联,故似宜早日解决,俾账务处理有所遵循"②。

以上三点,是上海商业储蓄银行对于这两家涉及暗账来往公司是否进行相关业务的商讨,可见该银行对于暗账业务的隐蔽和谨慎。除了应对恶性通货膨胀压力,其还要妥善冲破政府统制政策的限制。上海商业储蓄银行只是银行界一个代表,它所面临的问题与其他银行大同小异,面对政府的限制政策,银行并不能独善其身,虽然存在暗账行为,但是受宏观经济环境影响至深,其行为无不体现着政府与银行的利益博弈。

---

① 国人存放国外外汇资产登记管理办法[J].上海市政府公报,1948,9(10):180.
② 当前应加商讨之问题[A].上海档案馆馆藏档案,卷宗号:Q275-1-2555.

第五章 限价、币制改革与心理博弈

抗战胜利后国内经历了短暂物价下跌，随即物价便失控而急剧飙涨。国共内战仍在继续，通货膨胀形势日趋恶化，物价上涨已经对国民经济造成极大破坏。政府采取工资冻结、金圆券改革和限价政策，但是没有从根源上遏制物价，最终效果与预期南辕北辙。

1945年至1949年间的物价，一直是中国经济史研究的热点。众多学者都对此进行过大量关注，相关成果也极为丰富。学界多年来将研究视野置于政府层面，普遍自上而下地审视限价和金圆券政策，较少将目光投向微观经济主体，比如民众、同业公会和企业。如果从社会心理视角来看，这段时期物价的影响与1945年之前存在差异，比如抗战中，虽然物价受制于战时环境而不断上涨，但是民众和企业家尚有爱国精神和必胜信念。从本书前面章节可以看到，即使人们存在抱怨，但还是能看到他们对于政府的信任。

但是抗战胜利之后，民众热情却被复杂的国内政治经济环境所磨灭。以物价为中心，政府的所有政策几乎都在消耗他们的信念，以致每况愈下。当纸币变成烫手山芋，民众只想瞬间将其兑换成实物，这种心理很快成为社会共识，这也注定了政府多次币制改革最终必然失败的结局。

本章研究起点为抗战后收复区的伪币兑换，兑换比率不合理导致民怨深重，也刺激了物价上涨。以上海为中心，本章研究了1947年的黄金风潮、政府实施限价和工资冻结、民众心理特点，重心为"八一九"币制改革和限价实施。极端限价仅维持了70多天，政府多次修正货币法令，政策朝令夕改、变化无常，根源在于政府无法解决财政危机，政策缺乏科学性、前瞻性和针对性。频频修改法令，并且时常自相矛盾，这无疑强化了民众对金圆券愈加贬值的预期,从而更加刺激仓位持有者抛弃金圆券的心理,最终导致币制改革彻底失败。

第一节 "中储券"兑换比例不合理

抗战胜利之后,战前迁徙至大后方的民众陆续回到家乡,憧憬着重建家园。政府着手处理敌伪货币,制定政策兑换收复区伪币。本节研究以上海为中心,集中分析"中储券"与法币的兑换。币值的差异以及兑换比例的不合理,造成大后方与上海物价的巨大差异,刺激了后方人员的投机套利行为,而对收复区民众来说,则是其财富再次缩水。投机盛行,以上海为代表的收复区物价迅速高涨,同时也增加了上海等地民众的失望、失落和厌恶心理。对于抗战胜利初期民众心理的考察,不仅可以解释"中储券"兑换政策的不合理性,也能够诠释物价仅有短暂回落的真正原因。

一、"重庆客"现象

所谓的"重庆客",并不是指一般来自重庆的人们,而是上海市民对于抗战胜利之后来自重庆的投机者的称呼,其中含有贬义、嘲讽和厌恶,这其实是收复区民众的正常心理反应。抗战胜利初期,上海物价远低于重庆,为跨区投机创造了客观条件。大量投机商携带巨额资金从重庆而来,他们并不一定就是土生土长的重庆人,而有可能是曾从上海或其他城市去往重庆的投机商,但是由于都从重庆而来,就都被贴上"重庆客"的标签。在诸多报纸或期刊上,可以见到类似的介绍或报道,比如:"一些飞往上海的'重庆客',每人起码带去几百万,某部长夫人带崭新的钞票一千万,还说这是一点小数目,所以一到上海尽量的买东西,上海的物价上涨了,这样就间接影响重庆的物价。上海的老百姓自然要怨这一批'重庆客'了,就是重庆的老百姓又何尝不恨他们呢?我想上海应该先限这批'重庆客'。"[①]1945年9月上海创

---

① 欣宜.重庆的"上海客",上海的"重庆客"[J].吉普,1945,(4):6.

办了一份期刊《新生中国》,该刊宗旨在于呼吁国民在抗战胜利之后努力做好本职工作,重新建设新生中国。刊中还特意开辟"上海人"与"重庆人"专栏,探讨两个城市为抗战所作的牺牲和贡献,当然也免不了体现出对于特定"重庆客"行为的反感,其中焦点问题就是这些"重庆客"是抬高上海物价的始作俑者。人们的普遍心理是"他们给上海的第一炮就是将几种公用事业的收费极高地提高了,同时从内地带来的通货在上海大量地购储物资……于是,'重庆客'三个字,在上海人的心目中再不是尊称,而是一种恶毒的诅咒……"[1]。于是,报纸都有讽刺"重庆客"的诗歌,比如:"重庆客,像蝗虫,从天空飞到地上,一手拿着法币,一手拿着命令,双手放在背后,说话望着天空:'便宜,便宜!'买走了一切物品,带来了荒淫和饥饿。"[2]

这仅是事情的表面,如果再仔细加以分析,人们对于"重庆客"的称呼并不仅仅是缘于其投机抬价这么简单,还存在较深层次原因,就是货币差异以及兑换比例不合理。先来看一下从重庆而来的普通民众对于该称呼的反应和态度,同样是《新生中国》中的一篇报道,作者认为被称为"重庆客",实在有蒙冤之嫌:"我是重庆来的……而我本身过去是上海人……相信和我同来的没有一个是真正的四川人……那么为什么要把我们这些人看成特殊的阶层呢?老实说,所差的只是我们用的法币,上海人用的多了两个'储备'的伪币,而且政府把我们法币的身份提高一点罢了。这样或者使本来用伪币的上海人的财产无形中打了一个折扣。"[3]这位作者所提到的打折事情,即为"中储券"兑换法币之事。从他的话语中,不难看出上海民众对于"重庆客"的厌恶,其实只是表面上的,而在内心深处更恨的是国民政府不公正的兑换政策,因为它才是他们财富缩水的元凶,"重庆客"只是一个借口,或者说是普通民众借以发泄心中不满的工具而已。那么,战后国民政府对于"中储券"的兑换到底是何种政策呢?为何会造成轩然大波呢?下文将对些问题进行深入分析。

---

[1] 扬恶."上海人"与"重庆人"特辑:我看重庆人[J].新生中国,1945,(4):10—11.
[2] 卓方.重庆客:诗歌[J].生活与学习,1946,1(3—4):81.
[3] 王涯."上海人"与"重庆人"特辑:重庆人语[J].新生中国,1945,(4):9.

二、"中储券"兑换简述

"中储券"是汪伪政府战时发行的货币,对于沦陷区的民众来说,它从发行之时就是对自己财富的掠夺,"中储券"兑换法币的比例是1∶2,即2元法币才能兑换1元"中储券",相当于战时财富因为伪货币发行而打了对折。到了抗战胜利之时,原沦陷区(抗战胜利后,一般称之前的沦陷区为光复区或收复区)民众能不能得到补贴弥补损失的待遇呢？先来回顾一下"中储券"兑换过程的始末以及各界评论。

抗战胜利后,国民政府开始接收收复区的产业和财产,其中有一项重要工作就是处理兑换汪伪政权流通货币——"中储券",但是并没有立即制定相应办法。直到1945年9月26日,财政部公布《伪中央储备银行钞票收换方法》,规定"中储券"以200元换法币1元,并且规定自1945年11月1日起,至1946年3月31日止为收换期间,逾期未能兑换之伪钞,一律作废。[①] 1945年10月31日,财政部又颁布《伪中央储备银行钞票收换规则》,对前兑换办法进行调整,规定兑换由中央银行及其委托的其他银行或机构负责办理,每人每次办理最低数额为法币10元,最高数额为5万元,对于各地所收"中储券",由中央银行分地集中点验保管,表报财政部查验。[②] 同时考虑到时间紧迫,为避免短时间内兑换人数过多而造成拥挤情况,财政部还规定了不同币值"中储券"兑换时间。具体来说,规定自1945年11月1日起,第一个月先兑1 000元以上面额的钞票,第二个月加兑500元、200元和100元三种面额,第三个月加兑10元、5元两种,第四个月加兑1元券及辅币券;还规定了除各地中央银行之外,具体受中央银行委托的银行和机构的名称,包括中国、交通和中国农民三家银行,中央信托局、邮政储金汇业局、市银行、省银行或地方银行,四明银行、中国通商银行、中国实业银行等四家银行,再加上各地税务机关,上述银行和相关机构构成了兑换"中储券"机关。没有

---

① 中国第二历史档案馆.中华民国史档案资料汇编·第五辑第三编·财政经济(二)[G].南京:江苏古籍出版社,2000:381.
② 伪中央储备银行钞票收换规则[J].金融周报,1945,13(5):8—9.

上述各行局的地方,则由邮政储金汇业局委托各地邮局兑换。①

1945年12月1日,又对兑换办法进行改善,主要表现在两个方面:一是提高了每人每次兑换的最高数额,由之前的法币5万元提高到10万元;二是扩大了兑换机关范围,凡财政部准许继续营业的银行钱庄均可成为兑换机构。② 在收兑数量方面,据《金融周报》统计,1945年11月底共收兑"中储券"3 745亿元,12月为10 449亿元,1946年1月达到15 586亿元,3月23日统计数额为41 993亿多元,该最后数据已经达到伪中储行账册记载发行总额的90%以上。③ 如果按照这个比例计算,可以推断伪中储行总发行货币为46 650亿元左右。在这个数据的可靠程度验证方面,笔者在查阅相关史料期间,发现不同期刊或报纸对于伪中储行货币发行总数的估计,虽然存在一定的差距,但都认为在47 120亿元左右④。

三、"中储券"兑换比例的学界观点与民众心理反应

"中储券"兑换中最为核心且具争议的内容就是200:1的兑换比例,这也是最易引起民众关注的问题。该比例人为地提高了法币的币值,也就是低估了"中储券"的真实价值。之所以高估法币,据何廉回忆,是基于两个原因:一是国民政府对国家未来过于乐观;二是国内交通尚未恢复,法币很难从大后方运往收复区。⑤ 而在1945年9月,黑市中法币兑换"中储券"的比例是1:120。⑥ 他还以重庆和上海为例来说明该比例的不合理性,根据1946年的《中农经济统计》和《中央银行月报》中重庆和上海的零售物价指数,两者都以1937年1月至6月为基期,则1945年8月重庆的零售物价指数是241 638⑦,

---

① 中央银行公告伪中储钞票并始收换[J].金融周报,1945,13(5):9.
② 默.社评:伪钞收换办法的改善[J].新语,1945,(5):4.
③ 雷鸣.国内经济述评[J].金融周报,1946,14(14):11—12.
④ 张冠.中储券收兑秘闻[J].七日谈,1946,(20):8.
⑤ 全国政协文史和学习委员会.何廉回忆录[M].北京:中国文史出版社,2012:240.
⑥ 上海市商会公告九月十二日伪钞物价折合法币之标准[J].金融周报,1945,13(4):26.
⑦ 物价统计表十:各重要城市零售物价指数[J].中农经济统计,1946,6(1):99—100.

而上海是 9 740 247.7①。很显然,抗战胜利前夕上海的物价只相当于重庆的 40.3 倍。而货币兑换率却被人为定为 200 倍,在实际兑换过程中,曾出现过 230∶1 甚至更低的兑换比率。② 1945 年 9 月,以 1937 年为基期,基期值 100,上海的平均批发物价指数为 34 598,到 1946 年 5 月增长到 380 725,后者为前者的 11 倍③,而同时期重庆的物价指数比仅为 1.35④,成都为 1.56⑤。战前的昆明在大后方物价是最高的,其同时期物价指数比也仅为 1.21⑥。这无疑是极大地低估了"中储券"的购买力,自然加重了收复区人民的经济负担,使得收复区民众财富再一次严重缩水,是对民众财富的恶意掠夺。何廉在回忆录中,认为要在上海和重庆物价指数之间建立比价,并以此为依据核定两地间通货兑换率;认为将比例定为 50 元或 60 元"中储券"兑换 1 元法币是比较合理的,而 200∶1 的比例只会让光复区民众一夜之间破财丢产。⑦

除了何廉,其他来自各大新闻媒体和众多学者的反对 200∶1 比例的声音也不绝于耳。以《大公报》为代表的媒体专门开辟"民声"专栏,发表民众对于收复接收工作的看法和意见,如该报 1946 年 11 月 4 日发表题为《急救上海物价》的文章,认为"二百作一比价之后,上海物价不断上升"⑧。有的则从"中储券"发行数量上论证 200∶1 比例的荒谬,认为考虑到抗战中沦陷区民众已经历过 1∶2 比例收回法币,当时估计收回法币数额约为 115 800 万元,因此决定兑换比例最合理的办法是先调查"中储券"的准确发行额,然后再依准备金基础估定其价值,从而最后决定"中储券"和法币的比率,逐渐收回"中储券"。⑨ 同时在"星期论文"版块,还有一批学者不定期发表文章,从

---

① 中央银行月报[J]. 1946,(2):98.
② 处理伪币与安定光复区金融问题[J]. 金融周报,1945,13(6):10.
③ 中国科学院上海经济研究所,上海社会科学院经济研究所. 上海解放前后物价资料汇编(1921 年—1957 年)[G]. 上海:上海人民出版社,1958.
④ 根据 1946 年第 1,2 期有关重庆物价指数的统计数据整理得到。其中 1946 年 5 月重庆零售物价指数为 273 933,1945 年 9 月为 202 702。
⑤ 数据来源同上。1946 年 5 月成都零售物价指数为 280 834,1945 年 9 月为 179 562。
⑥ 数据来源同上。1946 年 5 月昆明零售物价指数为 477 488,1945 年 9 月为 394 271。
⑦ 全国政协文史和学习委员会. 何廉回忆录[M]. 北京:中国文史出版社,2012:240.
⑧ 急救上海物价[N]. 大公报,1945-11-30(1).
⑨ 沈春鸿. 论整理伪中储券问题[J]. 大同周报(上海 1945),1945,(1):10—12.

学术角度论述换币比率的问题。伍启元的研究最具代表性,他认为胜利后,无论是大后方还是收复区,都出现过物价快速下跌的情况,主要原因是市场心理大为好转,民众中出现"重法币而轻存货"的心理,但是,物价很快就又调头上扬,"不能不说是二百比一的恶果"①。曾任中央银行总裁的张嘉璈也认为"中储券"兑换的后果是不幸的,"伪钞的价值是被低估了的"②。至于兑换比率,多数学者更是众说纷纭,自抗战胜利以来,很多经济学学者、教授建议了不同的兑换比率,比如西南联大经济学教授伍启元提出兑换率应该定为 100∶1,谷春帆则认为应该是 50∶1。③ 著名财政金融专家魏友棐在《整理伪储币的意见》中提到应以"善意的方式来处理,参酌自由区与沦陷区的自由汇兑率,不宜相离过远"④。而据追随汪伪政权多年的传奇人物金雄白回忆,他采访过钱大槐,后者曾任金城银行大连分行经理,并担任伪中储行的副总裁,钱氏根据"中储券"的发行总额以及其与外币的兑换率,计算出"中储券"兑换法币的比例应该是 28∶1 才是最合理的。⑤ 此外,民国政要的日记或回忆录中,也零星地提到兑换率不合理。可见,众多媒体或学者都指责 200∶1 的比率确实不合理,并且提出了兑换比率的建议。

最近十几年以来,也有不少学者关注"中储券"的兑换问题。郑会欣详细全面地梳理了战后"中储券"兑换政策的制定经过,也对收复区民众货币财富缩水这一事实持肯定意见,认为货币"无形中被削弱了 70%"⑥以上,其研究颇具代表性。还有一部分学者对伪中央储备银行进行研究,论及战后敌伪银行资产清理时,提到了"中储券"的兑换比率,代表性的有戴建兵的《浅论抗日战争胜利后国民政府对战时货币的整理》⑦以及朱佩禧的《汪伪中

---

① 伍启元.近八个月的物价变动[J].西南实业通讯,1946,13(3—4):32—36.
② 张嘉璈.中国通货膨胀史[M].杨志信译.北京:文史资料出版社,1986:49.
③ 刘维开等.中华民国专题史·第五卷·国民政府执政与对美关系[M].南京:南京大学出版社,2015:233.
④ 魏友棐.整理伪储币的意见[J].周报(上海1945),1945,(创刊号):16.
⑤ 金雄白.汪政权的开场与收场(第一册)[M].香港:春秋杂志社,1960:117.
⑥ 郑会欣.关于战后伪中储券兑换决策的制定经过[J].文史哲,2012,(1):91.
⑦ 戴建兵.浅论抗日战争胜利后国民政府对战时货币的整理[J].中国经济史研究,1995,(3):143—148.

央储备银行研究)》①等。上述文献的共性在于基于史料的叙事,基本都认可"中储券"兑换比例不合理。

而对于普通民众而言,虽然他们没有从理论上论证兑换比例的不合理性,但是从自身感受和体会出发,也认为利益正在受到侵犯,自然也有不满和失落。著名金融史专家洪葭管也认为,人为压低的比率除了掠夺收复区民众财富之外,还显然是"把法币在收复区的购买力抬得远比大后方高,从而客观上不可避免地推动了华中地区的物价高涨"②。因而,收复区民众不仅没有感受到胜利和复员的喜悦,反而怨声载道,以至于收复区流传一首民谣:"想中央,盼中央,中央来了更遭殃。"③这首民谣,很形象地表达了民众对于兑换比例不合理的极度失望。抗战中,他们已经为丧失家园付出了深重代价,由法币到"中储券",再到法币,收复区民众财富进一步缩水,财产损失程度无法进行完全的统计。普通市民也很容易通过日常经济行为发现贬值损失,如在《新上海》期刊上曾有一普通民众对于兑换比率的看法,虽然语言朴实,但是道出了货币兑换比例不合理所导致的人们的愤慨:

> 当伪币初发行的时候,要二元法币掉换一元伪币,现在再拿二百元伪币,去掉回一元法币。人民因此倾家荡产的不计其数。某同乡会有一笔十万元公款,存在银行里,因为是公款,不能随便提出作囤积货物、经营商业之用,而且是定期一年一年地转下去,所以等到筹备伪钞发行,这笔款子就变成伪币五万元。现在此五万元伪钞,又被变成二百五十元法币了。十万元是法币,二百五十元也是法币!由十万元变成二百五十元,我们的政府,对于沦陷区域的人民,难道竟不负一点责任吗?我想良心上也有点说不过去罢!

最近上海市民,异口同声地说"今日法币的价值,敌不过去年今日

---

① 朱佩禧.汪伪中央储备银行研究[D].上海:复旦大学,2009.
② 洪葭管.中国金融通史(第四卷)[M].北京:中国金融出版社,2008:482.
③ 邢超.国民党那个时代:1919—1949[M].北京:中国文史出版社,2012:245.

的伪币价值",大家对政府二百作一的政令,发生怨怼,发生恐惧!市民拿二百作一去换得来的法币,价值如是之低,竟不及去年今日之伪币,焉得不生怨怼?①

以上文字可谓字字泣血、句句诛心,是普通民众对于"中储券"兑换比例的控诉,其心理毫无疑问是充满怨恨。抗战结束之后,一方面是通货膨胀,存款势必会越发趋于贬值,另一方面是兑换比率的极端不合理,两者共同影响着民众财富的真实价值。这则史料中还透露出一个重要信息,即作者没有将存款进行囤积投机,其言外之意似乎是在为没有投机而感到懊恼,这也从侧面反映了民众没有合适途径保护自身财产,唯有进行投机,而囤积则是易行手段,具有较强操作性和可行性。

在战后物价尚有一丝低落的时候,"中储券"兑换比例的不合理,不仅导致民众损失过重而产生普遍怨言,还造成收复区与大后方物价差异巨大,为投机者提供了巨大的套利空间。两地不同的物价水平,大后方城市游资大量涌向上海购买物资,必然促使上海物价在短暂的回落之后疯狂上涨。也正如何廉所言:"中储券兑换率实为极为敌视和严重的错误,当兑换率由官方定出时,上海物价下跌,但这仅仅持续了没有几天,随着法币逐渐充沛,物价猛涨。"②笔者曾撰写文章,通过反事实分析方法,认为假如没有制定如此极端的兑换比例,或许上海物价反弹不至于如此强烈和迅速。但是假设永远只能是假设,无法替代历史的真实。

第二节 黄金风潮下的限价与冻结政策

1947年初震惊全国的上海金融风潮,导致总体物价上涨,政府开始实施紧急措施,于2月16日由国防最高委员会颁布《经济紧急措施方案》(下

---

① 龙髯.法币与伪币[J].新上海,1946,(7):8.
② 全国政协文史和学习委员会.何廉回忆录[M].北京:中国文史出版社,2012:241.

文简称《方案》),物价工资冻结政策是其中重要的内容,宣布黄金停售,以期控制物价速度上涨。但由于黄金风潮并非孤立事件,而是经济政策失去方向的诸多事件的集中爆发,因而具有必然性,其影响也是深远的。

一、1947年金融风潮时期物价

黄金风潮始于上海,很快在全国蔓延,引起各地金融动荡和物价疯涨。前文在论述物价变化的时候,采用的都是物价指数的方法,指数作为一种相对数,可以看出物价的涨落趋势,但是无法看到商品某一具体时刻的物价。为了说明风潮对物价的影响,在此采用黄金的绝对价格作为考察依据,而不再使用价格指数。

先来看一下上海的黄金涨价情况,黄金是这次风潮的主角,1947年初的价格基本维持在370万元至380万元左右。在该年1月17日开始上涨,至21日已经涨到400万元以上,最高达到411万元。到了2月,黄金价格每天都发生变化,表5-1列出了该年2月政府实施紧急措施之前黄金价格的变化情况。

表5-1 1947年2月1—11日上海黄金价格变动情况

单位:万元

日期	开盘	最低	最高	收盘	配价
2月1日	411	398	413	406	408
2月3日	407	405	445	442	408
2月4日	443	435	481	473	439
2月5日	470	463	496	476	487
2月6日	460	450	491	484	469
2月7日	484	484	533	528	495
2月8日	532	532	593	560	572
2月10日	550	543	720	675	562
2月11日	675	675	960	850	730

数据来源和说明:梁春芳.二月金潮剖析与瞻望[J].浙江经济月刊,1947,2(2):11—14.原数据日期较多,为了研究需要,这里只选取与本节相关的数据。配价,即中央银行配售黄金价格。

表5-1为上海金业市场交易数据,可以看到2月1日至11日,黄金收

盘价格从406万元增长到850万元,增幅为109.36%,也即短短9个交易日,黄金价格翻了一番。而中央银行的配售价格,也从408万元涨到730万元,总体上来说低于收盘价,中央银行希望通过抛售黄金回笼法币,控制物价涨势。

但是,抛售黄金并没有起到抑制物价的作用,相反还刺激了物价上涨,黄金风潮影响非常显著。美钞和股票为代表的金融资产价格快速上扬,美钞由7 300元上涨到14 000元,在《方案》中,中央银行将美元兑换法币的汇率调到了12 000元。其时股市也出现暴涨,"股市在金钞刺激之下,也大趋繁荣,二月五日起逐渐盘俏,十一日已因涨停板者十者居九,至十二日始起回风,不一日又因游资纷纷来归,重起涨风,至十九日更造成空前暴涨,华股全部停板。"[①]可见,股市也因金潮而出现暴涨现象,投机趋势更加明显。

而与民生关系最紧密的则是物价普遍上涨,1—2月物价呈现直线上升趋势,尤以2月为最,较上月上涨超过60%[②]。以上海粮食市场为例,米市行情从1947年农历年关开始上涨,因为粮食来源减少,而需求一直旺盛。2月1日米价比1月增长3千元至4千元,价格达到8万元至8.7万元之间,而糯米价格更是增长到10万元。上海社会局抛售洋米,以实现米价下落,但是米价仍然接近9万元大关。米价很快就突破10万元,在11日就涨至14万元。而其他粮食,比如杂粮、面粉也跟着上涨,大连黄豆1日价格为5.3万元,而到了11日涨到8.4万元;兵船一号面粉1日市价为5万元,11日则涨至5.1万元。[③]

物价上涨除了受金融风潮影响之外,还因为当年1月发行了250元及500元关金大票,当然游资兴风作浪也是原因之一。在荣德生的《乐农自订行年纪事续编》中,据其回忆,他也对物价涨风颇有感触,农历正月二十六日,"惟物价又涨,柴每百斤二万四千元,米每石十一万元,油每斤三千元,肉每斤五千元,一家开支,不易维持……竟感左右支绌。"[④]荣德生都因为风潮

---

① 梁春芳. 二月金潮剖析与瞻望[J]. 浙江经济月刊,1947,2(2):12.
②③ 上海市半年来经济概况说明[J]. 上海市经济统计简报,1947,2(6):1—2.
④ 荣德生. 荣德生文集[M]. 上海:上海古籍出版社,2002:196.

所致物价疯涨而感觉"左右支绌",普通民众的生存压力则变得更为巨大。

为了更清晰地考察风潮前后上海物价变化情况,这里将上海重要商品的物价变化幅度列于表5-2中。限于篇幅,只考察了两个时期,即1947年1月和2月两个月份,原因在于此段时期黄金风潮最为严重,物价上涨幅度也最为显著,所选择物品都与民生直接相关。

表5-2　1947年1月和2月上海基本物品价格变化

单位:元

品名	单位	1月底价格	2月底价格	增长比率
白粳米	市石	83 500	110 000	31.73%
面粉	袋	41 000	54 000	31.7%
棉纱20支双马	包	2 420 000	3 250 000	34.3%
棉花	司马担	392 000	800 000	104.08%
美亭士林布	匹	240 000	355 000	47.91%
高匀度白厂经	包	5 200 000	8 050 000	54.8%
人造丝	箱	3 750 000	7 650 000	104%
桐油	桶	195 000	426 000	118.46%
白报纸	令	50 000	140 000	180%
白煤	吨	960 000	1 700 000	77.08%
树柴	市担	14 000	20 000	42.85%
白糖	市斤	1 700	2 400	41.17%
豆油	市斤	1 900	2 800	47.37%
猪肉	市斤	5 000	4 800	−4%

数据来源:本市二月份冻结生活费指数差额津贴及物价[J].通讯,1947,(3):40.

表5-2所列物品,除了猪肉价格略有下降之外,其他重要物品价格增幅都较大,其中白报纸、桐油与棉花价格增幅最为显著,分别达到180%、118.46%和104.08%。在短暂的一个月内,物价增速如此之快,足见通胀和风潮影响之巨。

除了上海,其他城市物价也受刺激而剧烈上涨。这里以南京为例,将《方案》实施前后的主要商品价格以及美钞汇价进行对比,包括食米、面粉、白糖、煤油、20支棉纱等,统计数据来源为联合征信所对南京物价的调查,考察时间为1947年2月1日、11日及15日,具体物价对比见表5-3。

表5-3 1947年2月上半月南京主要商品物价调查

单位：元

名称	2月1日价格	11日价格	增长率	15日价格	与11日比较增长比
饰金	445 000	960 000	115%	650 000	−31%
食米	72 000	95 000	31.94%	95 000	无变化
20支棉纱	2 260 000	4 068 000	80%	345 000	−12%
白糖	180 000	250 000	39%	260 000	4%
足度桐油	195 000	300 000	53%	380 000	26%
肥皂	162 000	380 000	135%	265 000	−30%
奎宁	240	270	13%	400	48%

数据来源和说明：此次金潮澎湃中市场主要物品涨落比较表[N]．征信新闻（南京），1947，(139)：3．为了节约篇幅，原表格中类别相同的多种物品，只选具有代表性的一种。

表5-3中，通过对比即可发现物价上涨速度之快。其中，饰金价格由于黄金投机，涨速很快，10天时间上涨了115%；涨幅最大的是肥皂，上涨了135%。食米和棉纱分别上涨了31.94%和80%，涨幅也相当可观。而15日，不同商品价格出现分化，饰金和肥皂出现最大的跌幅，其原因是15日开始实施《方案》，部分物品价格出现下跌。即使如此，其价格也远高于2月1日，比如跌幅最大的饰金，15日价格是650 000元，虽然相对于960 000元来说，下跌了31%，但是远高于1日的445 000元。从中可见，即使实施紧急方案，短短的半个月物价上涨程度也极为明显。

二、工人工资冻结政策与民众和企业家的心理变化

《方案》的第三项规定了物价与工资的计算安排，其中对民众生活影响最大的是冻结生活指数，"各指定地区职工之薪工，按生活指数计算者，应以本年一月份之生活费指数为最高指数，亦不得以任何方式增加底薪。"[①]在此需要准确区分两个概念，即生活指数和物价指数。生活指数是为了测量生活费用变动，通常以某时期为基期，也就是用这个时期的生活程度为标准，展现物价变化对生活费用的影响，为物价指数的一种。本节选择考察的上海生活指数，由上海市政府研究室主持编制，分为职员生活指数和工人生活

---

① 顾祖绳．职工差额金补贴办法概述[J]．社会月刊（上海1946），1947，2(4)：28．

指数两种。其中,职员生活指数根据93种生活必需品的价格计算,工人生活指数选用其中54种。物价指数一般包括趸售物价指数和零售物价指数,与民众生活直接相关的是零售物价指数。为了显示生活指数与物价指数的差别,这里将1946年1月至1947年5月指数解冻期间上海的一般零售物价指数与生活指数数据列于表5-4中,从中来对比两种指数的变化速度。

表5-4　1946年1月—1947年5月上海生活指数与零售物价指数变化
（1937年1—6月＝100）

年月	零售指数	工人生活指数	职员生活指数	年月	零售指数	工人生活指数	职员生活指数
1946年1月	19 432	106 245	89 855	1946年10月	832 924	521 856	451 232
1946年2月	327 669	184 573	146 404	1946年11月	874 426	568 464	482 158
1946年3月	533 921	275 422	229 806	1946年12月	971 309	647 032	528 292
1946年4月	493 006	269 430	226 320	1947年1月	1 042 325	794 555	661 461
1946年5月	498 632	409 579	304 624	1947年2月	未发表	冻结	冻结
1946年6月	536 474	404 065	319 518	1947年3月	未发表	冻结	冻结
1946年7月	573 459	449 420	368 328	1947年4月	未发表	冻结	冻结
1946年8月	583 642	453 675	375 409	1947年5月	未发表	冻结	冻结
1946年9月	686 570	496 740	417 748				

数据来源:转引自张嘉铨.生活指数的总检讨[J].中国劳工,1947,7(8):11—12。

表5-4中可见,从1946年1月至次年1月,上海的一般物价零售指数从19 432增长到1 042 325,后者约为前者的54倍;1947年1月的工人生活指数和职员生活指数分别同比增长6.48和6.36倍,很显然,生活指数增速远慢于物价增速,因而以生活指数计算工资会远远落后于物价水平。况且,在1947年2月开始冻结生活指数,对于工人和职员的生活来说无异于雪上加霜,所以他们有怨言和愤怒也就不难理解。

虽然在《方案》中还进行了补充,即工厂可以按照当年1月的价格将食粮、布匹和燃料等配售给职工实行补贴,2月19日国防最高委员会也通过《日用品供应细则》,宣布对公教人员和工厂职工等人员供应五类物品,包括米及面粉、纱布、燃料、食盐、食糖和食油,但仅限于公教人员和产业工人①。该《细则》规定公教职员每人每月配售中熟米八市斗或二号面粉两袋,布匹每半年配售一次,职员每员每人夏季漂白布五丈、卡其制服料一丈五尺、冬季蓝布五丈、棉质制服料一丈五尺,等等;但是对于工厂职工,配售标准却存在较大差异,工人每人每月配售食糖五市斗,煤球一百市斤,布每人每年仅两丈。上述物品分别由相关主管部门执行,其中经济部主管纱布、燃料及食油,粮食部主管米及面粉,财政部主管食盐,资源委员会主管食糖。

但是政策并没有顺利实施,原因在于物品储存地点、数目、转运配给地点以及配给机构等问题都没有做到具体规划,"生活指数冻结以后,政府将配给实物以代替,又说是将实行差额补贴制度,但这些制度到了2月28日还只是一'说',不见'做'。"②这里需要对差额补贴制度进行说明,据社会局统计,按照1947年2月上海生活指数计算薪津的工厂职工,人数约为21万人③。社会局考虑到人数众多,如果全部供应实物,数量极为庞大,而且手续繁琐,因而在具体实施中采取补贴差额金制度,即依据配售物品的市价与1月平均价格,由厂方算出差额发给现金补贴。以2月为例说明该种差额金计算依据,社会局在2月28日公布上述6种日用必需品1月和2月平均价差额为7.296万元,为了计数方便,社会局决定以7.3万元计算发放。一个职工的最终工资包含了两个部分,一是按照1月生活指数的若干倍计算数额,工人为7 945倍,职员是6 640倍④;二是由厂方补贴每人7.3万元。那么,这7.3万元是怎么计算而得到的呢?计算相对简单,其差额金构成见表5-5。

表5-5 1947年1月和2月上海职员工资差额金构成

单位:元

品名	单位	平均价格			数量	津贴数
		1月	2月	差额		
籼米	市石	66 800	110 500	43 700	8斗	34 960
豆油	市斤	1 589	2 700	1 111	5斤	5 555

---

① 经济紧急措施方案办法:日用品供应细则[J].银行周报,1947,31(8):34—35.
② 王玫.生活可以冻结吗?[J].文萃,1947,2(22):26—27.
③④ 工资差额实行补贴[J].财政评论,1947,16(3):113—114.

续 表

品名	单位	平均价格				津贴数
		1月	2月	差额	数量	
食盐	市斤	423	623	200	5斤	1 000
食糖	市斤	1 700	2 900	1 200	1斤	1 200
煤球	市担	15 000	28 000	13 000	一担半	19 500
布	市尺	1 350	3 500	1 150	5尺	10 750
		总额				72 965

数据来源：工资差额实行补贴[J].财政评论,1947,16(3)：114.

表5-5是对上述差额金即补贴构成的详细说明，表中计算了1947年2月与1月上海的物价差额，通过差额与配售数量的乘积，比如籼米每石价格差额为43 700元，配售数量为8斗，因而这一项津贴数为34 960元，依次类推，可以算出各种物品的津贴数额，最终计算得到每名职员每月应补贴数额。

这种折合现金发放的方法，得到时任上海市市长吴国桢的肯定，他认为此方案"极为公允"①。在具体实施中，此方案存在很多问题，虽然其在一定程度上缓解了物价上涨压力，但是对于一些群体是不公平的，所谓的7.3万元差额金，是按照一家3口标准计算，据社会局的解释，由于童工没有家室，仅以三分之一核算，自然属于对童工群体的剥削和待遇歧视。另外，配售物品种类和数量也有严格限制，比如工厂提供膳食者，需要扣除贴补中的米、煤球、油、盐、糖各项差额折合数，只发给棉布一项，其余情况依次类推。②

在物价飞速增长时期，对工资增速进行单边冻结，一方面是物价激涨，而另一方面是工人工资冻结，两者间的差距无疑愈加增大。工人生活难度更加增加，即使提供配售和补贴，薪水阶层福利损失也尤为明显。对此政策，存在劳资双方两种完全不同的心理，立场对立必然造成这一矛盾无法调和。接下来，将分析劳资双方的典型心理，解释他们对于《方案》中工资规定

---

① 配给制开始前补助问题[N].申报,1947-02-26(4).
② 差额补贴社局疑释[N].申报,1947-03-02(4).

的态度和相应行为。

(一) 工薪阶层的极力反对与权益争取

对于薪水阶层而言,1947年2月之后的工资按照1月生活费指数进行冻结,工资数量不再增长,明显远远落后于物价增速,自然引起他们对于政策的质疑和反对。他们认为"当局挽救经济危机的紧急措施,并没有针对事实的症结,相反的却把血淋淋的事实装饰成美丽的花样"①。反对声音的焦点在于工资冻结的不合理,民众生活处境更加艰难。

1. 公务员生活困难和其心理特点

为了说明这个问题,先来看一下1947年前5个月公务员生活费指数的增长情况,相关物品和服务价格变化趋势见表5-6。

表5-6　1947年1—5月上海公务员生活费指数(1937年1—6月＝100)

时期	总指数	分类指数				
		食物类	衣着类	房租类	燃料类	杂项类
物品项数	28	10	6	1	2	9
1月	999 449	956 471	1 324 053	209 209	1 513 843	1 527 784
2月	1 268 485	1 271 120	1 888 826	253 629	1 847 195	1 808 191
3月	1 338 152	1 293 705	1 944 127	288 286	2 143 966	2 124 334
4月	1 534 272	1 402 772	2 410 375	467 857	2 321 152	2 203 970
5月	2 087 184	2 223 279	2 834 350	587 500	2 642 305	2 811 626

数据来源和说明:上海市公务员生活费指数[J].上海市经济统计简报,1947,2(12):6.原表是统计1月至10月,本书只选取前5个月。

表5-6中的数据,按照与生活直接相关的物品类别分成五大类,每一类物品价格指数都呈上涨趋势,总指数从1月的999 449增长到5月的2 087 184,增长了108.83%,短短5个月内物价翻了一番。显然,如果生活指数依旧保持在1月的水平,翻番之后的物价,自然极不合理。"在白米涨到三十万大关时,工人的生活指数仍冻结在三个月前白米五六万一石时的

---

① 王玫.生活可以冻结吗？[J].文萃,1947,2(22):26—27.

阶段,这又怎是合理的?"①《申报》对此问题颇为关注,一直跟踪报道相关进展,不仅刊登学者文章,也不定时开辟"编读往来"栏目,从中可以发现时人对此问题的情绪和态度。下面这段引文很具典型性,代表了当时最真实的民声:

> 最近两星期以来,米价疯狂飞涨,其他一切物价,也无一不直线上升,涨势之猛,实在太惊人了,使人人的生活都感到威胁,尤其是一般靠薪水或工资收入的人们,几乎要惶惶然不可终日。自二月中旬政府实施经济紧急措置办法以来,生活的指数是被冻结了,但是物价不仅没有抑平,而且日涨夜大。以米价一项而论,两个多月来,就涨了二三倍;在这种物价与薪给不平衡的状态下,要求解冻生活指数的呼声,也就跟着物价的飞涨而日益高涨。②

对于生活指数冻结,民众最普遍的心理就是不信任和无法接受,认为政策没有从根本上解决物价上涨,因而很难达到预期目的,即使有实物配给或差额补贴,也无法弥补物价快速增长所带来的额外支付,况且配售物价种类和数量有限,难以满足生活需要,对抑制物价上涨毫无意义。

经济学家赵迺抟对于紧急措施方案中的物价问题心存忧虑,其认为从抗战时期的经历来看,限价都具有悲惨苦痛的教训,因而"已无信心,在通货膨胀生产缺乏的现状下,漫谈议价与限价,直等于痴人说梦"③。时任香港劳动协会理事长的朱学范也持大致相同观点,他认为该方案硬性规定职工薪资固定于1月最高指数,实属极不合理之办法,因而主张在物价未稳定之前,应仍继续按月依照生活费指数调整的办法。④

全国邮务总工会对物价生活费冻结的看法颇具代表性,也代表了当时

---

① 唐汕.冻结与解冻[N].申报,1947-05-11(9).
② 正视目前的经济危机[N].申报,1947-05-07(2).
③ 赵迺抟.经济紧急措施方案质疑[J].经济周报,1947,4(11):8—9.
④ 反对冻结生活费指数:朱学范发表谈话[J].中国工人,1947,(16):5.

最常见的心态：

> 一年来物价为何高涨？谁都知道这主要是为了内战，增加了通货发行，致使币值贬落，物价飞腾，及至此次金钞风潮发生，一切物价均被拖高，靠着低微薪工过活的职工们正恐惧于这物价高潮的冲击，谁都感到来日的大难，不料《经济紧张措施方案》，不但不曾给予职工们一些生活保障和安慰，反而硬性地冻结了生活指数，限制了今后工人的生活，薪工既未刺激物价，更根本与金钞风潮无关，我们为什么要遭受这一种生活的重压？①

这段文字已经涉及对物价涨势真正原因的剖析，内战自然是物价飞腾的关键原因，政府却以限制薪资增长为手段企图抑止物价。关于薪资与物价的关系，政府的做法完全是本末倒置，最终却由普通民众来承担内战导致的物价后果。

而在民国期刊和报纸上，相关的讽刺文章或者漫画则随时可见，这是一般民众对于冻结政策的反应，从简单的漫画中透露出他们的反对情绪，可以直观地看到物价上涨与工资冻结双重困境下的民生状况。图5-1这幅漫画就能够反映当时民众的一种心态，即物价与收入差距悬殊之下人们对政策的极度不满。

2. 民众与工会的权益争取

上海总工会理事长水祥云多次召集理监事联席会议，要求政府维持每月生活指数，以免工人生活受到威胁。在2月22日，总工会向经济部部长王云五请愿，请求政府增加工界参政员名额及延纳有关工人福利的部门（如社会部）参与议会，以使其决策不至过远偏离劳工权益。②

2月26日，水祥云和社会局局长吴开先先后到南京请愿，希望能够解

---

① 生活指数冻结[J]. 邮话（上海1942），1947，(13)：2.
② 冻结生活指数，生活大受威胁[J]. 经济周报，1947，4(9)：4.

图 5-1　生活指数冻结与物价飞速上涨①

决生活指数冻结的问题,以平息各地职工的反对声音。虽然尚未制定妥善有效办法,但是在差额金方面的决策取得了进展,即核定配售物品当月与上月价格差,将此作为补贴的依据。上海总工会对此问题进行过多次讨论并商讨解决方案,希望能够推进指数解冻进程。3月1日,水祥云再次主持理监事会议,认为政府根本不了解上海工人生活状况,所制定的指数冻结政策并没有事先征询工会意见,因而对于工人生活造成严重打击。但是政府方面暂时无法解冻指数,总工会只能退而求其次,"惟念及政府现正遭受严重经济困难,对于政府经济紧急措施方案,暂予忍痛接受。惟希望今后每三月调整生活指数一次,期能解除工人长期之痛苦。"②这是工会的一次妥协,三个月调整一次生活指数对于缓解生活压力无疑好过长久冻结,工会的心理容易理解,相对来说,短期冻结实为一种折中甚至是妥协的方案,综合考虑了政府政策的意图和工人生活的压力。

但很快他们发现即使是三个月调整一次也很难解决人们生活困难的问

---

① 二甲.时事漫画:生活指数冻结,物价指数飞扬[J].一四七画报,1947,10(12):2.
② 总工会讨论指数问题希望每三月调整一次[N].申报,1947-03-02(4).

题,于是以水祥云为代表的工会组织又多次请求尽快重新恢复工人生活费指数。从水氏多次向参议大会提出的提案,可以看到他对于冻结指数问题的心理,其对问题的看法也越来越深入,很多提案不仅涉及民众生活压力问题,还提到生活指数冻结的其他弊端,比如他认为若不恢复生活指数,必然造成过多的劳资纠纷,非但影响生产事业,更使社会动荡不安。此外,他还对生活指数编制存在较多疑虑,指数统计口径中包括54种物品,而差额金只按照其中6种计算,其他48种涨价,工人却并未获得差额贴补。如表5-5中所示,1947年2月凡以生活指数计算者,一律贴补7.3万元,其中忽略了一个重要因素,即技术高低差异并无差别,从根本上来说并没有奖励工作效率,一刀切的做法令工会难以接受。①

各种请愿活动一直在进行,但是收效甚微。劳资纠纷案件不断增加,据社会局调解科3月的统计,该月共发生劳资争议案件186件,其中属于改善待遇者35件、增加薪资者12件、解雇复工者72件、停业遣散者16件、怠工者7件、差额金者11件及其他33件。② 到了4月,劳资双方纠纷数量更加增多。据社会局4月统计,因拒发差额金引起纠纷的行业,已有修造民船业、广东腊味杂货业、笔墨文具业、篾竹业、袜针造业等二十多个行业。③ 许多行业都因为生活艰困要求资方以增加生活附加费等形式提高待遇,但都被社会局以变相增加生活费指数为由而驳斥。

各业工会活动方式开始发生改变,由之前的请愿发展到怠工或罢工。5月5日,第四区机器业产业工会继三区棉纺之后,举行全体代表大会,作出三点决定,一是由全体工人联名呈请总工会,转呈政府要求解冻生活指数;二是如无满意答复,全体停工1小时,以示坚决态度,待解冻后以2小时工作补足之;三是如再不获答复,发动全体工人游行请愿。④ 当日,该区黄浦铁厂工人已实行罢工,源丰机器厂工人也开始怠工。不仅中小公司采取怠工

---

① 指数若不恢复,社会将失安宁[N].申报,1947-03-09(4).
② 上月劳资纠纷发生一八六件[N].申报,1947-04-13(4).
③ 劳资双方纠纷者甚多[N].申报,1947-04-13(4).
④ 要求指数解冻,工厂多家怠工[N].申报,1947-05-06(4).

方式抗议生活指数冻结,大型国有公司如中纺公司所属工厂工人也怠工半天,中国纺建第一总厂及第一分厂700余职工也一度怠工,后经工会劝导后才复工。

由于职员和工会一直的努力,到了5月6日,终于有了解冻生活指数决定的消息,社会部部长谷正纲在上海与各方商议生活指数解冻方案。5月10日,经济委员会物价会议修正通过上海市工资调整暂行办法,规定自1947年5月开始,各业工人工资按月根据指数分别依该办法计算发给,但不允许更改底薪,如果有更改者,则也被强行要求恢复到原来的水平标准。其中核心内容是对不同底薪的处理方案,底薪在30元以下者,全部依指数计算;底薪在30至100元者,除30元部分按照指数全额计算外,其余部分以每10元为一级,逐级递减折扣。① 具体计算方式见表5-7。

表5-7 生活指数解冻折扣方案

底薪	折扣	底薪	折扣
30元	按指数全额发放	71至80元	七五折
31至40元	九五折	81至90元	七折
41至50元	九折	91至100元	六五折
51至60元	八五折	101至150元	六折
61至70元	八折	151至300元	五折

数据来源:生活指数解冻决定折扣方案[J].纺织染工程,1947,9(3):56.

表5-7中列出了各种底薪职员的工资发放折扣标准,只有每月底薪不到30元者才能十足发放工资,其他级别底薪者都实行折扣政策,而最终工资依据底薪与生活指数的乘积来决定。

民众通过自己和工会的努力,最终使生活指数得以解冻。实行折扣政策,在高涨的物价面前,其所得工资投入生活,仍然显得窘迫,但是相比冻结在1月的情况来说,已实属不易,这是劳方所争取到的合法权益。对于另一个经济主体,即资方来说,他们无疑要面对生产成本的增加,其心理状态和

---

① 黄君默.专论:论生活费指数解冻[J].工商经济,1947,1(2):5—7.

行为方式与民众存在较大区别,接下来分析他们的心理与反应。

(二) 资方对于生活指数冻结的复杂心理

对于劳方而言,冻结生活指数意味着工资与物价差距越来越大。而对于资方,他们则有完全不同的看法和态度,他们必然与民众存在对立和利益冲突,使劳资双方纠纷成为非常重要的社会问题。生活指数冻结与解冻时期,劳资纠纷特点并不完全一样,反对主体发生转变。主要表现为冻结时期,民众呼声更高,因为冻结直接危害到他们的生活;而解冻之后,则是资方要反对政策,因为他们的生产成本无疑会增加。正因为这种对立立场,只要两者间的心理博弈存在,纠纷发生也在所难免。

1947年5月,社会局在公布解冻方案之后,虽然规定"如资方确实无力负担者,得由劳资双方自行协商后,另订发给工资标准,呈报主管当局备案后实行"[①],但是,由于双方协商很难达成一致,该项规定也是有名无实。

生活指数都由上海生活指数审议委员会编制公布,5月解冻时的工人生活指数为23 500倍,职员生活指数为16 357倍。这两个指数相对1月来说增长很快,1月工人生活指数为7 946倍,职员生活指数为6 614倍。[②]由于工人和职员工资都以底薪为基础再乘以指数,即使是实行表5-7中所列的折扣政策,资方所付工资的绝对数额也是迅猛增多的。所以,指数解冻之后,资方,包括企业主、企业协会或者同业公会都有矛盾的心理,即一方面支持解冻,而同时又抱怨解冻之后的成本压力,从而导致行为上的差异,劳资双方冲突也呈显性化和多样性趋势。需要补充的是,从资方立场支持解冻的声音虽然存在,但是远小于反对声音,也即资方反对解冻的声音一直居于主流地位。

1. 资方主动要求解冻生活指数

物价是影响工潮的最主要因素之一,生活指数冻结之后,民众购买力与

---

① 指数本月决解冻工资计算分八级[N].申报,1947-05-07(4).
② 生活指数"解冻"的后果[N].申报,1947-05-31(2).

物价间的差距进一步拉大,巨大工潮在所难免。社会部为了处理全国各地劳资纠纷事件,在重要城市设置了劳资评断委员会,主要以当地主管官署及参议会、商会和工会的负责人担任。1947年1月至6月间,各大城市上报的劳资纠纷案件达965件,上海数量最多,为788件,所有案件中关于工资与待遇的占了40%。① 这一比例在所有原因中占据第二位,仅次于解雇纠纷的45%。在生活指数冻结期间,一些资方代表并不同意冻结,其原因在于担心工潮形势恶化。全国工业协会上海分会是其中的代表,他们认为冻结只会继续引起工潮事件,该会总干事田和卿甚至认为冻结生活指数,实属掩耳盗铃,政府要达到抑平物价和安定民生的目的,应注意从促进生产方面入手,而不应该只采用冻结指数的治标方法。② 该组织还于4月底去南京请愿,向政府提出解冻工人生活指数的请求。5月3日,社会局召开上海各工业同业公会代表会议,当时发言的各业代表,比如机器业颜耀秋、造纸业金润庠、纺织业汪竹一和刘靖基、肥皂业潘星煜等,都一致认为生活指数冻结而物价不冻结,极不合理,应该进行调整。其中,颜耀秋在会议发言中指出,政府仅将生活指数冻结,而无法控制物价,既不合理,也不公道;而且认为差额金应由政府补贴工人,现在事实上却由厂方负担,此种不合理之措施亟应加以改善。同时,他还考虑到在百物飞涨中工人生活感受到压迫,严重影响工作效率,"且工作上之种种流弊,亦因之而生,故当今指数之解冻,属刻不容缓!"③金润庠发表意见称,"工资冻结,物价上跑,致造成工资与物价间之甚远脱节,使社会增加不安因素,间接影响生产。鉴于目前趋势,生活指数之冻结,势非予以调整,不能消灭危机。"④纺织业刘靖基也认为"在当前实际情形下,指数冻结,已不合理,政府自应及时予以调整"⑤。

其实,大多数民营资方对于工人都表示出一定的同情。工业协会所关注的重点是发展生产,这是解决物资短缺和缓解通货膨胀的根本手段。曾有很多企业家表示:"在外货倾销下,即使工人不拿工资,民族工业也难以维

---

① 上半年劳资争议案[J].社会工作通讯,1947,4(9):32.
② 对稳定物价促进生产,工协沪分会提供意见[N].申报,1947-02-27(4).
③④⑤ 解冻生活指数,各公会负责人一致赞同[N].大公报(上海版),1947-05-04(5).

持。在外货倾销之外,还有一个全国内战的局面,严重影响了国内市场和原料来源。"①这种心理比较客观,综合考虑了宏观经济形势各种因素,认为内战和倾销是最主要的两个原因。

从民营工厂或公司来说,生活指数冻结也许并非福音,甚至带来诸多不利因素,主要体现在工人"情绪极坏,效率低下,不如解冻"②。该协会还曾提出生活指数解冻方案,即分区间和分阶段实现解冻,在给政府提的建议中,其希望底薪在30元以下者全部解冻,而在30元以上者则分阶段实行,比如5月按照新指数的50%计算,6月按照60%计算等,以最终实现无条件解冻。从1947年5月9日政府实施的解冻方案来看,虽然没有实行分阶段实施政策,而是采用打折方案,但仍与工会协会的方案具有一定的相似点,比如以底薪30元作为一个区间标准等,可见他们的意见还是比较合理的,具有一定可行性。

虽然有些团体或组织要求解冻生活指数,也许并不是为维护劳方的利益,而是担心越来越多的工潮影响工业生产,但在客观上有利于缓解工人群体的生活压力。

2. 资方对解冻生活指数的异议

资方心理复杂并充满矛盾,他们同时又对生活指数解冻心存异议。工人的工资是构成生产成本的重要要素,解冻必然会造成资方所付工资数量增加。上海1947年5月的生活指数中,工人为23 500倍,职员为16 357倍,两个指数相当于1月的3倍,这意味着如果按照其时指数发放工资,总数将是之前的3倍。据当时银行报道,较多厂商感到难以应付,因为他们希望生活指数能够控制在2万倍以内,突然增加的倍数使得企业难以支付多出的工资。③另如棉纺业,据六区棉纺业同业公会声称,20支棉纱在生活指数解冻之前的工资成本约为40万元,之后要涨到120万元。④

---

①② 康强. 指数解冻后的劳资纠纷[J]. 华萃丛书,1947,(8):26—30.
③ 可怕的生活指数[J]. 南洋(吧城),1947,(22):1.
④ 工人生活指数的纠纷[J]. 工商新闻(南京),1947,(33):1.

自此指数公布之后,资方顾虑最多之处为成本压力造成企业负担过重,上海机器业、内衣业、西服业、铅印业、染织业、机器缝纫业、民船业和针织业等业同业公会先后表示不能遵照官方公布的指数①。他们考虑的原因主要是工厂产品在生活指数冻结期间接单价格都依照原倍数(7 900 倍)计算,成本陡然增加至 23 500 倍,多数接受订货的工厂因此而难以维持。由于成本增加,特别是小型工厂,只有通过缩减生产规模或者停工方式来应对,而这种行为势必造成更多工人失业,因此工资和物价问题已然成为棘手的恶性循环难题。如上文中提到的机器工业同业公会理事长颜耀秋,他的心理和行为具有明显代表性,他既认为物价指数冻结有不合理之处,但又反对解冻措施。他与其他行业同业公会理事长一起拜谒社会局局长吴开先,陈述困难,并通过同业公会向新闻界呼吁。颜氏对记者言,自己并不反对生活指数,亦不反对底薪高,但工厂已经无法承担如此激增工资。并以自己经营的工厂为例,指出生活指数解冻前,其厂发给工人的工资数额为 7 000 万元,按 4 月指数要 1.4 亿元,而到了 5 月则增加到 2 亿余元。② 一些工厂则完全不能接受 23 500 倍,于是选择自己可以接受的倍数支付工资,如上海一部分机器工厂发薪时,因无力负担 23 500 倍之数,改为按照 4 月指数即 14 800 倍发给③。之所以可以按照较低标准支付,是因为社会局考虑到生产企业压力,特别允许劳资双方协商解决。可以通过两种方式,一是消极方式,由资方邀同劳方代表商议,并公开账目以证明资方确实不能负担,而将指数打一折扣;二是积极方式,由工人增加生产提高工作效率以弥补资方开支,或延长工作时间而不另支付额外工资,如六区棉纺同业公会理事长王启宇认为"工作时间应当延长,则劳资双方可互受其益"④。另外,上海市政府还专门颁布《上海市工资调整办法》,其中第 5 条规定:"资方如因生产及营业情况不佳,确难负担,不能照本办法三至五条规定发给工资时,得由劳资双方协

---

① 王雷鸣. 生活指数解冻后之劳资问题[J]. 金融周报,1947,16(24): 3—5.
② 同上. 4.
③ 指数甫解冻两厂起纠纷[N]. 申报,1947 - 06 - 04(4).
④ 纺织业公会讨论指数问题[N]. 大公报(上海版),1947 - 06 - 07(5).

议减少之。如议不能成立时,由劳资评断会评断之。"①6月7日,上海工业协会召开各业同业公会会议,集中讨论生活指数解冻问题,各方发表意见颇多,归纳内容包括:(1)生活指数根据1936年基数,因而底薪也应恢复至同年基数;(2)抗战胜利后底薪相对战前增高,是在劳方恐吓威胁或欺骗状态下促成;(3)社会局负责人大都出身工运,对工人颇多袒护之处;(4)工商界弱点是没有团结精神,今后大家应决心团结一致,步伐整齐。② 会议结束并推出胡伯翔、田和卿和颜耀秋三人作为代表,晋谒经济部部长陈启天,并面呈请愿书,希望经济部考虑工厂生产和经营的困难,主要有两个诉求,一是恢复1936年的底薪,二是在没有合理解决前,当月份工资依照上月份发给。他们向陈启天陈述厂方生产压力和痛苦,包括工人工作效率低落,比如战前工作11小时,而现仅工作8小时至10小时;战前工业为料重工轻,现恰恰相反,料轻工重,即工资所占比重超过原材料,工资占到70%比重;原料限制进口,制成品限制出口,另一面生活指数无限制上涨。③

从此时上海工业协会的反应和言论来看,其非常强烈地反对生活指数解冻。其中,一些理由完全站不住脚,最明显的就是生活指数依据1936年计算,此理由极为不充分。笔者认为即使是政府公布的生活指数,其实也不完全正确。即使指数准确和底薪较战前为高,这也算是对工人和公教职员的一种补偿,的确没有理由将他们的工资固定在战前某一种水平上,工业协会的理由缺乏理论依据和道义支持。另外,其提到资方将劳方底薪提高是基于后者的恐吓,这完全颠倒了双方的实力和相对地位,无论在工资待遇协商还是谈判中,劳方均处于弱势地位,根本没有对等力量与资方进行抗衡。

需要在此作一澄清,笔者在查阅档案史料时,发现资方前后出现截然不同的心理和态度,他们既支持又极力反对解冻生活指数。笔者对这些自相矛盾的心理相关史料,在使用过程中极为小心谨慎,十分顾及史料的真伪。

---

① 厂商工资负担过重,当局盼劳资双方开诚协议[N].大公报(上海版),1947-06-03(4).
② 要求恢复战前底薪,机器业代表向市长请愿[N].大公报(上海版),1947-06-08(5).
③ 工业界代表昨向陈启天请愿[N].大公报(上海版),1947-06-09(4).

为此,对来自不同出处的史料进行了横向对比,以《大公报》《申报》和《社会月刊》为主,发现它们对此报道具有一致性。同时,又进行了纵向对比,将1947年5月4日前后的相关报道进行梳理,发现事件报道具有连贯性。从这种一致性和连贯性方面,笔者才敢肯定上海工业协会主要代表人物心理的矛盾特点,也从侧面验证了劳资双方博弈的复杂性:资方既害怕劳方怠工和罢工,又怕自身所承担的成本骤然加重,可谓面临两难选择,也正因为如此,两者间的矛盾一直存在,无法调和,资方的反对态度进一步激化了双方之间的矛盾。

三、劳资双方矛盾的激化

自生活指数解冻开始,劳方工人较多保持沉默,虽然面对日益高涨的物价,生活难以维持,但毕竟工资较上月有所增加。资方并没有履行按相应倍数支付工资的职责,这一行为再次激化了可能缓和的劳资矛盾,劳资纠纷范围也呈日益扩大趋势。据1947年6月8日上海《大公报》报道,"上海机器业、内衣业、西服业、铅印业、染织业、机器缝纫业、民船业、皮鞋业和针织业等九单位,资方未能按照五月份生活指数发给工资,致发生局部或整个之劳资纠纷。"①因而劳资纠纷案件快速增长,比如6月7日,上海第一、二和三区针织业工人,对资方未按5月生活指数实发工资表示不满,向市社会局请愿。工人代表所言正是问题症结所在,也代表了劳方的心态,他们认为,"过去生活指数冻结三月,甚至所得之差额金,亦以折扣发给,致生活困苦异常。惟以恪于政令,只得隐痛忍受。现在政府正式解冻指数,而针织业资方并未遵照法令实发,工人等之生活仍无法改善,故莫不深感失望!"②

同样,资方也有理由诉苦,如上海笔墨商业同业公会在致《大公报》编辑的信中,再提解冻生活指数对行业的危害:

> 查自生活指数解冻以后,政府规定底薪不准变更,乃工人方面偏要

①② 指数纠纷日见增加[N]. 大公报(上海版), 1947-06-08(5).

求增加底薪。由总工会召集调解,本会以实行解冻后生活指数,已不胜负荷。不应在此时期又提出增加底薪,显有违背政府法令,不顾资方死活,故难以接受。该工人等未经政府合法调解,即非法罢工,所称资方照解冻前七千倍支付一节,全非事实。①

上引材料代表了生活指数解冻之后资方的普遍心理,诉苦增加工人底薪为"不顾资方死活"。企业经营困难客观存在,但根本问题并不在于工资上涨,而在于经济形势的恶化和内战的持续,这一点是大多数企业家无法看到或者不愿意承认的事实。

劳资主体的心理差异,直接导致双方立场对立,争议和纠纷自然在所难免。据《社会月刊》和《上海市公务统计报告》统计数据,1947年上海社会局处理劳资争议总数如表5-8中所示。其中,争议案件包括罢工和纠纷两种,罢工是争议程度较深的案件,数量较少;而纠纷案件恰好与之相反。

表5-8 1947年上海劳资争议罢工与纠纷情况

月份	争议总数	罢工	纠纷	罢工比例	纠纷比例
1月	150	14	136	9.33%	90.67%
2月	157	6	151	3.82%	96.18%
3月	137	8	129	5.84%	94.16%
4月	152	6	146	3.95%	96.05%
5月	109	11	98	10.09%	89.91%
6月	270	26	244	9.63%	90.37%
7月	207	1	206	0.48%	99.52%
8月	182	9	173	4.95%	95.05%
9月	191	8	183	4.19%	95.81%
10月	84	8	76	9.52%	90.48%
11月	129	4	125	3.10%	96.90%
12月	195	6	189	3.08%	96.92%

数据来源和说明:表中所有数据根据《社会月刊》和《上海市公务统计报告》1947年各期有关劳资争议数据整理。其中,争议总数包括罢工和纠纷两部分,比例系两部分占争议总数的比重。

---

① 来函照登[N].大公报(上海版),1947-06-12(5).

为了更直观地比较罢工数据的时间变化,根据表5-8数据,笔者又制作了1947年各月罢工趋势图,见图5-2。

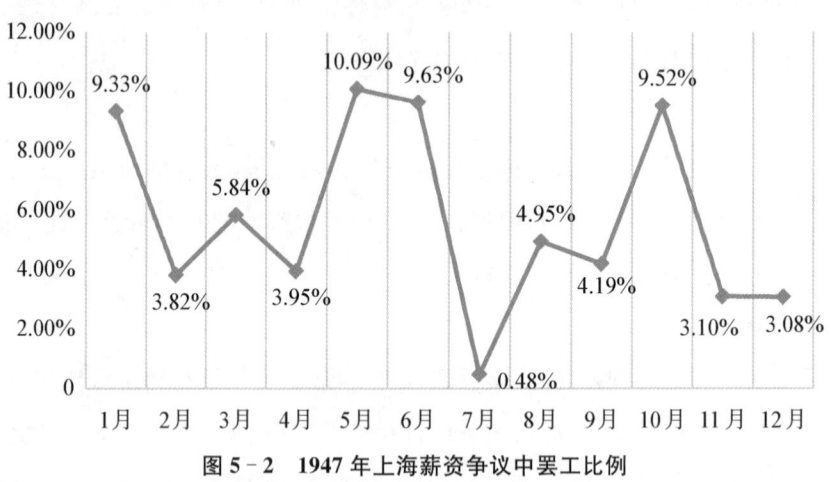

图5-2　1947年上海薪资争议中罢工比例

从图5-2中,可以很直观地看到罢工比例起伏较大,7月最低,仅为0.48%;而5月最高,达到10.09%,因为生活指数刚解冻初期,资方抵触情绪较高,解冻所要求的工资支付倍数,大多工厂都不仅没有严格实施,而且还要对工资采用新的折扣或重新按照战前制定底薪标准,从上文史料引用中便可以得到佐证。

生活指数解冻之后,各业劳资纠纷案件均由社会局及劳资评断委员会负责处理。案件数量较多,劳资评断委员会在6月19日召开大会,通过《工资评议办法》,成立5个评议小组,每组设委员3名。由于该评议办法内容保密,笔者无法查阅到具体内容。但从《大公报》的相关报道来看,该评议办法对争议处理的流程,如果各厂商因不能负担职工薪给而存在争议,先由劳资双方呈请评议小组处理;由小组会向双方调查实情,参照《工资评议办法》拟具公断意见书提交大会决定。至于《工资评议办法》之所以秘不泄露,据称是为了防范各业资方乘隙投机取巧。会议达成一致结果,就是希望增加工人收入,并提高生产效率以减轻资方成本或负担。但是又提到很重要的一点,如各厂商确实无力维持者,可由评断委员会视实际情形以折扣方式核减工人工资①。显然,所谓劳资评断委员会对劳资争议和纠纷的处理,基调就是减轻资方负担与核减工人工资。所以,基于如此心理,劳资矛盾必然会更加激化,丝毫起不到调解的作用。

第三节 民众与企业的生存困境

政府试图通过冻结生活指数的方式来控制物价,但事与愿违。到了1948年,最具影响力的事件就是"八一九"币制改革,政府开始推行金圆券,再次实行限价政策,但最终仍以失败而告终。虽然最初限制金圆券发行数量,但实际发行速度远快于计划,很快就超过预定发行的20亿元目标。无论是普通民众,还是一般工商业界人士,甚至是政府官员,对于这场看似轰轰烈烈的货币改革和物价政策,心理都产生了巨大变化,从最初的不太信任恶化到完全绝望,以至最终的崩溃,在行为上则表现为疯狂地囤货和抢购,经济秩序极为混乱。

国内外学者对金圆券进行过大量研究,并取得饶有成效的丰富成果,但是对于微观经济主体的心理及其嬗变却缺乏更多的关注。本节以"八一九"限价取消的11月1日作为分界线,分为两部分论述:首先简单回顾政府的财政紧急处理办法,其次是比较限价前后民众和企业家的社会心理特点。

一、《财政经济紧急处理办法》的颁布与金圆券的发行

1948年8月19日国民政府颁布《财政经济紧急处理办法》,禁止民众持有金银外币与外汇,金银外币限期收兑,外汇限期申报登记并移交中央银行,商品和劳务价格(包括薪金和工资)全部冻结在8月19日的水平,此即为"八一九"限价,这是抗战胜利后政府第二次实行严格的限价冻结政策。其中,《金圆券发行办法》是紧急处理办法的重要内容,规定了金圆券每1元含金量为纯金0.222 17公分,而当时1市两纯黄金为31.25公分,也即1市

---

① 劳资评断会昨开会,通过《工资评议办法》十五条[N].大公报(上海版),1947-06-20(5).

两黄金值金圆券 140.658 元。① 规定以金圆为本位币,十足准备发行金圆券。限期收兑已发行的法币和东北流通券,折合一定比例换成金圆券,前者以 30 万元兑换 1 元金圆券,而后者则为 300 万元。

所谓紧急处理办法,初衷和目标与过去所颁布的法令大同小异,即打击金钞投机、查禁囤积居奇和限制银行设立②。对于政府而言,其实也有一定苦衷,由于内战仍在继续,生产与消费间以及货币与商品间的矛盾都无法解决。迫于财政压力和物价形势,除了严格限价和印制钞票之外,似乎已经没有其他更好选择。政府试图打击投机和囤积,但是效果并不理想。这项紧急办法中,政府目的非常明确,即通过金圆券稳定物价。经济部部长王云五认为实行币制改革考虑到了民众的信用心理,"由于通货膨胀,渐达恶性时期,原有法币之贬值,愈演愈烈,物价随而愈涨愈速,于是人民对于原有法币之信心,愈益薄弱,而对于新的交易媒介,需要愈殷。"③发行一种新的货币取代法币则是水到渠成之事,金圆券成为替代法币的新币种,"金圆券不特是用来稳定物价安定民生,而且都望把物价稳定到抗战以前的水准上去。"④

但结果却是造成了世界经济史上罕见的恶性通货膨胀。金圆券 10 个月的贬值程度,竟然比法币 14 年总共的贬值程度还要超出 100 倍。⑤ 政府所设想的稳定物价手段是限价政策,在实际上却造成民众生存的艰辛和企业经营的困难。民众的怨言和企业的经营压力,一直贯穿于币制改革和限价政策的始终。

在发行办法中,金圆券原计划发行总额以 20 亿元为限,这一条规定加上"十足准备",在《金圆券发行办法》中规定发行准备必须有 40% 为黄金、白银及外汇,其余部分以有价证券及政府指定的国有事业资产作为补充,给民众和社会的感觉是金圆券不仅有发行准备,而且发行额也有限制,看似可

---

① 盛慕杰. 金圆券中的数字[J]. 兴业邮乘,1948,(163):2—3.
② 胡寄窗. 财政经济紧急处分前途之展望[J]. 正论(北平),1948,(9):15—17.
③ 赵默涵. "八一九限价"限得住吗? [J]. 凯旋,1948,(37):15—16.
④ 复. 短评:新金圆券发行总额的规定[J]. 新路周刊,1948,1(17):1.
⑤ 吴冈. 旧中国通货膨胀史料[G]. 上海:上海人民出版社,1958:99.

以保证不会重蹈法币覆辙。但是,金圆券发行数量很快就超过了 20 亿,据发行准备监理委员会的权威数字,仅仅过了 40 多天到 9 月底,金圆券的发行数量就已经超过 9.56 亿元,约等于法币和东北流通券发行累计的 5 倍弱。[①] 而到 1949 年 5 月上海解放,金圆券发行的数量更是达到天量,表 5-9 展示了其发行额及增长指数情况。

表 5-9 金圆券发行额及增长指数

年月	金圆券发行总数(亿元)	增长指数(1948 年 8 月 31 日=1)
1948 年 8 月	5.44	1.00
1948 年 9 月	12.03	2.21
1948 年 10 月	18.5	3.40
1948 年 11 月	33.94	6.24
1948 年 12 月	83.2	5.29
1949 年 1 月	208.22	38.28
1949 年 2 月	596.44	109.68
1949 年 3 月	1 960.60	360.40
1949 年 4 月	51 612.40	9 487.57
1949 年 5 月	679 458.00	124 900.37

数据来源:转引自金圆券发行额及增长指数[M]//洪葭管.中国金融通史(第四卷),北京:中国金融出版社,2008:543.

表 5-9 呈现的是金圆券发行的惊人增长速度,原办法中计划发行 20 亿元,在 10 月底就已经达到 18.5 亿元,仅仅不到两个月的时间就已经接近所谓的发行控制目标。由此可见,币制改革从开始就没有准确定位,或者用洪葭管教授的话说就是"无论选哪种货币制度,对他(指蒋介石)来说都是无所谓的"[②]。

金圆券发行具有先天不足,虽然规定了含金量,但实际流通的并不是含有黄金的硬币。虽然金圆券发行经过较长时间准备,并且还成立了准备监理委员会,但是所拟方案过于草率。早在 7 月 29 日的莫干山会议中,对发

[①] 徐伯华.金圆券八十天[J].中学生,1948,(206):18—22.
[②] 洪葭管.中国金融通史(第四卷)[M].北京:中国金融出版社,2008:540.

行事实的研究和探讨就可看出其准备得极为不充分,中央银行总裁俞鸿钧竟然提出建议,金圆券来不及印刷,完全可以采用中央银行几年前印制的 1 元、5 元、10 元、50 元和 100 元 5 种钞券,民众即使没有看到"金圆券"字样,也同样会接受新币。① 因而金圆券甫一发行,民众就怀疑其含金量和币值稳定性,"甚至连票面都看不到'金圆'二字。"②民众对金圆券的讽刺,也可以预示该货币未来的大概命运。

二、限价期间的经济影响和经济主体的心理

到 10 月 31 日政府宣布取消限价为止,"八一九"限价总共仅持续了 73 天。在此期间,无论是普通民众还是企业家,都深切地体会到了限价的影响。在币制改革当天,人民还存有短暂的兴奋,以致各大都市的物价,曾一度回落。如上海中等白粳米价格,8 月 20 日每市石零售价格为金圆 21.5 元,一直持续到 23 日,24 日平均价格为 20 元,25 日至 31 日每天均价在 19.67 元。③ 但是好景不长,很快就有各种声音不绝于耳,尤其是人们对能否实现物价稳定的目标存在怀疑。

(一) 对金银外币收兑政策的质疑

金圆券发行要求人民不得持有金银外币,需要在 9 月 30 日前全部按照公价出售给中央银行。具体来说,所谓公价是 1 两黄金兑换金圆券 200 元,1 两白银兑换 3 元,1 银元则兑换 2 元,1 美元合金圆 4 元。④ 从 8 月 23 日金圆券正式发行到 26 日,短短 4 天之内上海收兑金银外币数额共达 3 000 余万元金圆,折合法币数额约为 100 万亿元。⑤

兑换金银和登记海外外汇资产具有强制性,是金圆券改革的重要内容。

---

① 洪葭管. 中国金融通史(第四卷)[M]. 北京:中国金融出版社,2008:540.
② 柳陶. 论金圆券[J]. 经济导报,1948,(86):4—5.
③ 上海市中等白粳 37 年 8 月份每日价格[J]. 上海市经济统计简报,1948,3(8):12—13.
④ 现代经济通讯社. 金圆券兑换金银外汇折合率[J]. 现代经济通讯(星期增刊),1948,(50):21.
⑤ 蔡润岚. 币制改革后的物价与生产[N]. 大公报(天津版),1948-09-07(3).

至于收兑民间金银外币资产,其目的有不同说法。据财政部解释,过去若干年间金银外币的非法买卖,成为扰乱国内市场之重要因素,实施收兑有助稳定物价。又据行政院院长翁文灏称,黄金外币及白银依照1947年紧急措施方案的规定,原已分别禁止流通买卖或按规定收兑,但日久玩生,人心和币信受到影响。至于外汇资产,一种观点认为人民并无正当需要外汇资产者,应激发天良,举其所有供献国家。① 显然,这些解释站不住脚,因为在法币时代,金钞虽然是投机对象,但民众可以把积蓄变成黄金外币作为保值手段,使之不致贬值。如果连这些具有购买力和保值的手段都消失了,人们觉得省吃省用的艰苦生活毫无意义,便再也没有节约的兴趣,而是及时脱手金圆券。"玩在时候,穿在身上,吃在肚里",这就是民众对抗经济管制的新心理。"今朝有酒今朝醉",这是人民在改革币制中的生活态度。同时物资极缺,重物轻币的心理尤为严重,民众只会更加恐慌地抢购或者是投机,从而刺激物价进一步上涨。

财政赤字和内战是造成通货膨胀的重要原因,1948年9月财政赤字达到2.2亿元,而兑换金银则成为物价上涨的催化剂。由于禁止金银外汇私有,人民认为失去了最安全的贮藏工具。加上政局不稳定,人们又多不愿意将节余资金存入银行,以致形成空前的消费狂热。民众对于金银收兑存在很多不满,蒋介石却认为"十日间收兑现金约合美金二千七百万元之巨,此为始料不及者,可知民心犹在"②。实际情况并非如此,甚至与此恰好相反,民众对金银兑换是迫不得已而为之。政府使用"杀鸡儆猴"的手段,就连资产雄厚的民营企业家也难逃强制兑换的厄运。比如申新总经理荣鸿元就因私套外汇的罪名而被捕,他被捕之后,一再叮咛家人把所有外币金银统统拿去兑换金圆券,以免留下祸害,甚至连荣鸿三收集的各国钞票和金银币也被拿去兑换。③ 荣德生对此事件无比感慨和伤心,他认为大侄荣鸿元被捕,"精神、名誉、物质大受损失,侄之不慎,法之不法,可叹亦复可恨!"④收兑金银外

---

① 徐伯华.金圆券八十天[J].中学生,1948,(206):18—22.
② 吴景平.政商博弈视野下的近代中国金融[M].上海:上海远东出版社,2016:509.
③④ 上海社会科学院经济研究所.荣家企业史料(下)[G].上海:上海人民出版社,1980:610.

币绝大部分来自普通民众和民营企业家,而所谓的官僚资产阶级并没有被要求,这必然造成不公平和不合理,连蒋经国在1948年10月26日的《中华时报》中也承认,"已经兑换金钞之民众,皆为中小阶级,真正拥有金钞者并未兑换。"[①]不公平的收兑政策,不仅造成了民众心理的变化,也为其之后疯狂抢购埋下祸根。

据翁文灏报告,中央银行在1948年9月已经收兑黄金外币共值美元1.9亿元。而外界的一般推测,认为政府以不兑换纸币金圆券向民众兑换金银外币,是一本万利的生意,虽然之前规定期限为9月30日,但收兑办法一再展期。财政部曾斩钉截铁地一再强调绝不展期。事实证明并非如此,9月30日行政院决定收兑展期,理由竟是"各地人民尚有为时间地域所限,未及办理者,纷请展期"[②]。于是决定在9月30日收兑期满之后,规定黄金及外币展期到10月31日止,银元及白银延期到11月30日止,使民众对政府信心大失,认为政府的收兑政策出尔反尔。

(二) 限价政策造成的损失及社会普遍不满情绪

怀疑和不满心理具有普遍性,早在抗战时期的重庆和上海都曾经实行过限价,但效果并不明显。针对"八一九"限价,在上海成立经济管制督导小组后,最坚定执行限价政策的只有蒋经国一人,其他政府官员对于限价并不乐观,甚至存在一定程度的质疑。比如吴国桢曾对记者公开抨击限价政策不合经济原则,在黑市猖獗和米荒严重时期,他表示"政府极端的执行限价政策,我只好准备应付暴动了"[③]。可见,政府强制限制政策,至少在经济管制当局存在较大分歧。

普通民众对于限价政策的感受则更为直接,或是以亲身体会,或是以学理分析,对金圆券和限价政策发表自己的看法。由于长期通货膨胀预期,他们不信任政府能在短期内控制物价,"重物轻币"的心理传统,使其极力反对

---

① 笪移今.限价解除·危机依旧[J].观察,1948,5(11):1—2.
② 金钞兑换展期[J].新语,1948,13(20):8.
③ 念华.限价与议价之争[J].经济观察,1948,1(11):11—13.

限价维持在"八一九"限价水平上的政策。

由于区域、职业甚至是阶层的差异,农民和市民的心理状态相差甚远。农民所受影响可能并不明显,而市民中的公教和工人群体最容易受到冲击,他们的薪水基本远落后于物价涨速,而限价却只限制了工薪水准,自然引起他们的不平与愤慨。工薪标准受到限制,对于企业来说,相当于生产成本减少,但并没有给企业带来更多利润;相反,他们受制于政府的限价配售政令,不得不以低于成本价格向市场配售产品。现分别对农民、市民和企业家三个主体进行分析。

1. 农民所受影响相对有限

政府重心在于控制城市物价,特别是金融中心的上海,而广大农村地区并没有引起足够的重视。城乡市场分割现象日益严重,客观上造成了农村的相对隔离,限价政策执行效果更为弱化。每个地区都自设壁垒,全国形成各自为政的小经济单位,封锁加强,连最原始的物物交换也颇受阻碍。上海再次成为物资供应的"孤岛",因为限价关系,其他地方并不愿意继续供给粮食和原料,这也刺激了上海米粮供需更加矛盾和生产事业的萎缩。以米为例,经济管制当局于10月6日召见上海米业同业公会理事长万墨林、南北市场管委会主委印福祥和徐颂仁,责令印、徐两人负责每月各供应粮食10万石,万氏负责保证今后全市米店在限价以内不断供应,并令他们当场签订"办不到愿受严厉处分"的保证书。可是一周内全市到米包括商人自运自销的,也只有3 741石,平均每日到米仅为550石。[①]

供应严重不足的原因,首先是上海限价严重,产区与上海米价相等甚至是倒挂,米商采运亏损较多;其次是沿途不安和运输不畅;最后是各地扣运禁止输出,例如米商在武进、嘉兴、金坛、芜湖等地采运而被当地政府扣留,上海市社会局所发采购证都不被认可。

农民对于发行金圆券毫无兴趣,甚至还怕再次上当。其抵制新币的办法,就是不轻易出卖农产品,使金圆券不能流入农村。乡村及小镇物品的价

---

① 限价往那里走?[J].经济周报,1948,7(16):2.

格,政府无法实行限制,农民吸取以往通胀的惨痛教训,重物轻币的心理日益严重,甚至已经是根深蒂固,对于金圆券及限价更没信心。他们需要买方支付银币,否则就提出限价之外的高价,或要求以实物交换,比如华中地区的农民,普遍以米为计价标准,而直接拒绝金圆券流通。①

2. 公教群体生活受到的影响及配售政策的实行

公教群体一直都是通货膨胀的最大受害者之一,在金圆券改革之前,他们对新币还抱有期望,甚至还认为会成为受益者。从 1948 年 1 月份开始,公教人员中实行指数发薪制度,开始是 3 个月调整一次,至 4 月份的时候改为每月调整一次,即以上月份生活指数代表本月份发薪标准。6 月份物价猛涨,以 5 月份的指数所得薪水根本无法购买 6 月份的物资,因而损失很大。公教人员待遇一直没有得到改善,他们对于法币的恶性通胀可谓深恶痛绝,希望能够有新的货币代替,所以对于金圆券曾有短暂的兴趣,甚至是期盼。

但很快他们的心理出现了逆转,因为薪水固定,收入来源有限,"八一九"时期薪水被人为限制。根据金圆券实施办法,公教人员待遇一律以金圆券支付,其标准以原底薪额 40 元为基数,超过 40 元至 300 元之部分,按 20% 发给金圆券;超过 300 元之部分,一律按 10% 发给金圆券,因而公教人员生活更加艰苦。② 比如,一名高级公教人员原底薪为 600 元,按照这种方式计算,仅可换得 122 元金圆券(底薪 40＋260×20%＋300×10%＝122 元)。公教人员极端不满之处在于物价和收入增长速度的严重不对等,他们认为"待遇如此之低,而生活费用又如彼之高,物价有的和战前一样,有的尚超过战前,这是不合理而必须迅速加以调整的"③。

公教人员呼声很高,立法院于 9 月 17 日举行会议,将改善公教人员待遇作为重要议程,同时提出两个修正办法:一为基数调整,即底薪基数改为 50 元,超出 50 元而在 100 元以内的部分,兑换折扣为七折,100 元至 300 元

---

① 刘润田. 通货膨胀与限价政策[J]. 创进,1948,1(17):3—4.
② 千家驹. 再评金圆券[J]. 经济通讯,1948,3(33):1—8.
③ 苏珊. 公教人员应该加薪[J]. 新人,1948,2(4):7.

之间的部分为六折,300元以上的部分一律五折,这相比之前的比例有大幅提高;二是对公教人员提出条件,即须分等捐献"建国特捐",底薪60元者捐5%,100元者捐10%,其余累进捐献,底薪为800元者捐60%。这其实是一种折中方案,既考虑到了基数调整,又规定了公教人员的捐献义务。但是这个方案也只是一个设想,最终以所谓国库不能负担为由被否决,公教人员待遇还是按照之前原办法实行。

虽然各地都有限价机构,但民众并不相信它们维持物价的能力,相反担心它们会成为价格上涨的推手,这也说明行政限价的不可行,比如在桂林,就有公教群体反映正是当地限价委员会的调价行为,使米价和肉价处于不断上涨之中。在"八一九"币制改革之前,桂林米价每百斤价格为1400万元,而在金圆券实行之后,米价在三天之内就上涨到每百斤2800万元。① 限价委员会所限定的价格都在现有物价之上,客观上刺激了民众的看涨心理。例如,牛肉1948年9月14日前每斤最高价从来没有超过120万元,19日限价委员会公布的价格为140万元每斤,于是次日牛肉也就上涨到140万元了。改革币制前桂林物价远不及京沪区高,所以桂林公教人员所得按照京沪标准降低一成发放,因而很多公教人员内心极为不平,"在实施金圆券之后,桂林物价继续上涨,行政院又不准调整待遇,他们来日怎样活下去?"②公教人员的呼吁与之前大同小异,其原因也类似。限价实施不到两个月,已成为威胁大众生活的枷锁,许多人都感觉到限价政令已经失败,要求政府放弃限价。

由于物资供给不足和金圆券发行过快,为了防止抢购,政府制定了配购政策,限定每一市民每月的消费量,一切所需物资均须凭证购买。政府针对公教人员的生活待遇问题,制订了米粮配售计划。早在1947年2月的《经济紧急措施方案》中,政府即已经制定公务人员定量定价配售粮食政策,最先从南京和上海两地开始实施,当年6月开始扩大至贫民以及工人、学校师

---

① 此处价格单位为万元,以旧法币计算,并没有立刻以金圆券为单位,特此说明。
② 米价高,肉价涨,桂林市如此限价[N].大公报(上海版),1948-10-03(6).

生等,9月更推及北平和天津两市。1948年政府得到美国救济粮食援助,决定自筹等量粮食在南京、上海、北平、天津和广州五市,实施全面配售计划,目的在于遏制物价涨风。后来又推行全面配给法,即配售范围不仅包括米粮,还有油、糖、煤和布等4种重要民生物品。

至于配售政策,相对于普通市民来说,公教人员和工人享有一定优待。据吴开先解释,全面配给分两种,一是公教人员及工人采取配给法,即由政府负责定量供应米、油、糖、煤和布5项日用必需品;二是一般市民采取配购法,即除照旧配户口米外,其他各种日用品一律凭证至各合作社与商店定量购买。公教人员及工人除优先配给外,并准予在配给品外配购其他物品。① 但即使如此,配售或者配给政策也只是杯水车薪,在币制改革和限价条件下,公教人员绝大多数都认为待遇定得太低。

虽然迫于公教群体的维权意识和社会舆论,政府制定了一些政策缓解他们的生活压力,但无论是按指数调整工作,还是实行实物配售,通货膨胀问题都并没有得到彻底解决,因而公教群体的不满情绪一直存在,也最终导致了这个群体几乎完全放弃了对政府的信任。

3. 工商企业的生存压力和经济损失

工商企业同样受到通货膨胀和限价政策的冲击,生产成本高企而售价受限,两者差距造成了企业的巨大经济损失,企业家的不满甚至是愤怒,更加刺激了政企间的矛盾。

企业家与普通民众具有相同心理,即在金圆券还没正式发行之前,对于新币尚有期待,因为多年通货膨胀带给工商界的痛苦,"思之真有余悸"②。企业损失主要发生在工商业发达城市,以上海所受影响最为显著,各行业都受到不同程度的冲击,其中棉纺业最为明显。配售是政府的强制行为,各企业被迫接受,不顾企业生产成本强行按照政府要求实行配售,自然引起企业家抗议。

---

① 中道."配给""配购"与限价[J].经济评论,1948,4(3):4.
② 对新币制的一点期望[J].棉纺会讯,1948,1(2):1.

以棉纺业为例，早在抗战即将结束之时，政府即已经建立纺织事业管理委员会（纺管会），后来屡经调整改组，依次经过纺织事业调节委员会（纺调会）和花纱布管理委员会（纱管会），政府统制机构名称在变化，管制力量也在加强。这里要特别提一下纱管会，此会实行代购代销，管制最为严厉，它改组成立于1948年1月2日，续接纺调会登记存棉工作，限令棉商将存棉数量与种类向该会登记，不仅国有纺织工厂，民营公司也被要求一起参与配售棉纱，以实现政府限价和消灭黑市的目的，这对民营企业来说是不公平的。申新纺织公司总经理荣鸿元对此意见很大，从他的言论可以透视上海企业界的普遍心理，他多次在公开场合表明民营棉纺业经营困难的现实，并希望政府停止统制，呼吁政府取消全国花纱布的政策，"重加缜密的考虑，与其招致严重的后果，还不如曲突徙薪谨慎于事前。"①

早在抗战胜利之初，政府曾许诺"所有接收的敌伪纱厂，二年后一定全售给民营"，因为当时政府的指导方针是轻工业回归民营，而重工业为国营事业。但是民营企业都发现政府承诺只是一纸空文，不但没有将相关产业出售给民营工厂，相反对民营公司实行进一步控制，剥夺后者的生产竞争权和经营自主权，正如荣鸿元所言："又谁愿意蚀血本做笨伯？管理的结果是生产毁灭，纱布断绝供应。"②棉纺业是上海最重要的行业之一，业界普遍担忧的是政府不计成本的严厉统制，其势必导致工厂停业和破产。政府认为花纱布是引致整体物价上涨的源头之一，荣鸿元为代表的民营企业家极力反对这种观点，从逻辑上来看，政府的提法自相矛盾，在纺织事业调节委员会时期，该会曾控制70%的棉纱，但依然没有控制好物价，从而可以证明棉纱并非促进物价上涨的元凶。

纱管会于8月20日就被正式撤销，民营企业家并没有因此高兴，因为他们知道统制并没有因此而减弱，担心会有更严厉的统制机构出现，这种心理具有很强惯性。通货膨胀留给企业家的记忆，甚至可以说是深重阴影。事实证明，民营企业家的顾虑并非多余，在所谓"戡乱"的前提下，政府的重

---

①② 荣鸿元.对于花纱布管理问题意见希望有缜密的考虑[J].公益工商通讯，1948，2(8)：2.

心依然是控制物资与限制物价,结果是民众生活更加困苦,而企业经营愈加艰难。棉纺业认为行业危机重重,业内人士心理上不仅恐慌,甚至产生绝望,"处境只有一天恶化一天,许多好的希望恐怕都会成为泡影。"①

果然,"八一九"之后,棉纺业再次成为经济管制重点,民营纱厂被迫遵照政府的命令,将棉纱以低于成本的限价出售。虽然纱管会已经取消,但是经济督导员办公处下成立了三个新委员会,即物资调节委员会、物资检查委员会和物价审议委员会,它们都可以统制棉纺业。此外,还有美援花纱布联营处和国棉联购委员会两个业务性的组织,也具有统制性质,前者垄断一部分纱布的内销与外销,而后者的功能则是统购国棉。

统制加强的最大后果是企业成本压力剧增,并且造成恶性循环,既不敷成本又导致产量缩减,造成企业极大的经济损失。先来看一下成本问题,仍以棉纺业为例,国营中国纺织建设公司于1948年8月29日举行第三届第一次董事会讨论成本问题,指出当时20支纱实际成本为金圆780元,而限价仅为707元。至于民营纱厂,因机器设备较差,平时生产成本即比国有纱厂纺建公司还高。20支棉纱成本方面,照新定棉花限价每市担152元计算,则每担棉纱的原棉成本需要630元。另外还需要加工成本,曾经的纱管会8月份代纺工缴,折合金圆为252.6元。原棉加上加工成本,两者合计即达到882.6元,其中统税利润等均未计入,而统税原额为每件17元4角1分。又按照棉纱限价与美棉价格比较,也是低廉。纱厂代纺美援棉花,规定一件纱换美棉599磅,如以每磅原棉作价美金3角2分计算,每件纱折合美元192元左右,约合金圆768元,这还没有计算棉花进口关税等。

在此期间,上海纱厂大约照限价出售了5万件棉纱,棉布数10万匹,如按照成本计算,总损失应当在金圆5 000万元以上。到1948年10月底,上海各纱厂的原棉,存底平均不到半月,不仅棉纱存货稀少,而且还亏欠行总、外销会和美援花纱布联管处2万至3万件,因此许多纱厂开出的栈单都提不到货。以申新九厂为例,1946年年底其存棉最多时达16万担以上,而到

---

① 张作周.金圆问世后的棉纺织业[J].工商天地,1948,3(9):8—10.

了 1948 年 10 月存棉则仅为 2.2 万担,亏欠棉纱四五千件,流动资金困难。

而在毛纺织业,同业公会理事长程年彭所主持的章华毛纺织公司,在 70 天中照限价售出呢绒近 20 万码,损失共达金圆 400 万元。全体毛纺织厂商包括纺建公司毛纺织厂部分售货,共售出呢绒 100 万码,绒线 15 万磅,损失达金圆 2 000 万元以上。照限价每码花呢只售 23 元 2 角,而当时每码成本高达 90 元。

通过以上成本分析,能够理解民营企业在限价条件下的极不容易。以申新系上海各厂为例,再来看一下企业在限价中的损失情况。在短短的两个月中,申新系各厂损失见表 5-10。

表 5-10 1948 年 8 月 20 日—10 月底申新系上海各厂限价损失情况

厂别 \ 项目	限价售纱数量(件)	折合 10 月份损失(千元)	限价售布数量(匹)	折合 10 月份损失(千元)	损失折合棉纱数(件)
申新一厂	6 391	4 663.32	41 496	822.87	3 819
申新二、五厂	6 930	5 056.61	—	—	3 520
申新六厂	4 165	3 039.08	76 089	1 508.84	3 166
申新七厂	3 082	2 248.84	17 120	339.49	1 802
申新九厂	9 401	6 859.63	68 446	1 357.28	5 719
总计	29 969	21 867.48	203 151	4 028.48	18 026

数据来源:上海社会科学院经济研究所.荣家企业史料(下)[G].上海:上海人民出版社,1980:620.

表 5-10 中,核心数据是损失所折合的棉纱数额,两个月内申新系总损失合 18 026 件棉纱,可以通过 1948 年申新系所有纱厂年产量来说明损失程度。从荣家企业史料中可以查到 1948 年申新各厂棉纱生产量为 148 865 件[①],而由于限价损失折合产纱数量为 18 026 件,仅仅两个月的损失数额就已经占到各厂全年总产量的 12.1%。假设按照如此损失程度,限价执行一年,则损失会高达全年的 72% 左右。即便是规模最大的申新九厂,1948 年的棉纱产量也只有 57 992 件,相比 1947 年的 69 882 件减少了

---

① 上海社会科学院经济研究所.荣家企业史料(下)[G].上海:上海人民出版社,1980:633.

17%左右,而限价损失也约占到年产量的9.9%。原棉无法补进造成生产困难,政府限价对于棉纺业无疑是致命一击。荣德生早在1948年春节时期就预感到"未可乐观,只有苦守坚撑"①,只是没有想到事实会比预期更为残酷。

即使生产亏本,民营纱厂也不能直接关闭,在经济管制法令之下,甚至也不能缩减规模减少产量。上海社会局在1948年10月19日通令各业同业公会,不得减工停工,"如因事实困难,亦应先行呈报本处核准,否则即予议处,其已停工者亦应限令复工。"②但实际情况是开工不足成为常态,10月22日《新闻报》发表社评,其中提到一组数据,即上海工业用电量在限价两个月内降低了30%。③另据《中华国货产销协会每周汇报》统计,截至1948年9月15日的开工数据显示,上海共有纱厂29家,其中减工者9家,维持原开工锭数者17家,另还有3家是增加开工锭数者。④减工者都为规模比较小的纱厂,比如更新纱厂,原开工纱锭数576枚,停工之后只开工448枚。规模相对较大的纱厂并没有停工,在维持开工的17家中,申新系的最多,实力最为雄厚的申新九厂130 380枚纱锭全部开工。

产量方面,据上海六区棉纺业同业公会统计数据,1948年1—10月上海区民营纱厂棉纱产量相比1947年有所下降,其产量数据见表5-11。

表5-11　1948年1—10月上海区棉纺织业产纱统计

单位:件

月份	棉纱产量	月份	棉纱产量
1	98 048	6	94 025
2	77 843	7	88 732
3	101 952	8	82 857
4	99 708	9	87 577
5	96 710	10	85 321

数据来源:上海区棉纺织业产纱统计[J].中华国货产销协会每周汇报,1948,5(51):2.

① 上海社会科学院经济研究所.荣家企业史料(下)[G].上海:上海人民出版社,1980:595.
② 上海市社会局通令各工厂不得减工停工[J].工商法规,1948,(42):1289.
③ 笪移今.从金圆券看经济趋势[J].中国建设(上海1945),1948,7(3):26—29.
④ 苏浙皖等区棉纺织业现况[J].中华国货产销协会每周汇报,1948,5(36):2.

表5-11中可以看到,1948年上海棉纺织业除了3月份产纱量超过10万件之外,其他月份基本都在9万件左右。而据同样来源的统计数据,1947年上海棉纱产量每月都在10万件以上,每月平均约减少1.5万件。即便有社会局的通令限制减工和停工,因为成本问题,上海棉纱生产企业停工率也在不断增长,1948年10月全市开工率为73.17%,到11月便下降至60.16%。

限价导致生产减少,不仅使民营纱厂蒙受巨大损失,也使政企矛盾日益尖锐。政府管理层中间也有不同的声音,比如吴国桢在限价政策刚公布的时候就表示政策难以乐观看待,"只要看中纺棉花的成本,就比限价来得高,请教怎么限得了?"[①]而吴开先也有质疑心理,"限价若使生产萎缩,甚至没有生产,何必再限价?"[②]政府限价政策与生产萎缩陷入恶性循环之中。到了10月份,限价防线也逐渐被打开,其中重要因素是外商产品价格的调整,这对民营企业也产生了一定的心理冲击。在上海,外商亚细亚、美孚等几家火油公司调整了火油汽油价格,虽经行政院核准,但是上海限价防线为之动摇,民营厂商更是不愿牺牲利益,而要求实行议价。五十几位参议员,很秘密地在永安新厦七重天举行会谈,参会人员包括商会秘书长和各同业公会理事长,他们一致要求进行议价。上海市参议会议长潘公展也参加了会议,他大力抨击限价政策之下的各种错误,认为"人民现在的神经已经是紧张到了万分,要打破当前的危机,应该以快刀斩乱麻的方式立即停止限价"[③]。

政府坚持限价,但民怨沸腾,中小市民普遍不满,连立委陈克文也说:"币制改革摧毁了中产阶级,政府应该坦白认错。"[④]政府出于利益考虑,多次调整相关政策。这场超经济行动,最终结果与预期差距甚远,从8月19日至9月下旬,上海表面上看似物价平稳,但实际上是生产萎缩、物资匮乏,商品交流受着人为限制,黑市死灰复燃并日益猖獗。在此期间,其他地方限价

[①][③] 念华.限价与议价之争[J].经济观察,1948,1(11):11—13.
[②] 湖山.限价防堤[J].新闻天地,1948,(50):2.
[④] 笪移今.从金圆券看经济趋势[J].中国建设(上海1945),1948,7(3):28.

根本无效,比如昆明的限价比 8 月 19 日提高了 70%;广州物价疯狂上涨,若干物品售价均在限价 2 倍至 3 倍以上;贵阳物价涨了 150% 至 200%;北平物价涨了 150% 至 300%。京沪地区在形式上虽还维持限价,但黑市的存在早已成为公开的秘密。不仅如此,频繁的政策变化,更加剧了外界的质疑,也意味着限价之路将难以为继。

(三) 政策变化下外界拒绝合作的心理日益加剧

民众对于金圆券的贬值预期更为加强,并且采取极端行为,几乎是凡物必抢、凡货必囤,这从根本上来说是出于对金圆券的极度不信任,而政府的朝令夕改则更强化了这种心理的形成。

政策频繁修改,除了上文提到的金银外币兑换展期之外,还有烟税等税额提高、对金圆券发行办法的多种修正和补充,以及人民持有外币资产处理新办法等,这些看似顺其自然甚至是合理的变化,其实很容易对外界已经很脆弱的心理屡次造成冲击,使民众更加确信政策的不稳定性,也体现了政府病急乱投医,毫无章法。

1. 货物税的税额提高、民众恐慌与抢购风潮

1948 年 10 月 2 日,金圆券发行准备监理委员会发表数字,截至 9 月底金圆券的发行数字已超 9.56 亿元,约等于法币和东北流通券发行累计额的 5 倍。金圆券发行已在快速膨胀,膨胀速率远在法币之上,于是暂时绝迹了的"重物轻币"心理再次卷土重来。

同日,政府为了配合《整理财政及加强管制经济办法》第 2 条规定,把卷烟、锡箔、洋啤酒、土酒、烟叶、烟丝、薰烟业等 7 种货物的税额提高 7 倍至 10 倍,以期增加财政收入。上海全市烟纸店家全体停市,卷烟工业及批发商零售商公会代表向当局呼吁提高限价。3 日国产卷烟核定价格约平均提高 1 倍左右,但因颐中烟公司及外国香烟价格尚未核定,4 日继续停市一天。因为 2、3、4 日三天停市,卷烟价格又提高了一倍,使得人民产生没烟可买的心理,认为其他物品也许会有同样的涨价现象。另一方面,公用事业即将加价的消息又被官方媒体详细报道分析,其实这并非空穴来风,在此期间地方扣

税增加尤其猛烈,如上海房捐增长了500倍①。一般民众都觉得其他货物可能也要加税,价格也将调整。各种情形更加重了人民的恐慌心理,因此多重心理因素导致抢购风潮的发生。而抢风一起,各商店又恐怕物品卖出后难以补进,提早收场并藏匿货物,还有米商甚至将米运往乡下,物资瞬间急剧短缺,更加刺激了抢购风潮。民众经受长期通货膨胀物价上涨的痛苦,心理十分脆弱敏感,一闻涨声,对币值的信心立刻动摇。对此,笔者认为,烟酒等货物税的提高,固然是引起民众担忧的重要导火线,但是这些物品并非生活必需品,对于提高税率的影响程度有限,却引起普遍恐慌,其根本原因一方面是金圆券发行过快过多,民众将其视为政府的变相提价行为,从而在心理上认为"只许州官放火,不许百姓点灯",民众被要求限价,而政府却可以率先涨价,自然更加刺激民众对于涨价的预期;另一方面,则是金圆券在农村地区根本得不到认可,市场分割程度形势日益严重,即政府说所的"阻关阻运",农村物资到达城市的难度大增。因而金圆券的发行在上海等城市淤塞严重,难以疏通。在外界恐慌情绪的带动下,持币民众自然担心货币快速贬值,金圆券信用已经破产,抢购便成为他们最理性的行为选择,而最后的事实证明这种担忧并非多余。当然,除了金圆券因素之外,国民党军事失利也是重要原因。

10月3日,抢购风潮自上海发动,抢购对象由最初的时装、绸缎、呢绒、布匹、日用品等,迅速扩大到米、面粉、煤、南北货,甚至是寿衣和棺材。

抢购不仅发生在上海,在全国其他大中城市也陆续上演。比如在汉口,"抢购之风日厉,物价变化,街头充满叹息声。不仅缩短营业时间的商店逐渐增加,并且多数店家的货架空无一物。面粉因麦源缺乏和限价关系,已有半数以上被迫停工。银楼纷纷自动暂停交易,但金银黑市行情则普遍传闻。"②昆明限价政策执行力量远不如上海,早在10月初就已经取消,改成议价并成立了评议会。经该会评议的米价每石为27.2元,比原限价时期米价

---

① 徐陶然.限价与议价[J].远风,1948,3(1):7—8.
② 经济新方案实施后全国物品市场综合报道:后期的大规模抢购[J].银行周报,1948,32(47):26.

上涨了1倍,而且米的供应远远不能满足需求,其中很大部分原因是商户囤积和各地的粮食封锁使得区域调剂极为不畅。各大城市抢购之风,不一而足,各地发生大规模抢购的日期见表5-12。

表5-12 各地发生大规模抢购日期

城市	抢购开始日期	城市	抢购开始日期
上海	9月30日	广州	10月6日
无锡	10月4日	台北	10月7日
苏州	10月5日	重庆	10月1日
镇江	10月2日	成都	10月7日
扬州	10月6日	北平	10月5日
杭州	10月4日	天津	10月5日
福州	10月1日	贵阳	10月1日

数据来源:经济新方案实施后全国物品市场综合报道:后期的大规模抢购[J].银行周报,1948,32(47):26.

表5-12显示,各大城市的大抢购基本都步上海后尘,抢购形成影响广泛的风潮。市面上无论哪一类商品都处于无货供应状态,而市民大多只能在黑市寻找货源。抢购潮蔓延,进一步强化了民众抛弃纸币的心理,尽管政府部门极力寻找解决方案,但都无济于事。

10月21日,行政院院长翁文灏邀集各有关人士商讨针对性办法,当时决定对若干特殊情形的物品及劳务价格,在原则上作合理的调整。但调后价格仍予以冻结,并继续严厉实施限价政策,此时至少从表面上来看政府方面还没有进行调整的意图。

但是,实际情况并非如此。民众要求取消限价的呼声越来越高,部分地方官僚也向高层反映限价的困难,比如监察院冀热察区监委行署郝遇林委员于1948年10月13日致信行政院副院长张厉生,就流露出了担忧心理。信的内容主要如下:

> 近来因管制物价影响,各地发生商店惜售,与人民抢购的紊乱现象,几使成为街谈巷议的唯一话料。……如果不迅谋有效的对策,影响

社会的安宁秩序与戡乱建国的政策,必至有不堪设想的危险。……商店所以惜售,人民所以抢购,论者皆谓是心理恐慌的作用,……基于上述的理由与事实,八一九限价,似已至非合理调整不可的地步。或谓物价一旦开禁,结果发生暴涨,必至不可收拾,岂知物价管制,并未遏止住物价上涨,且愈管制而物价愈涨。①

而在政府高层,以蒋经国为代表的政府官员虽然要求继续执行限价,可是由于经济形势变化以及舆论压力,高层对于限价是否能继续维持,也心存疑虑,分歧严重。10月25日,翁文灏抵达南京,携有北平各大学教授朱光潜、赵迺抟、陈岱孙、吴景超、刘大中、贺麟等17人提出的《为民请命书》。此请命书由一批教授学者提出的建议而形成,直击经济形势要害,详细要点包括以下方面:

(1)限价虽然被要求严格实施,具有强制性和普遍性,但是并没有配套必要条件和办法,必然无法成功;

(2)金圆券发行额超过实际需要,造成涨价与黑市并存现象,各地抢购风潮更是物资产销脱节、城乡货物不能交流等种种人为障碍的结果。

以上两点虽然没有更多新意,基本都是事实陈述,但是是向翁文灏院长直陈的,并且被他带到南京作为商讨修正办法的依据,可见高层坚持限价政策心理已经发生动摇。《为民请命书》中提到教授们的两个建议,第一是缩小限价范围,重点应是民生日用必需品,而其他物品恢复自由交易,这是对限价办法提出的修正;第二是政府应拿出已兑回的金钞和外汇从国外进口生活必需品,仍按"八一九"限价配售于民众,这是对于通货过剩和物资缺乏的补救办法。

10月份全国各地抢购,连普通民众都能体会到"照限价买不到货,却是事实。买不到米,买不到油,买不到柴炭煤球,买不到鱼肉蔬菜,政府表面是限价,市场实际是黑市!这种异乎寻常的情况,政府自然不能不赶紧筹划,

---

① 取消限价的建议[N].大公报(天津版),1948-10-15(2).

人民更不能不急盼解决"①。这预示着政府的限价政策已经走到穷途末路,接下来的调整和修正则是直接宣告限价的失败。

2. 取消限价与颁布金圆券修改相关办法

在限价期间,金圆券曾经进行过三次重大调整修正。1948年10月31日通过《改善经济管制补充办法》,接着就是修正《金圆券发行办法》和《人民所有金银外币处理办法》,也正是这三项举措,每一次调整都进一步摧毁了民众对金圆券的信任,使得限价及金圆券改革最终徒劳无功。

(1)《改善经济管制补充办法》与限价取消

行政院10月31日举行临时会议,中心议题是应对当时经济形势,需要对《经济紧急处分令》及其他经济管制办法进行修正。会议制定了《改善经济管制补充办法》,涉及限价的规定,主要包括粮食按照市价交易,可以自由运销;纱布、食油、糖、煤和盐,由中央主管机构核本定价,统筹调节,其他重要物品则授权地方政府,参酌供应情形,依核本定价原则加以管理;继续严格取缔市场投机囤积行为和黑市买卖;调整公教人员待遇和工资。

从上面几条规定来看,政府已经放弃限价政策,也反映了17名教授所书《为民请愿书》已经发挥实质作用。请愿书中有一句"我们不能希望每个人都去作贴钱的经济行为",与蒋经国的心理具有一致性,蒋氏虽然一直坚定维持限价,但也不是完全不考虑工商界生产成本,他曾对企业界代表人士说过在维持限价前提下,必须考虑日用必需品以外货物的价格,"必顾到其生产成本,政府对工商业之合法利益,当予以保障。"②从"一刀切"限价到部分放开,其实是对之前政策的否定。当时很多学者对限价政策进行检讨,认为失败的必然性源于政策制定时的草率和执行难度。所谓执行有难度,根本原因在于忽视了经济规律和形势,仅靠行政力量实施限价,结果与目标背道而驰。民众和企业家的心理反应强烈,自从限价开始,他们的生活和经营无不受到冲击,自然期盼放开限价。

---

① 经济病况不容再拖![N].申报,1948-10-28(2).
② 社论.读北平各教授的为民请命书[N].申报,1948-10-27(2).

（2）《修正金圆券发行办法》的颁布

11月11日,国民政府颁布《修正金圆券发行办法》,是对8月19日办法的一次修正。该办法重新规定金圆券含金量为每元纯金4.4434公毫,仍由中央银行发行,含金量只有原来的20%。其中第11条规定"凡以金圆券存入中央银行指定之银行,存期满一年者,除照章计息外,并得于存款时以与存款同额之金圆券向存款银行兑换金圆,在金圆未铸成前,得按规定比率兑取黄金或银币"[①],这条规定试图通过黄金回笼金圆券,所能冻结的游资量是按金银官价计算的2倍,因为以官价兑取金银者必须同时存入同等数额存款,且必须存一年以上。另外,第12条规定"金圆券发行总额另以命令定之",引起了舆论轰动,因为它相当于以法令的形式规定了超额发行金圆券的合法性,即只凭一纸命令便可提高发行总额,不再受20亿最高限额约束;其实之前的发行已经超过限额,只是此次以制度形式将其合法化了。摒弃金圆券的心理从未消失,放弃限价之后,民众更有意愿和冲动用手中急速贬值的金圆券换取物品。

（3）修正《人民所有金银外币处理办法》

此外,国民政府同日还公布了《人民所有金银外币处理办法》修正方法,有两个重大变化:第一个变化是规定"自本办法公布之日起,黄金白银、银币及外国币券准许人民持有,但除银币外,禁止流通买卖"[②],也即废除了之前的收兑政策,而且还规定银币可以自由流通买卖。第二个变化是原来规定纯金1市两等于金圆券200元,白银1市两等于金圆券3元,银币1元等于金圆券2元,外币1美元等于金圆券4元;修正案中一律加4倍计算,即黄金1市两等于金圆券1000元,白银1市两等于金圆券15元,银币1元等于金圆券10元,美元1元等于金圆券20元,民众可以按此比率向中央银行兑换金圆券。

这两条修正办法,实为对之前兑换金圆券的民众的一大打击,将兑换比

---

① 金圆券发行办法修正条文[J].立信月刊,1948,7(11—12):10.
② 修正人民所有金银外币处理办法[J].上海市政府公报,1948,9(23):422.

率提高4倍,更是对之前拒绝兑换群体的变相奖励。在汇率方面,也意味着金圆券兑换美元贬值了80%。在当时一些主流学术期刊和公共媒体上,可以看到众多学者对金圆券相关修正办法的评论,人们普遍有一种被政府欺骗的心理,政策朝令夕改使民众财富屡次受到"洗劫","发行办法改了又改,黄金白银收了又放,藏金收钞的违法者反得了法律保障,一切显得政府步骤已乱,已经千疮百孔的经济因此更难支持,已陷绝境的大多数人民受了惨重牺牲。"①反复"补充"和"修改"政策,使民众颇感无法适应,从心理上认为屡次被政策欺骗和愚弄。

《大公报(香港版)》1948年11月13日的一篇评论,有对民众心理的描述:

> 人民在过去两个月中,排队站班,把金银美钞兑成金圆券,总额计值一亿六千多万美元,都是人民的血汗储蓄。到现在,人民手上拿着的金圆券被贬值了,持有金银外钞不犯法了,可是他们手上已经没有那种宝贝了。据蒋经国氏报告,到中央银行排队兑换金钞者,皆是零星小户,绝无大额,可见忠实守法者尽是中下级人民,是他们把血汗积蓄双手奉献给政府。至于豪门巨富,根本未曾拔掉一根毫毛,现在政府变了办法,他们的大量的黄金美钞自然又成为合法的了。……中国的膨胀浩劫仍将继续扩大,人民的生活更要困苦,更要不安定。这真是一场梦!政府做了一场改币美梦,人民做了一场生活噩梦;现在睁眼醒了,政府固然手忙脚乱,人民更是四顾茫茫。②

这段史料提到了两个重要事件,即民众金银外币资产的强制收兑和随后的修正法令,两者从根本上来说自相矛盾。强制收兑极为不公平,上文已有论述,这则引文中提到该事件的遗留问题,蒋经国多次承认民众为收兑金银作

---

① 滕维藻.金圆券八十天[J].经济评论,1948,4(8):6—8.
② 政府宣告金圆券贬值[N].大公报(香港版),1948-11-13(1).

出重要牺牲,制定《修正金圆券发行办法》以及《修正人民所有金银外币处理办法》后,金圆券进一步贬值,而此时又允许持有金银,这等于是对遵守法令民众的双重压榨。民众普遍有一种吃亏的心理,即认为当初以金银兑换金圆券的人们在修改办法中承受着更多贬值的损失。

3. 限价取消后的物价变化与金圆券的崩溃

限价政策,原是政府用以防卫金圆券的唯一武器。取消限价无异于放弃了金圆券的保护力量。但事实上,取消限价更加暴露了金圆券的软肋,更激起民众的厌恶心理,以致民众说:"我们大家近一月来,疯狂的压迫金圆:什么都要,就是不要金圆;什么都藏,就是不藏金圆,连《水浒》也比金圆好,就是棺材也比金圆好。"[①]

从心理上来看,民众早就深信金圆券远不如法币。他们认为在法币时代,市场交易比较旺盛,商品供应相对充足,虽然也存在物价狂涨,但是上涨速度却不如金圆券时期,法币时期物价增长最快的是黑市金钞,而一般民生商品价格增长速度相对较缓,并没有发生疯狂抢购风潮。[②] 金圆券时期,物价表现却与法币时期正好相反,即日用商品价格增速快于金钞黑市价格,从而更加刺激了民众的恐慌心理,导致其对币值的预期也越来越低。

限价取消之后,民众生活状况并没有得到改善,反而因为物价再次猛涨而陷入更深的泥潭之中。在此需要澄清的是,笔者并非为限价政策辩护,而是要解释一个问题,取消限价为什么没有改善民众的生活?或者说从社会心理来看,他们心中的焦虑甚至是恐慌会不会有所缓解?下面将从三个方面解释这些问题。

首先,对比"八一九"限价取消前后物价和工人生活费用指数变化。限价期间,从表面上看物价涨势暂时得到了控制,但是仅维持了两个多月的时间。以上海为例,从8月至10月底,其批发物价指数增速相对较低,物价表现平稳。但是限价取消之后,物价立刻再次猛涨,具体情况见表5-13。

---

① 笪移今. 从金圆券看经济趋势[J]. 中国建设(上海1945),1948,7(3):26—29.
② 安士. 市场突变的心理因素[J]. 经济评论,1948,4(5):1.

表 5-13　1948 年 8 月—1949 年 1 月上海批发物价指数(1948 年 8 月 19 日=1)

年月周	批发指数	年月周	批发指数	年月周	批发指数
1948 年 8 月	0.882	1948 年 11 月第 3 周	14.49	1948 年 11 月第 4 周	18.19
1948 年 9 月	1.169	1948 年 11 月第 4 周	14.19	1948 年 11 月第 5 周	31.48
1948 年 10 月	2.126	1948 年 12 月第 1 周	13.04	1949 年 1 月第 1 周	44.36
1948 年 11 月第 1 周	6.261	1948 年 12 月第 2 周	13.29	1949 年 1 月第 2 周	69.92
1948 年 11 月第 2 周	14.83	1948 年 12 月第 3 周	14.88	1949 年 1 月第 3 周	76.48

数据来源和说明：上海批发物价指数表[J]. 经济评论,1949,4(20):12. 该数据由中国经济研究所编制,1949 年 1 月的数据由金城银行续编。

表 5-13 中的数据中,1948 年 11 月上海批发物价指数是限价最后一个月的 3 倍左右。到了 1949 年 1 月下旬,物价增长到了"八一九"时期的 76.48 倍。从这里可以看出,限价至少在表面上压制了物价涨势,取消之后受限的物价就像放松的压缩弹簧迅速反弹,加速上涨。

仍以上海为例,再来看一下限价取消之后上海职工生活费用指数的变化情况,如表 5-14。

表 5-14　限价取消后上海职工生活费指数变化(1948 年 8 月 19 日=1)

时期	总指数	食物	衣着	水电燃料房租	杂项
1948 年 11 月下	15.40	16.80	11.60	13.10	12.10
1948 年 12 月上	15.10	15.00	13.40	16.00	13.40
1948 年 12 月下	18.30	18.20	19.70	17.80	19.70
1949 年 1 月上	48.04	43.99	57.97	57.95	48.95
1949 年 1 月下	88.47	86.98	75.62	96.17	90.10
1949 年 2 月上	350.00	352.00	314.00	355.00	342.00
1949 年 2 月下	643.00	627.00	585.00	717.00	626.00
1949 年 3 月上	1 339.00	1 319.00	1 228.00	1 456.00	1 259.00
1949 年 3 月下	3 403.00	3 458.00	3 354.00	3 328.00	3 307.00

数据来源：限价开放后之上海市职工生活指数[J]. 银行周报,1949,33(18):41.

表 5-14 中的职工生活费用指数,是从食物、衣着、水电燃料房租以及杂项等方面统计上海市职工生活支出的增长情况。"八一九"限价期间为基数 1,11 月份限价取消之后总指数立刻上升到 15.4。到 1949 年 3 月下旬,总指数已经上涨到 3 403,即生活费用是限价期间的 3 403 倍。具体到各项内容,与总指数基本保持同步增长。1949 年 2 月份开始急剧增长,上半月指数突然激增至 350,是上一个月的 4 倍还多。可见,短短 70 多天限价,对物价和生活费指数的异常快速增长起到了一定作用。

值得一提的是,限价取消后的价格反弹现象在上海最为明显,其原因在于上海限价政策执行得最为严格,这在前文已有论述。而在其他地方,比如华北地区,情况可能并不相同,甚至相反。据清华大学教授徐毓枏的研究,在北平西郊,11 月 1 日至 11 日这段时期,物价基本呈现稳定状态,甚至有下降现象。限价期间上等米曾经卖到 3 元每斤,取消限价之后一度跌至 1.7 元每斤;猪肉变动幅度更大,从 14 元每斤跌到 4.4 元每斤;主食玉米粉也从 1.2 元每斤下降至 0.7 元每斤。[①] 该地物价呈现相反变化,原因在于北平相对于上海来说,限价实施程度较为宽松,而郊区的农村区域更是没有受到限价影响,从这个反例也能看到上海所受影响之深。

其次,地方券的出现。民众完全不再信任金圆券,各地已经发行不同形式的地方券取代金圆券,甚至又回到物物交易。虽然财政部多次明令禁止各地发行辅币券及地方券,规定各地方政府及公私行号禁止发行地方券或辅币券,如已发行应即收回并追究责任,以违反财部《经济紧急措施条例》法办[②],但是,政府法令不再具有约束力,各地只是推行地方券进度存在差异,有的地方在研究是否发行地方券,而有些省份已经开始实施。

最早发行地方券的是湖南,早在 1949 年 2 月 5 日就能看到相关报道,其发行目的是利用银本位的省币配合经济需要,稳定该省物价。[③] 省币定名为银元券,发行总额为 100 万银元,以白银与实物充作准备金,规定十足兑

---

① 徐毓枏.温故而知新:物价动态之一种分析[J].新路周刊,1948,2(3):6—8.
② 禁发地方券[N].大公报(上海版),1949-02-26(1).
③ 地方性货币第一声,湘正式发行银元券[N].前线日报晚刊,1949-02-05(1).

现。其中 60% 为现金准备，其余 40% 为物资准备。票面分 5 角、2 角和 1 角三种，省内市场交易都用省币，谷价折银元 2 元 5 角，一切税收将征收银元与省币，但是并没有规定省币与金圆券的兑换比率。

其他地区开始效法，如上海也积极准备发行地方券，它有比较充分的理由，因为湖南已经实行地方券，与其说是效仿，不如说是出于担忧。一方面，上海担心已经发行地方券的地区，会以很低的兑换率大量收购金圆券并将它们送到其他地区套购物资；而另一方面，平津地区解放之后已经使用人民币，凡是超过必要费用以上的金圆券，不许兑换，须移出区外调回物资，这种从华北而来的金圆券，势必最后又汇集于上海。这两方面因素造成上海物资和金圆券形势愈加严峻。但是，广州却不赞成发行地方券，认为地方券无异于经济独立，可能会造成民众财富再一次受损，而且必然会引起地方之间的货币战。①

金圆券流通使用范围不断缩小，随着战事发展，金圆券迅速被驱逐出东北、华北以及长江以北的广大地区，大都流向长江以南地区，造成南京和上海等地金圆券泛滥。在诸多地区，银元和外币逐渐成为正式流通货币。比如新疆在 1949 年 5 月 1 日开始实行币制改革，原因也是金圆券的迅速贬值和民众生活的艰辛，决定从 6 月份开始铸造银币发行银元，而金圆券不再在省内流通，仅作为内汇使用。② 在香港，华侨汇款都一律改用外币。

最后，金圆券的最终崩溃。恶性通胀造成金圆券信用降低，政府自身的不信任更是让金圆券走到尽头。民众保持金圆券极为快速的换手率，投机商人也是迅速将手中金圆券置换成物资或是外币。不仅民众早已将其视为废纸，就连国民政府高层也存在悲观心理。这种自上而下的不信任，极容易传染至每一个民众，从而形成普遍的抛弃心理，预期金圆券破产的心理日益加剧。

抗战胜利以后，国民政府依次实施过多种财政金融政策，重要的包括

---

① 金圆券与地方券[N]. 立报，1949-02-23(3).
② 新疆改革币制，下月一日起发行银圆[N]. 大公报(上海版)，1949-04-27(2).

1947年2月的《经济紧急措施方案》、同年8月的《经济改革方案》、1948年8月19日的《财政经济紧急处分令》以及1949年2月24日宣布的《财政金融改革案》,企图控制物价涨势。但无论是限价、冻结工资还是改革币制,抑或实行黄金白银自由买卖,都没有从根本上解决通货膨胀问题,相反每次所谓的改革都促成了物价的螺旋上涨。

前文已对国民政府前三次财政金融改革进行过较多关注,而《财政金融改革案》则直接摧毁了民众对金圆券的最后信心。简单回顾一下这个方案的主要内容与政府部门行为,就可以看到政府部门矛盾行为的背后隐藏着其对于金圆券的态度。

为了解决财政问题,该改革方案涉及四个方面的要点:(1)财政收入直接收金银外币及实物;(2)中央与地方财政各自为政;(3)侧面宣布银元为本位货币,同时准许金银自由买卖及流通;(4)放松进出口贸易,并改进口税为关元。其中最引人关注的是重新确立银元的重要地位,方案中乙项第2条规定"银元准许流通买卖,政府筹购白银鼓铸银元",这无异于承认银元为正式通货。下面从政府和民众两个角度来审视他们的不同心理博弈。

政府没有收回金圆券,也没有直接宣布金圆券作废,但是为了军事支出的需要,规定薪饷、粮秣、军服等所需数额,一律以银元为标准,再次允许银元自由流通。政府将金银黑市抬到合法地位,政府随时在公开市场买卖金银以稳定金圆券币值,事实上已经认可银元本位的恢复。从政府立场来看,其存在一种两难心理:一是不愿意用真金白银或者实物回笼金圆券,而且即使有意愿也没有财力承受;二是经济秩序已经混乱,"八一九"币制改革只维持了70多天,屡经财经金融改革,政府并没有足够的勇气取消金圆券,至少在1949年2月份其仍然存在再次改革货币的顾虑。在这种两难心理之下,只能任由金圆券继续贬值直到自生自灭。

同时,民众从政府行为上更加确定了金圆券破产的预期。以上海为例,民众普遍反对方案中的条文规定,特别是货物税征实和公用事业按关元计算。货物税以实物征收,棉纱、火柴、水泥、卷烟、食糖等改征实物,如有不便征收实物者,则依当地趸售市价折合金圆券缴纳。此举不仅否定了金圆券的纳税价值,也增加了工商业的经济负担,意味着企业需要提供给国家更多的实物以作税收。

企业生产已经衰退,从其开工情况就可见一斑。自1949年农历新年之后,全上海工厂能够照常开工者,约占总数的60%,比如火柴业全市共有28家,开工的仅3家,面粉厂只开10%,原因在于原料获得渠道日益缩小甚至中断,再将税收改为实物征收,对企业生产无异于雪上加霜。上海企业家认为,"所谓征实的重负,不管规定征实为先付或后付,税收终不能全部转嫁于消费者的身上。在此恶性通货膨胀的情况下,货品如按正常的交换过程投进市场,总是难于收回原来实值。"①

苏浙皖京沪区棉纺公会极力反对征实政策,请求政府当局取消货物税征实,并于1949年3月1日举行常务理事会议,讨论结果一致认为棉纱统税征实办法在原料缺少的情况下,必然造成生产日减。而想维持原状已不可能,"一旦实施征实,惟有加速整个纺织工业之崩溃。决由该会分电院部,吁请维持原有办法,免予征实。"②

税收征实增加了企业负担,企业生产经营中断之后则会转向投机。普通民众包括薪水阶层、士兵,也被迫参与投机活动,尤其是在发行500元和1000元大面值纸币后,为了实现保值,他们甚至会在马路边的银元市场买卖银元,赚取微薄差价利润。

当然,这种征实政策并没有维持很长时间。据1949年4月18日的《银行周报》报道,新内阁即何应钦任行政院长期间,这项征实政策就被取消,取而代之的是税元制度,即一切捐税都以税元计算缴纳,每一单位税元合市制黄金一分,纳税人以金圆券换购并作缴纳税金使用。税元只是一种计价单位,并不在市面上流通。政府只承认税元制度是为了缴税便利以及避免延缴损失,不以金圆券纳税,其意图已经昭然若揭,缴税相当于对普通民众征收了黄金税,也是对金圆券不信任的表现。

---

① 马锡风.徐不堪的方案在上海[N].大公报(香港版),1949-03-15(5).
② 统税征收实物,加速工业崩溃,棉纺公会请当局维持原有办法[N].大公报(上海版),1949-03-02(3).

除了货物税征实,另一引起民愤的方案即为上海公用事业用关元收费。所谓关元,实为一种虚拟记账单位。1关元合0.4美元,公用事业计价以0.625关元为标准,也即相当于国内普通公用事业以美元计价。吴国桢原计划在3月3日推广实施关元计价措施,但遭到民众普遍反对。人们反对主要是因为对生活压力的担忧,不少人认为美元计价变化频繁,极易造成短时间内公用事业价格大幅波动,甚至超过收入总数。而公用事业本身具有服务和公益性质,政府不应该以此作为弥补财政赤字的渠道。时任全国总工会理事长的周学湘也反对此项措施,他认为公用事业调整以关元计算,会导致价格变化过快而极不合理,用关元计算办法,实际上会起到领导物价上涨的作用。而且,工人收入工资以金圆券发放,付出却需以关元折合计算,实为影响工人生活。① 就连潘公展也认为公用事业以关元计算不合理,并通知市参会召集会议重行研究改善办法。② 最终迫于压力,关元计价方案并没有真正实施。

仅从这项改革方案中的措施,便可以看到无论以实物、银元还是美元计价,其实政府所有行为都在传递一个信息,金圆券已经不存在任何价值,"民众已经不抱有任何期望,财政金融上的戏法已经一变再变,差不多已经变到无可再变。"③

除了前文所述的发行地方券之外,很多地区甚至又回复到原始的物物交换形式。此时人们对物的信仰已经远超金圆券,在物的选择中,最受民众喜爱的就是食米。例如杭州市各公立医院门诊挂号费,竟改为实物计算,普通挂号费白米1升,特别挂号费白米2升,依照当天2号罗尖米折算。不仅如此,理发及旅馆等业也均向市府要求改用食米计值,典当业也开始试行典物折米办法。④

国民政府对于货币的管理可谓已经穷途末路,从民众和企业心理来看,

---

① 对以关元计价事,总工会提抗议[N]. 大公报(上海版),1949-03-30(4).
② 潘公展表示关元计价不妥当[N]. 大公报(上海版),1949-03-06(4).
③ 朱福奎. 对财政金融改革案的读后感[J]. 苏讯,1949,(97—98):3—4.
④ 杭州理发等业要求以米计值[N]. 大公报(上海版),1949-04-20(5).

金圆券早已被彻底抛弃。到了 1949 年 7 月,银本位正式恢复,发行银元券,政府的所有补救措施都无济于事。无论是民众还是企业,他们的社会心理无疑遭受了巨大创伤,对纸币和物价已经彻底丧失信心,这也注定了各种币制和物价改革的最终败局。

结　　语

　　1940年至1949年间，国民政府经历了中国近代经济史上最为严重的通货膨胀。自抗战全面爆发，中国物价开始呈现快速上涨趋势。1940年大后方粮食歉收成为刺激物价上涨的重要催化剂，战争以及国内外政治经济形势的变化，全方位地影响着中国物价的变化。虽然政府制定了若干政策，但是都治标不治本，均无法达到控制物价的目的。

　　从研究对象上看，包括公教群体在内的民众和企业家构成微观经济主体，他们承受着通货膨胀和物价上涨带来的经济损失，尤其是普通民众几乎没有对冲手段，只能面对财富的缩水和生活质量的每况愈下。从他们的内心来看，其情绪和心态具有复杂性，也是影响和决定他们行为的重要因素。

　　本书所考察的时期内，中国国内政治环境非常特殊，货币政策和物价形势具有很大差异。构成微观经济主体的民众与企业，他们的社会心理既有共性，也有个性，应对通货膨胀的方式、手段和能力差异明显。同时，城市民众与农村群体的社会心理也存在明显不同，而不同行业的企业应对措施也不尽相同，因而比较分析尤为重要。

　　在研究视角上，本书选择从社会心理角度探讨他们应对通货膨胀的行为。在"刺激与反应"的框架下，本书通过翔实的史料，在搜集整理民国期刊报纸和档案馆未刊史料的基础上，深入挖掘研究对象的社会心理，客观评价其行为的理性和局限性。在分析过程中，以时间顺序为经、空间变化为纬，从时、空两个维度分析各微观经济主体的社会心理特点和变化，从心理视角论述物价和通货膨胀的影响，并解释他们对于物价刺激所采取的行为或行动的原因和意义。

一、沦陷区物价上涨与民众和企业家的心理变化

以上海为代表的沦陷区域,自 1937 年物价就已经开始上涨,但总体来说,急剧上涨始于 1940 年。在沦陷区内,民众不仅承担了通货膨胀带来的痛苦,而且还经历了伪币兑换损失,汪伪政府要求以"中储券"兑换原法币,2 元法币兑换 1 元"中储券"的比例造成民众财富的缩水,再加上物价的飞速猛涨,民众损失迅速增加,因而在心理上表现为愤怒和恐慌,从而导致投机和囤积行为。由于财力限制,他们能够囤积的商品主要集中于生活用品以及证券等金融产品,而各种投机行为又反过来促进物价进一步上涨,造成螺旋式恶性循环。

物价上涨刺激了民众的恐慌心理,使后者产生了对货币的不信任心理。民众心理是货币恶意超发和物价上涨的直接反映和体现,因而相应行为选择,包括囤货、投机、跑单帮、炒作、罢工等,客观上说,的确具有一定合理性,这些行为存在明显的时代特点,每个阶段呈现出不同的表现和特点,本质上来说,都是物价的刺激与民众的反应。

由于财力、信息、社会地位等诸多有利因素,行业投机行为程度要远远高于普通民众。本书集中分析金融和地产两个行业的投机,在社会心理描述的基础上,认为它们对形势的判断,足以使它们找到对冲通货膨胀和实现资本增值的较优途径,从另一个方面来看,即认为其实质就是通货膨胀下产业资本向虚拟资本的转移。金融和地产两大虚拟经济的畸形繁荣,又反过来促进物价进一步上涨。

同样是微观经济主体,企业应对通货膨胀的措施和手段要远多于民众,对冲资产缩水的能力方面,民众难以望其项背。本书以典型案例为主,以金城银行、刘鸿生企业和荣家企业为考察对象,分析了这三家企业集团的代表人物的社会心理特点,结合史料详细剖析了上述企业在应对通货膨胀方面所采取措施的原因和成效。对于企业家来说,他们能够比较准确地判断金融经济形势,从而在应对方面具有民众无可比拟的优势。

无论是民众,还是企业,其实都是通货膨胀的受害者,但是企业又有不

同的特点,它们作为债务方,在通货膨胀时期恰恰又能成为受益者,因而造成企业家对此形势具有比较特殊的态度和情绪,其甚至会利用通货膨胀时机偿还债务,这些行为都从社会心理视角得到了合理的解释。

二、大后方民众心理特征

本书以大后方民众为考察对象,主要包括农民、地主、普通市民以及公教群体,他们对于物价上涨过快的应对措施和手段都比较有限,因而更多地承受了通货膨胀带来的压力。每个群体所受影响又因为自身所拥有的生产和生活资料不同,而存在很大差异。

首先,对于大后方农村群体来说,其主要是以农民为中心,他们对于囤积具有复杂的心理,既痛恨农村囤积居奇,又利用自产米粮进行囤积。农民购买力指数与生活水平并不存在直接相关性,如果仅从农民所得与所付指数来衡量,看似农民的购买力指数有时存在增长的现象,但是如果考虑物价上升是由于粮食减产,则农民在战时生活水平提高的结论是很难成立的。大后方农村群体中还包括地主,他们能够顺利地转嫁通货膨胀的压力,一般通过要求佃农加租的方式减少自身损失,并且通过购置田地抵抗通胀的贬值损失。而地权不断集中,更加重了佃农的负担,造成他们生活愈加困难。

其次,公务员是战时大后方的另一重要群体,他们也难以承受物价飞速上涨所带来的生活压力,特别是基层公务人员的生活窘况随着通货膨胀加深而更加突出。他们在报刊上发表言论,希望政府能够实施求助政策,可见他们内心的恐慌和无助。

最后,教师是另一受到极大冲击的群体。本书以西南联大教师为例,结合他们的实发薪水和物价的变化程度,总结了他们在大后方的心理变化。抗战早期,他们在心理上具有一定优越感,原因是大后方物价远低于沦陷区,从他们的日记和书信中可看到其对大后方生活的满意程度。但是随着抗战深入和物价快速上涨,他们的心理骤然发生转变,由苦闷到迷茫,甚至对抗战未来形势产生悲观的看法,教师群体的生活已经完全没有昔日的体面,连温饱都难以保证。他们的心理变化不仅体现了生活压力的增加,也凸显了他们对于国民政府的信任已经丧失殆尽。

三、暗账行为和战前存款偿付纠纷：银行家的社会心理分析

以银行业为中心，本书考察了银行业的暗账和战前存款偿付问题，分析了银行家的社会心理。通货膨胀不仅影响到普通民众的生活，也对银行资产价值产生巨大冲击。无论是银行的暗账还是其针对战前存款的偿付，都与通货膨胀有着直接关系。

通货膨胀是导致银行暗账发生的重要原因，战时政府金融管制不断强化，暗账对于银行生存的意义决定了它的隐蔽性特点。暗账不仅是银行逃避税款和进行商业投机的重要途径，也是其对冲通胀的有力手段。对银行而言，在一定程度上，暗账具有积极应对通胀和减少资产贬值的作用。上海商业储蓄银行的暗账史料比较完整，具有进一步挖掘分析的价值，因而本书以它为例，分析了银行采取暗账的形式和原因。结合银行家的社会心理变化特点，从他们的日记或书信中寻找暗账线索，不失为一种值得尝试的新颖方法。银行家对于通胀形势的预判，具有一定前瞻性和准确性，暗账不完全是投机或不道德行为，而是一定程度上的理性行为。

战前赔款则涉及物价上涨与存款缩水的矛盾，储户要求按照物价指数增长偿付战前赔款，法院也进行了相应判决，但是遭到银行业极力反对，银行与存户各执一端。通过史料分析，我们发现银行业反应之所以如此强烈，从银行家心理和立场角度来看，首先是银行认为其对于存款只有保管义务，储蓄并非投资，因而银行不应该承担多倍偿付责任；其次是战前存款多倍偿付判决为银行业无法承受之重，行业危机担忧成为最重要的理由；最后是银行对比公债偿付倍数的差异，由于银行是战时公债主要购买者，政府并没有按照多倍偿付给银行，自然引起银行业不满。1947年年底才正式颁布《银行业战前存款放款清偿条例》，战后直到此条例公布期间，没有相关存放款清偿法令依据，因而较长时间内，因通胀而引起的存款偿付纠纷一直是银行与储户间的矛盾焦点。

四、限价与币制改革下的民众和企业家反应

抗战胜利之后,无论是收复区还是大后方都经历过短暂的物价下跌现象,但在以上海为代表的收复区内,物价很快就开始迅猛增长。其中,不合理的"中储券"兑换比例是刺激物价上涨的重要原因之一。

以"中储券"为代表的伪币与法币进行兑换的政策是抗战胜利之后非常重要的一项经济政策,采取何种兑换比率,对于收复区的民众心理安抚以及经济恢复都具有重要意义。民众企盼抗战胜利,但 1945 年 9 月国民政府公布兑换比率时,人为压低兑换比率,不仅使收复区民众财富严重缩水,社会心理落差极大,而且还造成收复区与大后方物价的巨大差异,为投机者提供了巨大的套利空间。两地物价水平不同,后方城市游资大量涌向上海购买物资,必然促使上海物价在短暂的回落之后疯狂上涨。

随着物价上涨和通胀压力增大,从 1947 年 2 月的《经济紧急措施方案》出台,政府实行物价工资冻结政策,民众反对声音很大,物价上涨势头并没有被遏制,相反按照指数计算之后的工资更落后于物价,造成民众生活更加困难,劳资矛盾激化。这种忽视经济规律的冻结政策只持续了两个多月的时间便最终被取消。

政府于 1948 年颁布《财政经济紧急处理办法》并实行金圆券改革,同时再次进行限价,是为"八一九"限价。金圆券取代法币,并收兑民众金银,不仅没有遏制物价上涨,相反更让民众怀疑它的信用,因为政府公信力不断下降,金圆券发行额急剧增长,诸多因素不断强化民众的贬值预期。而企业也未能幸免,与之前的通胀稀释债务完全不同,民营企业在限价和配售中损失巨大,因而无论是民众还是企业家无不反对限价政策。

限价期间,全国各地曾发生过抢购风潮,囤积风气日炽,这种极端心理越演越烈,民众从内心都希望将持有的金圆券立刻转换成物资。政府多次修正调整金圆券法令,使民众无所适从,特别是金银兑换政策的变换,更让民众感觉受到欺骗,限价最终仅维持了 70 余天便被取消。

金圆券也很快寿终正寝。在农村,农民早已实行银元交易或物物交易,

金圆券在农村地区影响并不大,远不如在上海。即使在城市,物物交换也频频出现,而且在很多省份已经开始发行地方券,代替金圆券。其实,政府在用实际行动证明金圆券的毫无价值,比如军饷发放改用银元、货物税征实、采取税元和关元政策等,这些政策都对金圆券产生了致命的影响,使其最终于1949年7月被银元替代。但无论如何改变纸币形式,通货膨胀和物价上涨一直持续到国民政府统治的终结。在此期间,民众与企业家的心理遭受巨大的冲击和创伤,通货膨胀成为他们的集体记忆,而政府在币制政策实施中出尔反尔,日益侵蚀社会信任,最终使自身陷入塔西佗陷阱。

总之,1940年至1949年间的物价和通货膨胀,是中国近代物价史重要的研究内容。本书借鉴法国年鉴学派的分析方法,聚焦于民国社会的普罗大众,透过自下而上的视角,分析以民众和企业家为代表的微观经济主体的社会心理,探讨通货膨胀与物价急剧上涨形势下的群体主观意识与心理反应,解释囤积、投机、暗账、抢购、兼业经营等多种经济行为发生的内在动力,中肯评价诸多行为的理性和有效性。面对通胀带来的经济损失和财富缩水,民众和企业家的心理既有共性,也有特性。对冲通胀手段的选择,民众远不如企业家,经济实力与地位差异,决定了通胀形势下民众社会心理的多样性。

综观全书研究,我们重新回顾了1940年至1949年间的物价史,分别研究不同时期和区域内物价的特征,肯定通货膨胀形势及其对民众和企业的影响。对于各个微观经济主体的行为,不能简单地以合理与否进行判断,而要置于特定的历史语境中进行综合考察。社会心理学无疑是一个崭新可行的分析视角,如果忽视微观个体的反应和行为,对通货膨胀的研究将会面临"见物不见人"的困境,而社会心理分析方法能将两者有机地结合起来,既能考察通货膨胀的恶化形势,又能审视个体的行为选择,从而发现其中的内在逻辑。通货膨胀导致物价上涨,使民众和企业采取应对措施,无论是投机,抑或投资,每一种行为都是特定社会心理的反应。

参考文献

一、民国档案史料、期刊和报纸

(一)上海档案馆馆藏的企业与银行史档案,核心档案包括:
1. 聚兴诚银行. 卷宗号：Q286-1-73.
2. 上海通成公司在金城银行立暗账户的账单. 卷宗号：Q264-1-1299.
3. 金城银行战时维持法币价值的意见的资料. 卷宗号：Q264-1-1360.
4. 上海地方法院关于刘鸿生等囤积居奇案的文件. 卷宗号：Q185-2-41172.
5. 永安纺织股份有限公司暗账户记录表. 卷宗号：Q197-1-39.
6. 金城银行有关暗帐的文件. 卷宗号：Q264-1-1372.
7. 上海商业储蓄银行关于的部分账册. 卷宗号：Q275-1-2543.

(二)重庆档案馆馆藏档案
1. 聚兴诚银行全行暗账. 卷宗号：02950001019330000052000.
2. 聚兴诚暗账业务活动及其组织. 卷宗号：02950001019370000009001.
3. 聚兴诚银行暗账组织经营情况的报告等. 卷宗号：02950001019590000003007.

(三)民国期刊和报纸

1. 民国期刊

《中农经济统计》《经济研究》《中农月刊》《银行周报》《兴业邮乘》《中央银行月报》《中国经济评论》《东方杂志》《上海生活(1937)》《中美国周刊》《经济汇报》《财政评论》《国际劳工通讯》《浙江经济统计》《苏讯》《三行经济周报》《商业统制会刊》《中央经济月刊》《星期评论(重庆)》《中国农村》《中国农民(重庆)》《新经济》《钱业月报》《广东省银行季刊》《浙江经济月刊》《社会月刊》《经济周报》《商业月报》《经济评论》《立信月刊》《中外经济统计汇报》等。

2. 民国报纸

《申报》《大公报》(上海、天津、重庆、桂林和香港版)、《新闻报》《中国商报》《力报》《金融日报》《中央日报》《立报》、英文《密勒氏评论报》(The China Weekly Review)、《字林西报》(North-China Daily News)等。

二、民国时期专著和论文等

1. 白水. 上海的投机市场[J]. 之大商学刊,1941,1(3)：7—8.

2. 财政评论社资料室. 英美冻结中日资金纪述[J]. 财政评论, 1941, 6(3): 105—119.
3. 蔡润岚. 币制改革后的物价与生产[N]. 大公报(天津版), 1948-09-07(3).
4. 陈岱孙. 物价财政与建设[J]. 新经济, 1940, 4(10): 4—8.
5. 陈岱孙. 心理、涨价与通货膨胀[J]. 独立时论集, 1948, (1): 32—34.
6. 陈翰笙. 米价与农民[J]. 半月文萃, 1944, 3(3): 19—20.
7. 陈文川. 农业建设: 大后方农村经济问题[J]. 广东省银行季刊, 1943, 3(4): 230—241.
8. 陈锡周. 公务员节约为战时节约之关键[J]. 边政旬刊, 1940, (28): 7—10.
9. 笪移今. 限价解除·危机依旧[J]. 观察, 1948, 5(11): 1—2.
10. 费孝通. 农村里的囤米[J]. 星期评论(重庆), 1941, (13): 7—9.
11. 冯克昌. 平抑上海物价问题[J]. 兴业邮乘, 1940, (99): 2.
12. 傅斯年. 历史语言研究所工作之旨趣[J]. 中央研究院历史语言研究所集刊, 1928, 1(1): 3—10.
13. 顾祖绳. 职工差额金补贴办法概述[J]. 社会月刊(上海1946), 1947, 2(4): 28.
14. 何绍琼. 经济紧急措施方案述评[J]. 广东省银行月刊, 1947, 3(2—3): 15—19.
15. 胡寄窗. 财政经济紧急处分前途之展望[J]. 正论(北平), 1948, (9): 15—17.
16. 黄君默. 专论: 论生活费指数解冻[J]. 工商经济, 1947, 1(2): 5—7.
17. 黄克善. 战时上海物价问题之研讨[J]. 中国经济评论, 1940, 1(5): 28—44.
18. 江荻. 上海物价腾贵的原因和对策[J]. 上海生活(上海1937), 1940, 4(4): 6—8.
19. 蒋介石. 节约建国储蓄告全国同胞书[J]. 新建设, 1940, (11): 2—3.
20. 黎名郋. 试论物价高涨的原因[J]. 新经济, 1942, 8(4): 4—8.
21. 李俊忠. 物价飞涨中的农民生活[J]. 农民通讯, 1944, 2(6—7): 26.
22. 厉筱通. 物价高涨之原因及其对策[J]. 国民公论(上海1928), 1941, 1(2): 61—62.
23. 梁春芳. 二月金潮剖析与瞻望[J]. 浙江经济月刊, 1947, 2(2): 11—14.
24. 刘润田. 通货膨胀与限价政策[J]. 创进, 1948, 1(17): 3—4.
25. 柳陶. 论金圆券[J]. 经济导报, 1948, (86): 4—5.
26. 龙髯. 法币与伪币[J]. 新上海, 1946, (7): 8.
27. 穆家骥. 上海物价之上升与通货问题[J]. 中央银行月报, 1940, 9(4): 2069—2075.
28. 念华. 限价与议价之争[J]. 经济观察, 1948, 1(11): 11—13.
29. 千家驹. 再评金圆券[J]. 经济通讯, 1948, 3(33): 1—8.
30. 乔启明. 抗战对于各界人民生活之影响[J]. 中农月刊, 1941, 2(8): 1—5.
31. 丘信. 我国现阶段的土地投机问题[J]. 人与地, 1941, 1(11): 217—220.
32. 荣鸿元. 对于花纱布管理问题意见希望有缜密的考虑[J]. 公益工商通讯, 1948, 2(8): 2.
33. 上海文明书局. 中华民国民法[Z]. 上海: 上海文明书局, 1931: 154.

34. 沈春鸿.论整理伪中储券问题[J].大同周报(上海1945),1945,(1):10—12.
35. 盛慕杰.金圆券中的数字[J].兴业邮乘,1948,(163):2—3.
36. 石西民.论物价[J].上海周报(上海1939),1940,2(3):66—67.
37. 史可京,郑菊英.由朱森教授之死说到公务员待遇之改进[J].现实评论,1942,1(11—12):13—14.
38. 蜀客."上海人"与"重庆人"特辑:来沪观感[J].新生中国,1945,(4):10.
39. 滕维藻.金圆券八十天[J].经济评论,1948,4(8):6—8.
40. 万国鼎.中国土地问题鸟瞰[J].人与地,1941,1(9—10):179—182.
41. 王雷鸣.生活指数解冻后之劳资问题[J].金融周报,1947,16(24):3—5.
42. 魏友棐.冻结资金与外汇暗市存废问题[J].金融知识,1942,1(1):77.
43. 吴半农.悼朱森先生[J].新经济,1942,7(7):16—19.
44. 吴承禧.论千倍偿还存款问题[J].经济周报,1946,3(8):8—9.
45. 吴文英.上海当前之物价暴涨问题[J].日用经济月刊,1940,2(5):508—511.
46. 伍启元.当前物价问题的性质[J].新经济,1942,8(1):1—5.
47. 伍启元等.昆明九教授对于物价及经济问题的呼吁[M].北京:求真出版社,1945.
48. 徐伯华.金圆券八十天[J].中学生,1948,(206):18—22.
49. 徐毓枬.温故而知新:物价动态之一种分析[J].新路周刊,1948,2(3):6—8.
50. 杨培新.通货膨胀论[M].上海:生活书店,1948.
51. 杨西孟.九年来昆明大学教授的薪津及薪津实值[J].观察,1946,1(3):6.
52. 张嘉铨.生活指数的总检讨[J].中国劳工,1947,7(8):11—12.
53. 张西超.物价高涨下农村经济是否繁荣[J].中国农村,1941,7(6):4—5.
54. 张作周.金圆问世后的棉纺织业[J].工商天地,1948,3(9):8—10.
55. 赵兰坪.我国后方物价上涨之原因[J].经济汇报——物价问题丛刊,1941,(7):4.
56. 赵逎抟.经济紧急措施方案质疑[J].经济周报,1947,4(11):8—9.
57. 赵晚屏.物价腾涨下的广西农村[J].新经济,1940,4(6):13—17.
58. 郑爰诹.民法债编集解[M].上海:世界书局,1931:84.
59. 朱福奎.对财政金融改革案的读后感[J].苏讯,1949,(97—98):3—4.
60. 朱剑农.怎样改进战时的农村[J].中国农民(重庆),1942,1(5):1—12.
61. 朱斯煌.民国经济史[M].上海:银行周报社,1948.
62. 朱斯煌.战前存款增加给付问题[J].银行周报,1946,30(33):2—4.

三、当代专著等类文献

1. Arthur N. Young. China's Wartime Finance and Inflation, 1937 - 1945[M]. Cambridge: Harvard University Press, 1965.
2. Kia-Ngau Chang. The Inflationary Spiral: The Experience in China, 1939 - 50[M]. Cambridge: MIT Press, 1958.

3. Shun-Hsin Chou. The Chinese Inflation, 1937-1949[M]. New York: Columbia University Press, 1963.
4. [法]埃马纽埃尔·勒华拉杜里. 蒙塔尤：1294—1324年奥克西坦尼的一个山村[M]. 许明龙, 马胜利译. 北京：商务印书馆, 1997.
5. [英]彼得·伯克. 法国史学革命：年鉴学派, 1929—2014[M]. 刘永华译. 北京：北京大学出版社, 2016.
6. 财政部中国农民负担史编委会. 中国农民负担史(第3卷)[M]. 北京：中国财政经济出版社, 1994：419.
7. 蔡德金编注. 周佛海日记(上)[M]. 北京：中国社会科学出版社, 1986：477.
8. 陈存仁. 抗战时代生活史[M]. 桂林：广西师范大学出版社, 2007：60.
9. 陈达. 我国抗日战争时期市镇工人生活[M]. 北京：中国劳动出版社, 1993.
10. 陈方正编校. 陈克文日记(1937—1952)[M]. 北京：社会科学文献出版社, 2014：533.
11. 陈光中. 中华法学大辞典(诉讼法学卷)[K]. 北京：中国检察出版社, 1995：260.
12. 陈明远. 文化人的经济生活[M]. 西安：陕西人民出版社, 2013：239.
13. 陈明远. 文化人与钱[M]. 天津：百花文艺出版社, 2001：183.
14. 陈平原. 怀想中大[M]. 广州：花城出版社, 2014：224.
15. 陈其广. 百年工农产品比价与农村经济[M]. 北京：社会科学文献出版社, 2003：159.
16. 西南联大《除夕副刊》. 联大八年[M]. 北京：新星出版社, 2010：75.
17. 崔敬伯. 崔敬伯财政文丛[M]. 北京：中央编译出版社, 2015：1047.
18. 戴建兵, 申玉山. 抗日战争时期华北经济研究[M]. 北京：团结出版社, 2015：91—94.
19. [美]戴维·迈尔斯. 社会心理学[M]. 侯玉波等译. 北京：人民邮电出版社, 2016.
20. 方显廷. 方显廷回忆录[M]. 北京：商务印书馆, 2006：128.
21. [法]费尔南·布罗代尔. 菲利普二世时代的地中海和地中海世界[M]. 唐家龙, 吴模信译. 北京：商务印书馆, 1996.
22. [美]费正清, 费维恺. 剑桥中华民国史[M]. 北京：中国社会科学出版社, 1993.
23. 复旦大学中国金融史研究中心. 银行家与上海金融变迁和转型[M]. 上海：复旦大学出版社, 2015：76.
24. 傅国涌, 周振新. 金融的原理：陈光甫言论集[M]. 北京：新世界出版社, 2016.
25. [美]格奥尔格·伊格尔斯. 二十世纪的历史学[M]. 何兆武译. 沈阳：辽宁教育出版社, 2003.
26. 何品, 宣刚. 上海商业储蓄银行[G]. 上海：上海远东出版社, 2015：107.
27. 贺水金. 1927—1952年中国金融与财政问题研究[M]. 上海：上海社会科学院出版社, 2009.
28. 洪葭管. 金融史的魅力[M]. 上海：上海人民出版社, 2012：188.

29. 洪葭管.上海金融志[M].上海：上海社会科学院出版社,2003：138—142.
30. 洪葭管.中国金融通史(第四卷)(1927—1949 年)[M].北京：中国金融出版社,2008：526.
31. 洪葭管.中央银行史料（1928.11—1949.5）[G].北京：中国金融出版社,2005：903.
32. 黄达.工农产品比价剪刀差：从鸦片战争前后到新中国建国之际的史的考察[M].北京：中国社会科学出版社,1990：14.
33. 黄美真,张云.汪精卫集团叛国投敌记[M].郑州：河南人民出版社,1987.
34. 贾秀岩,陆满平.民国价格史[M].北京：中国物价出版社,1992.
35. 蒋清宏.关税币制与经济[M].知识产权出版社,2014：154.
36. 焦建华.中国财政通史·第八卷·中华民国财政史(下)[M].长沙：湖南人民出版社,2015：952—963.
37. 乐正.近代上海人社会心态(1860—1910)[M].上海：上海人民出版社,1991.
38. 李先闻.李先闻自述[M].长沙：湖南教育出版社,2009：117.
39. 刘佛丁,王玉茹.中国近代的市场发育与经济增长[M].北京：高等教育出版社,1996.
40. 刘平.近代中国银行监管制度研究(1897—1949)[M].上海：复旦大学出版社,2008：317—333.
41. 刘维开等.中华民国专题史·第5卷·国民政府执政与对美关系[M].南京：南京大学出版社,2015：233.
42. 刘永祥.金城银行：中国近代民营银行的个案研究[M].北京：中国社会科学出版社,2006：69.
43. 刘增人.叶圣陶传[M].北京：东方出版社,2009：186.
44. 刘志英等.抗战大后方金融研究[M].重庆：重庆出版社,2014：291.
45. 陆满平,贾秀岩.民国价格史[M].北京：中国物价出版社,1992：254.
46. [美]罗伯特·席勒,乔治·阿克洛夫.动物精神[M].黄志强译.北京：中信出版社,2012.
47. 罗新元.老昆明的故事[M].昆明：云南民族出版社,2001：166.
48. [法]吕西安·费弗尔.16 世纪的不信教问题[M].赖国栋译.上海：上海三联书店,2011.
49. [法]马克·布洛赫.法国农村史[M].余中先等译.北京：商务印书馆,1991.
50. 马寅初.通货新论[M].北京：商务印书馆,2010：215.
51. 蒙秀芳,黑广菊.金城银行档案史料选编[G].天津：天津人民出版社,2010.
52. 南开大学校史研究室.抗战烽火中的南开大学[M].开封：河南大学出版社,2015：357.
53. [英]尼尔·弗格森.虚拟的历史[M].颜筝译.北京：中信出版社,2012.
54. 彭凯翔.清代以来的粮价：历史学的解释与再解释[M].上海：上海人民出版社,2006：106.

55. 彭卫.历史的心境:心态史学[M].郑州:河南人民出版社,1992.
56. 彭晓亮编注.周作民日记书信集[M].上海:上海远东出版社,2014:3.
57. 千家驹.旧中国公债史资料(1894—1949)[G].北京:中华书局,1984:334.
58. 全国政协文史和学习委员会.何廉回忆录[M].北京:中国文史出版社,2012:240.
59. 全国政协文史和学习委员会.回忆法币金圆券与黄金风潮[M].北京:中国文史出版社,2015.
60. 全国政协文史资料委员会.昔年文教追忆[M].北京:中国文史出版社,2006:244.
61. 荣德生.荣德生文集[M].上海:上海古籍出版社,2002:154.
62. 沙莲香.社会心理学[M].北京:中国人民大学出版社,1987:126.
63. 商金林.叶圣陶年谱长编(第2卷)(1936—1949)[M].北京:人民教育出版社,2004:167.
64. 上海社会科学院经济研究所.荣家企业史料(下)[G].上海:上海人民出版社,1980:345.
65. 寿进文.抗日战争时期国民党统治区的物价问题[M].上海:上海人民出版社,1958:70.
66. 四川联合大学经济研究所,中国第二历史档案馆.中国抗日战争时期物价史料汇编[G].成都:四川大学出版社,1998.
67. 苏智良.中国抗战内迁实录[M].上海:上海人民出版社,2015:185.
68. 陶方宣.历史的辫子:陈寅恪与王国维[M].北京:新华出版社,2016:179.
69. 田文军.冯友兰[M].北京:群言出版社,2014:249—250.
70. 王春瑜.古今掌故[M].成都:四川省社会科学院出版社,1986:208.
71. 王文俊.国立西南联合大学史料(教职员卷)[G].昆明:云南教育出版社,1998:512.
72. 王玉茹.近代中国价格结构研究[M].西安:陕西人民出版社,1997:54.
73. 王玉茹.近代中国物价工资和生活水平研究[M].上海:上海财经大学出版社,2007.
74. 文昊.民国的资本家族[M].北京:中国文史出版社,2013:169—176.
75. 翁文灏.翁文灏日记[M].北京:中华书局,2010.
76. 吴承明,江泰兴.中国企业史(近代卷)[M].北京:企业管理出版社,2004.
77. 吴冈.旧中国通货膨胀史料[G].上海:上海人民出版社,1958,第158页.
78. 吴洪成.生斯长斯 吾爱吾庐:清华大学校长梅贻琦[M].济南:山东教育出版社,2004.
79. 吴景平.政商博弈视野下的近代中国金融[M].上海:上海远东出版社,2016:509.
80. 吴景平等.抗战时期的上海经济[M].上海:上海人民出版社,2001:261.
81. 吴圣苓.师典[M].上海:上海人民出版社,2004:507.

82. 吴虞.吴虞日记[M].成都：四川人民出版社,1984.
83. 徐敦楷.民国时期企业经营管理思想史[M].武汉：武汉大学出版社,2014.
84. 许道夫.中国近代农业生产及贸易统计资料[G].上海：上海人民出版社, 1983.
85. 许涤新.中国企业家列传(2)[M].北京：经济日报出版社,1988：114—115.
86. 许涤新,吴承明.新民主主义革命时期的中国资本主义[M].北京：人民出版社,1993：580—581.
87. 许家骏.周作民与金城银行[M].北京：中国文史出版社,1993.
88. 许小青.诚朴雄伟　泱泱大风：中央大学校长罗家伦[M].济南：山东教育出版社,2012：279.
89. 严昌洪.中国近代史史料学[M].北京：北京大学出版社,2011.
90. 严跃平.自主抗争与妥协：民国上海同业公会价格功能嬗变研究[M].北京：中国社会科学出版社,2017.
91. 杨培新.中国通货膨胀论[M].太原：山西人民出版社,2015：126.
92. 尹振涛.历史演进制度变迁与效率考量：中国证券市场的近代化之路[M].北京：商务印书馆,2011,第246页.
93. 张嘉璈.通胀螺旋：中国货币经济全面崩溃的十年(1939—1949)[M].于杰译.北京：中信出版集团公司,2018：277—278.
94. 张培刚.张培刚经济论文选集上卷[M].长沙：湖南出版社,1992：234.
95. 张仲礼.中国近代城市企业·社会·空间[M].上海：上海社会科学院出版社,1998：116.
96. 郑天挺.及时学人谈丛[M].北京：中华书局,2002：556.
97. 中国第二历史档案馆.中华民国史档案资料汇编·第五辑第三编·财政经济(二)[G].南京：凤凰出版传媒集团,2000：382.
98. 中国科学院上海经济研究所,上海社会科学院经济研究所.上海解放前后物价资料汇编(1921年—1957年)[G].上海：上海人民出版社,1958：12.
99. 中国人民银行上海分行金融研究室.中国银行上海分行史[M].北京：经济科学出版社,1991.
100. 中国人民银行上海市分行.上海钱庄史料[G].上海：上海人民出版社,1960：295—298.
101. 中国人民政治协商会议河北省委员会文史资料研究委员会.河北文史资料(第18辑)[M].石家庄：河北人民出版社,1987：126.
102. 重庆市工商业联合会文史资料工作委员会.重庆工商史料·第6辑·聚兴诚银行[G].重庆：西南师范大学出版社,1987.
103. 周春.中国抗日战争时期物价史[M].成都：四川大学出版社,1998.
104. 周晓虹.传统与变迁：江浙农民的社会心理及其近代以来的嬗变[M].北京：三联书店,1998.
105. 周晓虹.现代社会心理学[M].上海：上海人民出版社,1997：1.

106. 周有光. 逝年如水：周有光百年口述[M]. 杭州：浙江大学出版社，2015：142.
107. 朱东润. 朱东润传记作品全集(第4卷)[M]. 上海：东方出版中心，1999：238.
108. 朱佩禧. 寄生与共生：汪伪中央储备银行研究[M]. 上海：同济大学出版社，2012.

四、当代期刊、学位论文等类文献

1. Fogel R W. A Quantitative Approach to the Study of Railroads in American Economic Growth: A Report of Some Preliminary Findings[J]. The Journal of Economic History, 1962, 22(2): 163-197.
2. Le Goff J. Mentalities: A New Field for Historians[J]. Social Science Information, 1974, 13(1): 81-97.
3. 埃马纽埃尔·勒华拉杜里，周立红. 乡村史气候史及年鉴学派：埃马纽埃尔·勒华拉杜里教授访谈录[J]. 史学月刊，2010，(4)：123—130.
4. 卞欣然. 申新纺织公司兼并时期的财务分析[D]. 上海：上海社会科学院，2006.
5. 别曼. 金城银行资产业务与经营管理研究[D]. 天津：南开大学，2012.
6. 陈建. 记忆史与心态史[J]. 史学理论研究，2012，(3)：15—17.
7. 陈建. 年鉴学派早期"文化-心态史"研究[D]. 北京：首都师范大学，2012.
8. 陈建智. 抗日战争时期国民政府对日伪的货币金融战[J]. 近代史研究，1987，(2)：43—62.
9. 陈妍. 金城银行对其附属企业——通成公司的经营[D]. 北京：首都师范大学，2009.
10. 陈昭，刘巍. 经济一体化亚种：近代中国经济周期的从属性[J]. 财经研究，2009，35(5)：42—51.
11. 程利，王晓丹. 略论心态史与中国近代社会研究[J]. 云南师范大学学报(哲学社会科学版)，2002，(2)：86—89.
12. 樊江宏. 法国年鉴学派研究[D]. 北京：首都师范大学，2013.
13. 关永强. 近代中国的收入分配：一个定量的研究[D]. 天津：南开大学，2009.
14. 郭川. 抗战大后方公教人员日常生活及心态嬗变研究[D]. 重庆：西南大学，2017.
15. 郭霁. 刘鸿记账房研究：1931—1945[D]. 上海：上海社会科学院，2010.
16. 韩文艳. 民国时期农村生活水平评估[D]. 上海：复旦大学，2013.
17. 韩玉光. 银行家周作民的经济思想研究[D]. 北京：北京大学，2012.
18. 何斯民. 西南联大师生生活研究[D]. 昆明：云南师范大学，2008.
19. 贺水金. 论1937—1949年通货膨胀对中国商业银行的影响[J]. 社会科学，2017：146.
20. 姜波. 西南联大办学条件与师生的生计状况研究[D]. 昆明：云南师范大学，2015.
21. 金志高. 年鉴学派史学范式与雅克·勒高夫的新史学实践[D]. 长春：东北师范

大学,2013.
22. 居阅时.心态研究:历史学的新视角[J].苏州大学学报,1999,(2):97—100.
23. 赖国栋.1989年以来的《年鉴》与法国史学[J].世界历史,2007,(5):109—119.
24. 李超.汉口银行业"战前存款"纠纷案研究(1945—1954)[D].武汉:华中师范大学,2017.
25. 李金铮.民国时期现代农村金融的运作方式:兼与传统高利贷比较[J].江海学刊,2002,(3):135—141.
26. 李金铮.土地改革中的农民心态:以1937—1949年的华北乡村为中心[J].近代史研究,2006,(4):76—94.
27. 刘华.战后中国银行上海分行复员与接收评述[J].民国档案,2004,(1):95—98.
28. 卢锋,彭凯翔.我国长期米价研究(1644—2000)[J].经济学(季刊),2005,(1):427—460.
29. 陆启宏.年鉴学派与西方史学的转型:以勒华拉杜里的《蒙塔尤》为例[J].复旦学报(社会科学版),2011,(3):125—133.
30. 吕一民.法国"新史学"述评[J].浙江社会科学,1992,(5):64—67.
31. 吕一民.法国心态史学述评[J].史学理论研究,1992,(3):138—148.
32. 马广海.社会心态的概念辨析[N].光明日报,2014-04-02(16).
33. 苗欣宇.民国年间关于中国经济发展道路的几次论战[J].学术月刊,1996,(8):70—75.
34. 闵凡祥.心态史视野下的西欧资本主义文明的兴起[J].学海,2013,(1):179—188.
35. 齐春风.抗战时期大后方与沦陷区间的法币流动[J].近代史研究,2003,(5):137—169.
36. 邱松庆.简评南京国民政府初建时期的农业政策[J].中国社会经济史研究,1999,(4):72—76.
37. 施要威.民国时期大学知识分子的文化性格[D].武汉:华中科技大学,2017.
38. 施正康.近代突发事件中的上海金融业[J].上海经济研究,2004,(12):71—76.
39. 史晋川.温州模式的历史制度分析:从人格化交易与非人格化交易视角的观察[J].浙江社会科学,2004,(2):14—18.
40. 万清华.西南联大师生关系研究[D].昆明:云南师范大学,2017.
41. 王玉茹.近代中国农村物价指数变动趋势分析[J].广东外语外贸大学学报,2008,(3):5—9.
42. 王子晗.布罗代尔的经济史观研究[D].长春:东北师范大学,2017.
43. 温铁军,冯开文.谨防重蹈旧中国农村破产的覆辙:从工商金融资本对农村的过量剥夺谈起[J].战略与管理,1999,(1):105—117.
44. 吴承明.我国半殖民地半封建国内市场[J].历史研究,1984,(2):110—121.
45. 吴建华.从佛维尔看法国心态史研究动向[J].世界经济与政治论坛,1989,(9):40—44.

46. 吴景平. 从银行立法看 30 年代国民政府与沪银行业关系[J]. 史学月刊,2001, (2):78—87.
47. 武力. 1949—1978 年中国"剪刀差"差额辨正[J]. 中国经济史研究,2001,(4):5—14.
48. 徐珊. 战时大后方知识分子的日常生活[D]. 上海:华东师范大学,2011.
49. 雅克·勒高夫,刘文立.《年鉴》运动及西方史学的回归[J]. 史学理论研究,1999,(1):123—129.
50. 雅克·勒戈夫,张雷. 心态史和科学史[J]. 国外社会科学情况,1987,(2):42—45.
51. 杨宜音. 个体与宏观社会的心理关系:社会心态概念的界定[J]. 社会学研究,2006,(4):117—131.
52. 姚会元. 探研日本侵华战争中的货币战[J]. 福建论坛(人文社会科学版),2015,(9):98—106.
53. 臧明华. 西南联大知识分子心态研究[D]. 上海:华东师范大学,2004.
54. 张正明. 年鉴学派史学理论的哲学意蕴[D]. 哈尔滨:黑龙江大学,2010.
55. 郑会欣. 关于战后伪中储券兑换决策的制定经过[J]. 文史哲,2012,(1):79—93.
56. 周兵. 心理与心态:论西方心理历史学两大主要流派[J]. 复旦学报(社会科学版),2001,(6):51—55.
57. 周启琳. 模糊而又清晰的心态史[J]. 世界文化,2006,(9):4—6.
58. 朱荫贵. 两次世界大战间的中国银行业[J]. 中国社会科学,2002,(6):174—189.
59. 朱荫贵. 论中国近代企业集团内部的资金调拨流动[J]. 社会科学,2008,(6):121—128.
60. 诸静. 金城银行的放款与投资研究(1917—1937)[D]. 上海:复旦大学,2004.
61. 邹兆辰. 近年来我国心理史学发展趋势[J]. 史学理论研究,2005,(4):124—127.

图书在版编目(CIP)数据

刺激与反应：通货膨胀下微观经济主体的社会心理与行为研究：1940—1949 / 严跃平，李燕君著 .— 上海：上海社会科学院出版社，2021
 ISBN 978 - 7 - 5520 - 3398 - 4

Ⅰ. ①刺… Ⅱ. ①严…②李… Ⅲ. ①通货膨胀—影响—社会心理—研究—上海—1940 - 1949 Ⅳ. ①F822.9 ②C912.6

中国版本图书馆 CIP 数据核字(2020)第 249928 号

刺激与反应：通货膨胀下微观经济主体的社会心理与行为研究(1940—1949)

著　　者：严跃平　李燕君
责任编辑：陈慧慧
封面设计：黄婧昉
出版发行：上海社会科学院出版社
　　　　　上海顺昌路 622 号　邮编 200025
　　　　　电话总机 021 - 63315947　销售热线 021 - 53063735
　　　　　http：//www.sassp.cn　E-mail：sassp@sassp.cn
照　　排：南京前锦排版服务有限公司
印　　刷：上海颛辉印刷厂有限公司
开　　本：720 毫米×1000 毫米　1/16
印　　张：18.25
字　　数：259 千字
版　　次：2021 年 4 月第 1 版　2021 年 4 月第 1 次印刷

ISBN 978 - 7 - 5520 - 3398 - 4/F・644　　定价：88.00 元

版权所有　翻印必究